ヨーロッパ文明の正体

何が資本主義を駆動させたか

下田 淳
Shimoda Jun

筑摩選書

ヨーロッパ文明の正体　目次

ヨーロッパ文明の正体

何が資本主義を駆動させたか

はじめに　なぜ今ヨーロッパを問うのか

なぜわれわれは「お金」で苦労しなければならないのか

いきなり貧乏くさい話から始める。なぜわれわれは現在、お金、お金と苦労しなければならないのか。「給料が少なくて生活できない」、「子どもの教育費はどのくらいかかるのだろうか」、「住宅ローンの返済がつらい」、「老後の年金が心配である」等々。われわれは日常的に当然のように「お金」（マネー）で苦労しているし、そのお世話にもなっている。「お金」とは硬貨や紙幣、今は電子マネーという「形のないもの」まで一般的に使われている。それ自体何ら価値があるものではない。腹の足しにもならない。それが世の中を仕切っている。われわれは「お金」に支配されているのである。誰もそれに疑問を抱かない。当たり前のことと思っている。それは、われわれが資本主義というシステムに呑み込まれてしまっているからである。

資本主義はヨーロッパで生まれたというのが一般認識である。それでは、なぜヨーロッパで資本主義が生まれたのか。これについては従来腐るほど議論が積み重ねられてきたし、今でもそうである。私などの出る幕はないのかもしれない。しかし「正解」が出ていないのも事実である。

私は、先人の業績を十分に尊重しつつも、無謀にも、この問いにある仮説を与えたい。これが本書の最大の目的になるが、その前にいくつか前置きを述べる。

「文明」の基盤

本書では「文明」という言葉が頻繁に登場する。しかし「文明」の厳密な定義はしない。あえて言えば、「自然、政治、経済、文化、思想、精神、宗教、それらの論理体系およびシステムや事象の総体」とでも言っておこうか。抽象的すぎる。何とでも定義できる。

ただ一つだけ知って欲しいのは、どの文明にも「実態的」な部分と「基盤的」な部分があるということである。たとえばヨーロッパ文明が生み出したとされる自由、平等、人権、個人主義といった思想（これらは抽象的概念で、本当にヨーロッパ産かどうか断定できないが、ここでは一応そう言っておく）、近代議会制そして資本主義といったシステム（制度）、あるいは科学技術の飛躍的発展やフランス革命といった事象は実態的な部分、つまり表層である。所産といってもよい。「目に見える部分」である。しかし、それらの思想・システム・事象を生み出した「基盤」があるはずである。こちらは「目に見えない部分」である。私が重視するのはもちろん「目に見えない基盤」である。

「ヨーロッパ文明」とは

私が本書でいう「ヨーロッパ文明」ないし「ヨーロッパ」には、古代のギリシア・ローマ文明や中世のビザンツ文明は入らない。それらは、すでに消滅した文明である。ヨーロッパ文明とは、十二世紀前後に始まり、現在、世界中がいやおうなしに巻き込まれている資本主義というシステムを生み出した文明を指している。

なぜ十二世紀前後なのか。それ以前のヨーロッパには、ゲルマン人の社会があり、それも文明と呼んでもかまわない。ただ、十二世紀前後に、ヨーロッパ文明のさまざまな起点が与えられた。封建制、荘園制（広義ではこれも封建制度の一つ）、村落共同体の成立、商品・貨幣経済の開始、都市の成立、ギリシア・アラビアの科学技術の伝播などである。こうして、ようやくヨーロッパが「文明」らしくなった。アンサーリー『イスラームからみた「世界史」』によれば、当時のアラビア人にとって、ビザンツ帝国とイベリア半島の間は豚の肉を食べる「未開人」が住む領域であったそうだ。それが、当時の世界のなかのヨーロッパであった。

「文明」（英語のシヴィライゼイション）の語源は、ラテン語の「キヴィタース」で「都市民」、「国家」、「共同体」を意味した。エリアス『文明化の過程』よれば、「文明」（フランス語でシヴィリザシオン）という言葉は、一七五〇年代にフランスで初めて使われた。それがヨーロッパ各国に広まった。当時、「文明」は「野蛮」や「未開」に対する対概念として使用された。だからこの時期、ヨーロッパが、他の諸文明圏に対して、自ら優位あるものとしてはっきり認識したことになる。

もちろん、それ以前も、「自分たち」以外の人々を「未開人」とみなすことはあった。「中華思想」はどの文明圏にもみられるものである。ギリシア人（ヘレネス）対バルバロイ、中華対四夷《しい》

（東夷《とうい》、南蛮《なんばん》、西戎《せいじゅう》、北狄《ほくてき》）といったごとくである。ただ、まだ十六世紀頃の一部のヨーロッパ知識人は、非ヨーロッパ圏に対してある種の劣等感をもっていた。たとえば、フランスのモンテーニュ（一五三三〜九二年）は、中国の政治組織と技術はヨーロッパのそれより勝っていると述べたり、世界中を旅したフィレンツェの商人カルレッティ（一五七三頃〜一六三六年）は、印刷術、火薬、火砲の製造ばかりか、あらゆる発明は中国からもたらされたとやはり中国を賞賛している。実際この時期まで、科学技術だけに限ってみても、中国やアラビア・イスラム圏が優越していた。彼らの認識は正しかったのである。

しかし十八世紀になると、ヨーロッパ知識人は、非ヨーロッパ圏に対して、自らを絶対的優位の存在として定義し始めた。その表れが「文明」という言葉を生んだ。同じくフランスのモンテスキュー（一六八九〜一七五五年）やヴォルテール（一六九四〜一七七八年）は、アジアと比較して、ヨーロッパを「科学技術の進歩」した文明と捉え、これこそが、ヨーロッパが、「野蛮」で「未開」の非ヨーロッパ圏に優越しているものと胸を張った。

実際、十九世紀までには、ヨーロッパがヨーロッパ以外の諸文明の科学技術を凌駕したのも事実であった。逆転してしまったのである。この逆転がなければ、現在、アラビア・イスラム文明か中国文明が覇権をとって、現在のアメリカのように富を集中させていたかもしれない（今後の中国はそうなる可能性はある）。現実には、そう歴史は動かなかった。なぜなのか。理由があるはずである。

ヨーロッパ中心史観は嫌いだけれども……

現在、欧米も含めた歴史学研究者は「ヨーロッパ中心史観」を批判するのが常識となっている。ヨーロッパ中心史観とは、簡単にいえば、世界史をヨーロッパの視点のみから捉える考えである。典型的なのが、十五世紀に始まるヨーロッパ人の海外進出以来、世界が「ヨーロッパ経済」に呑み込まれていったとする見方である。十五・十六世紀以降あるいは十四世紀のルネサンス期から、ヨーロッパがあらゆる分野で他の文明圏を圧倒して、やがて世界を制覇するに至ったとするような歴史観もそうである。この場合、それ以前の「前近代」の世界史は、ヨーロッパの「覇権前史」としてのみ意味をもつ。今でもわれわれ日本人の多くはヨーロッパ中心の歴史に何の疑問ももっていないようである。学生に、昔はヨーロッパより中国やアラビア・イスラム圏の方が、科学技術がずっと進んでいたことを説明すると驚くほどである。もちろん、当のヨーロッパ（北米も含む）の住民は、一部の知識人や歴史家を除いて、いまだにヨーロッパ中心にしか考えていない場合が多い。「白人」が「生物学的」に優秀だったというかつての「人種差別主義」的説明を信じる人はもう少ないであろうが、古代ギリシア・ローマ、中世、ルネサンス、アジア航路とアメリカ大陸の「発見」、「科学革命」、フランス革命、「産業革命」など一貫してヨーロッパが先頭に立っていたと思っている。それが彼らの「世界史」なのである。

私も、ヨーロッパ中心史観の危険性については十分承知しているつもりである。ヨーロッパとアジア、ヨーロッパと非ヨーロッパといった二項対立で世界史を叙述することは、時代遅れは否めない。賢い読者なら知的生産性はないと思っているだろう。研究者の中には、「ヨーロッパ」や「ヨーロッパ人」という言葉を使うことさえ嫌う場合もある。

しかし、本書ではあえて「ヨーロッパ」を中心に置いて書いている。たとえ理念的にせよ「ヨーロッパ」や「ヨーロッパ人」が存在した（いる）という前提に立たねば、本書のような「ヨーロッパ」論は成立しない。したがって、「非ヨーロッパ圏」、「アジア」、「イスラム圏」などという、「ヨーロッパ」の対概念になる言葉も便宜的に使用している。また、現在われわれが縛られている資本主義（この言葉はカール・マルクスが初めて使用した）というシステムが、フランス革命に代表される封建制・身分制の廃棄と「産業革命」といわれる工業化の後にヨーロッパに現出し、そのシステムを積極的にせよ受動的にせよ現代世界は受け入れているという前提に立たねば、本書の叙述を始めることはできない。だからこそ、ヨーロッパ中心史観に陥らないようにできるだけ配慮して書かなくてはならなかった。私は、ヨーロッパ中心史観は嫌いだけれども、もう一度ヨーロッパ（あえて地理的に言えば西ヨーロッパ）の歴史と真剣に向かい合わねばならない事情があるのだ。

なぜ今ヨーロッパを問題にするのか

ヨーロッパ中心史観の陥る危険性とともに、今さら何でヨーロッパなのと思っている人も多いであろう。現在、欧米、とりわけヨーロッパの経済は衰退しているように感じている人がほとんどであろう。ニュースでも頻繁にユーロ経済の危機を伝えている。アメリカ合衆国もかつてのようなスーパーパワーを失いつつある。それに比べて、マレーシア、シンガポール、韓国、ブラジル、インド、ロシア、中国、南アフリカなどいわゆる「新興国」と呼ばれる国々の経済成長の勢いは止まらないようにも思える(とはいっても欧米の経済的優位はそう簡単には終わらないだろうが)。書籍でも中国やイスラム関係のものの方が売れるのは分かっている。学生に聞いても、ヨーロッパにはあまり興味がないようである。ヨーロッパはもう十分だと思っている。

しかし、現在の資本主義社会の諸問題を問い直し、未来を見据えるためには、今こそヨーロッパを問わなくてはならない。一九九〇年前後の社会主義体制の崩壊は全面的に資本主義文明の勝利を印象付けた。今や、旧共産圏でもいまだ共産党一党独裁の中国でもコカコーラやマクドナルドは当たり前となっている。中東の「民主化運動」は、一見独裁制の没落現象として「良い面」をもつように思われるが、独裁制のもとで経済規制をおこなうなどして欧米経済に対抗していたイスラム諸国が、欧米有利な資本主義体制へ組み込まれることをも意味している。世界中が資本主義というヨーロッパ産システムからは逃れられない状況になっているのである。同時に「新自由主義」と呼ばれる経済の規制緩和の結果、先進国、「新興国」関係なく、国家、地域、民族、個人などあらゆるレヴェルの格差は増大している。

地球上に存在する資源は限られている。ある専門家によれば、石炭・石油は一万年、その他の鉱物資源も千年はもつというが、これは世界人口を分母にして言っているのだろうか？ 先進国のみを分母にすれば問題はないかもしれない。しかし、世界中の国家すべてが先進国並みの豊かさを享受するとしたら、天然資源にそれほどの余裕があるのだろうか。世界人口は一五〇〇年頃には約四億六〇〇〇万と推定される。それが一七五〇年頃の約七億七〇〇〇万を皮切りに急上昇し、十九世紀初頭に一〇億を超え、一八五〇年に約一二億四〇〇〇万、一九〇〇年に約一六億三〇〇〇万、一九五〇年に約二五億二〇〇〇万、一九六〇年には約三〇億、一九八〇年代末には約五〇億、二〇一三年現在の地球の人口がなんと約七〇億といわれている。国勢調査などできない国や地域も多いから、おそらく一〇〇億に近いのではないか。人類（ホモ・サピエンス）の人口は一〇億に達するのに二〇万年かかったものが（ホモ・サピエンスの誕生が二〇万年前）、この二世紀で少なくとも七倍に増えたことになる。世界人口は加速度的に増加しつづけているのである。また、天然資源は地球上に均等に分布しているわけではない。特定の地域に偏在し、各国に平等に散在しているわけではないのである。だから危機的状況にあることは間違いない。

今後も「新興国」がますます増えてくるとすれば（欧米の旧植民地、とくにアフリカ諸国が成り上がるのはそう簡単ではないだろうが）、ますます各国に配分されるパイ（ここでいうパイとは世界の天然資源、生産物、貨幣などの富）は限られてくる。今まで欧米（おこぼれで日本も）で独占していたパイの奪い合いが加速化することは確実である。日本が中国や韓国と領有権を争っている竹島や尖閣諸島は天然資源の奪い合いである。島そのものに価値があるわけではない。ただ、領土紛争は天然資源の奪い合いを超えたナショナリズム（ヨーロッパ文明の所産）が関係しているが。いずれにせよ、もうパイの奪い合いは現実に始まっているのである。その先に何が待っているのだろうか。

「棲み分け」論で解くヨーロッパ文明の正体

私は、本書でヨーロッパ文明の「正体」を暴こうと思う。つまりヨーロッパ文明の実態的部分（表層）の基盤を提示する。それによって、なぜヨーロッパにだけ資本主義が生まれ、現在のような「辛いマネー社会」になったかに私なりの解答・仮説を与える。この基盤から表層を読み解くことで、たとえば、なぜヨーロッパは海外進出に「成功」したのか、なぜヨーロッパは科学技術をより発展させることができたのか、なぜフランス革命や「産業革命」が起きたのか、なぜユダヤ人はナチスに虐殺されたのかといった疑問にも答えられるのではないかと考える。なぜならこれらはすべて「ヨーロッパ文明特有の基盤」から出てきたものだからである。

キーワードになるのが「棲み分け」という言葉である。これは生物学者の今西錦司が使った用語であるが、私は、この語を歴史学に応用して独自の「棲み分け」論を考えた。ヨーロッパ文明独自の「棲み分け」が、ヨーロッパ史の基盤であるというのが出発点である。だから話は「棲み分け」論とは何かで始まる。

第一章
なぜユダヤ人は虐殺されなくてはならなかったのか

1　「棲み分け」論とは何か

今西錦司の「棲み分け」論

私はもともとドイツの宗教史を専門としていた。とくに民衆の信仰・祭り・巡礼などに興味をもってきた。民衆文化への興味から『居酒屋の世界史』などという本も書いた。こういった研究の過程で、中近世から近代への社会構造の変化のなかで、その基盤にあるものを見ていくと、徐々にではあるが混沌として混淆していたものが整然と分かたれていくのを強く認識するようになった。私はそれを「棲み分け」と呼んできた。たとえばキリスト教の典礼と民間信仰・娯楽が混淆していた祭りが、民間信仰は迷信として駆逐され、純粋なキリスト教の祭りと娯楽祭（民俗祭という）に機能分化していく。芸事、外科治療、薬売りを兼務していた大道芸人の仕事が、それぞれに独立・専門化していくという具合である。そして、こういった「棲み分け」は他文明と決定的に異なるヨーロッパに特徴的なもので、それが現在の世界のあり方を規定したヨーロッパ近代社会を立ち上げたものではないかと長年考えてきた。「棲み分け」からヨーロッパ文明をきちんと整理してみようというアイデアはここから生まれた。

「棲み分け」（Habitat Segregation）という言葉は、生物学者・生態学者の今西錦司が生物の種のあり方を論じる際にキーワードとして使った概念である。今西は、生物学・生態学的な観点からアプローチしているが、自然をひとつの社会として見る「社会学」的な構想が根っこにある。そのことは『生物社会の論理』（一九四八年）という「棲み分け」を論じた今西の主著のタイトルにも見て取ることができる。今西の科学的な概念をそのまま人間社会や歴史学に当てはめることは出来ないが、ある社会集団の構造を切り出す概念として示唆的な部分は少なくない。まずは今西の「棲み分け」論を、主著にそって概観してみよう。

　生物の種はお互いに生活場所を分かち合って（棲み分けして）生活している。たとえば、カゲロウの幼虫の種は渓流の流速のちがいに応じて生活場所を分かち合っている。流速の弱い岸に近い場所から流速の最も早い流心部にわたって、それぞれＡ、Ｂ、Ｃ、Ｄ（ラテン語の長い学名なのでアルファベットで代替）という四種のカゲロウの幼虫が生活の場を棲み分けている。形態的に相似した種が、相対立しながらも相補う形で棲み分けしている。こういった棲み分けは流速の違いでだけでなく水温でも起こる。カゲロウの幼虫Ｅは水温の上がる夏には京都・賀茂川から姿を消し、代わって幼虫Ｆがその生活場所を占める。冬になると逆転する。一月から六月と七月から十二月の半年交代である。違った季節に同じ生活の場を棲み分けたものである。流速に応じて棲み分けていたＡ、Ｂ、Ｃ、Ｄにも同様なことが起こる。夏冬半年交代で、岸から流心への配列が冬になるとＧＤへと変化するのだ。Ａのいた場所は空きとなりＢ、Ｃの場所に別種のＧが入る。Ｄはそのままということになる。つまり棲み分けには空間的な棲み分けと時間的棲み分けがある。

　類縁的に相似した種は、その生活を成り立たせるための要求が似ている。だからこそ、棲み分けが必要である。カゲロウの幼虫と同様、植物、たとえば喬木も種類によって棲み分けしている。地域に応じて、あるいは高度に応じて喬木の種類が棲み分けしている。ブナ、オオシラビソ、シラビソ、トウヒ、ウラジロモミ、ヒノキ、コメツガなどなど。喬木の場合は気温に応じた棲み分けである。喬木の種類は場所によっては混在しているが、環境条件が悪くなれば、それぞれの種によって異なる生活に対する要求が棲み分けという形をとる。

カゲロウの幼虫を食べるイワナやヤマメ、木の葉を食べるゾウやキリン、イモムシやケムシといったように食性に応じた棲み分けもある。別の見方をすれば、他の昆虫を狩るカリウドバチやムシヒキアブ、シカを狩るオオカミといった捕食・被食の関係は一種の棲み分け、機能的な面での棲み分けと捉えることができる。

モンゴルの森林ステップと森林地帯では、乾燥や気温に応じて三種のシカが棲み分けしている。東テキサスでは、森林伐採跡地のようなオープンな場所、伐採後五〜一二年経ったような灌木のよく茂った場所、伐採後一二年以上経って森林に復活した場所に、それぞれ三種のウサギが棲み分けしている。こういった生活の場の違いは、そこの生活資料としての環境の利用の違いに由来する。

棲み分けは一種の均衡状態である。といっても静止しているわけではなく、変化する自然（たとえば洪水で川の流れは変化する）の秩序を保とうとするダイナミックな均衡である。だから棲み分けも変化する。生物社会はそれ自身で一つの秩序をつくるように分化、つまり棲み分けしてきた。棲み分けは競争の結果ではなく、それぞれが自身の環境に適した場所を選択した結果として現出する。

いささか箇条書き的になったが、今西の「棲み分け」論は、種の優劣や強弱からではなく、その占めている環境に、他の種よりも適応して「棲み分け」していると考えるようである。その意味で、彼の「棲み分け」は資源（環境）を共有し共存するもので、一見すると平和的な考え方のように捉えられる。最も適応したものだけが生き残る、つまり限りある資源を奪い合うというダーウィンの競争的な考え方に比べると確かに協調、共存的に思えるだろう。

しかし今西「棲み分け」論の要諦は共存にではなく、資源が限られていることにあると私は考えている。餌も限られていれば、巣をつくるスペースにも限りがあり、配偶者を得る機会も限られている。だから生物社会は限られた資源（生活資料といういい方をしている）を最大限に利用するために「棲み分け」という状態に至っているに過ぎない。だから必ずしも平和的な戦略というわけではないし、今西も単純にそう考えていたわけではない。棲み分けは、上に挙げたように、渓流の流速・水温、喬木なら地域・高度・気温、あるいは動物の食性など多様な指標で起こる。また棲み分けとは一種の均衡状態であるとも今西はいう。けれどもこの均衡状態は静止しているだけではなく、自然条件の変化に応じて変化するダイナミックな均衡である。最後に、今西「棲み分け」論の重要なところは、空間的棲み分けとともに時間的棲み分けを指摘していることである。空間だけでなく、季節が変化すれば当然自然環境も変化するからである。

「棲み分け論」の歴史学への応用

以上、簡単ではあるが、今西「棲み分け」論を紹介してきた。さて、ここからは私の考える「棲み分け」とは何かを、今西の「棲み分け」との違いを意識しながら定義しておこう。本書の背骨をまっすぐに、頑丈にあるいは柔軟にしておこう。

私は「棲み分け」を二つのレヴェルで提起する。

①自生的・生態学的棲み分け

これは今西の「棲み分け」にある部分近い概念として使う。対象となる代表的指標は人口、市場、富、権力である。とりあえず、これらの棲み分けの在り方は各文明圏で異なるものとしてみよう。人口のように環境に相応して棲み分けしている場合もあれば、権力のように競争の結果として棲み分けにいたっている場合もある。たとえば、後述するようにヨーロッパでは、同レヴェルの諸権力が競合状態で棲み分けして均衡していたが、中国の場合は権力が皇帝に一極集中するという形で均衡しようとするベクトルが働いた。皇帝・中央官僚の強大な権力と、地方役人あるいは地方豪族の小権力との関係は、捕食・被食の機能的棲み分けとも考えられる。こうして非ヨーロッパ圏でも「自生的・生態学的棲み分け」概念を使用することは可能である。しかし、ヨーロッパには非ヨーロッパ圏とは決定的に異なった「自生的・生態学的棲み分け」の特徴があった。それは、一言でいえば、「分散・競合」である。非ヨーロッパ文明圏では、人口、市場、富、権力とも特定の場所や人物に集中する傾向が強かった。ヨーロッパではこれらが一極ないしは特定箇所に偏在することなく、分散あるいは競合して均衡するようにベクトルが働いた。私は、本書で「自生的・生態学的棲み分け」概念を、ヨーロッパ文明を理解するために使用するが、広義にはすべての文明圏で使用可能なものである。

②能動的棲み分け

積極的あるいはもっと強く強制的棲み分けと呼んでもよい。①が「棲み分けしている」という自動詞なら、こちらは「棲み分けさせる」という他動詞で表現できるものである。その代表が空間の棲み分けと時間の棲み分けである。空間の棲み分けと時間の棲み分けは、空間や時間を積極的に「整理整頓」、「分類」あるいは「タイムスケジュール化」することに特徴がある。これは今西「棲み分け」論とはだいぶ異なる。さらに言えば、この「整理整頓」の過程で、どこにも整理できない「不純物」が生じる場合がある。「不純物」は「排除」される傾向にあるのも特徴である。この「能動的棲み分け」はヨーロッパ文明だけに特有のものと捉える。最後に、①の「自生的・生態学的棲み分け」の土台に②の「能動的棲み分け」が乗ることで、ヨーロッパ文明の基盤を形成していると考える。

能動的棲み分け

前者の「自生的・生態学的棲み分け」については第二章以下で詳述する。ここでは、後者の「能動的棲み分け」についてもう少し詳しく説明しよう。

いきなりであるが、私は整理整頓が好きではない。研究室の本は床に投げ積みになっている。一つの文献を探すのに一時間以上かかるのはいつものことである。時には、あきらめて図書館に借りにいく。その後机の下から出てきたりする。それでも整理ができない。

整理整頓とは、ではどういうことか。たとえば、衣類は箪笥に、食料品は冷蔵庫にといった具合に分けることである。さらに箪笥でも上から一段目はセーター、二段目はワイシャツ。三段目は何々。冷蔵庫なら、野菜、肉類、その他もろもろの置くスペースはそれぞれ別にする。スペースの中身は「同種類」つまり「均一」であることが重要である。整理整頓は理系的に「分類」するといってもよい。これは空間を整理整頓・分類した例である。時間の整理整頓とは、たとえば次のように考えてみよう。月曜から金曜日は会社に行って働き、土日は休日である。一日もさらに細かく整理整頓される。出勤時間は何時、昼休みが何時。そして退社時間が何時。よい例が学校の時間割である。一時限目は九時から九時四〇分、休み時間は一〇分、そして二時限目は何々等。朝食・昼飯・夕食時間も決めている人もいるかもしれない。タイムスケジュール化である。

私は毎週水曜日に宇都宮大学で、第三時限（一二時五〇分〜一四時二〇分）に、一一二一教室で「歴史学入門」を講義している。私は、毎週の特定の時間帯に、特定の空間において、特定の科目を講義するよう整理整頓されているのである。何の連絡もなく他の場所で他の時間帯に講義すれば、学生は混乱する。

また私は、この時間、この空間では、少なくとも歴史学についての話をしなければならない。妻との離婚問題を話すわけにはいかないのである。さらに、仮にここで私が女性に酒の酌でもさせながら講義しようものなら、現在なら大問題となる。酒を飲む場は限定されているからである。酒を飲む時間も限定される。昼日中からビールなど飲んでいる輩はたいがい軽蔑される。まして仕事中に酒を飲むなど懲戒処分の対象となる。

こんなことは当たり前ではないかと思われるかもしれないが、かつては必ずしもそうではなかった。古代ギリシアの哲学者は女性や芸人を侍らせ酒食しながら（時には性的行為もした）哲学討論をおこなった。「シンポジウム」という言葉はもともとギリシア語で「宴会」、「饗宴」といった意味である。十九世紀になってさえも、フランスの労働者や職人は、仕事の最中や合間に頻繁にワインを飲んでいた。

アタリ『時間の歴史』によれば、ヨーロッパ中世の農村部では一週間の概念はなかった。だから曜日名は日曜を除いて用いられなかったという。日曜は教会に行くことになっていたからである。クリスマス、復活祭、聖体祭などの祝祭日も仕事を休んで教会にいくことになっていた。だから人々に認識されていたのは日曜日を含めた祝祭日と平日の二種類であった。年貢の支払日や年季奉公明けは祝祭日に設定された。何月何日という日付は使用されなかった。「楡の木が葉をつける季節に」といったような自然現象に基づく曖昧な表現で、だいたいの日にちを表すことも多かった。

平日の労働時間も現在のように決まっていたわけではない。基本的に日の出から日没まで（とはいってもヨーロッパの夏は日没が遅いから、その前にやめた）、それも好きな時に働き、休み、食べ、飲んだ。コルバン『時間・欲望・恐怖』によれば、時計が普及した十九世紀になってさえ、フランスでの食事の回数やその時間配分は地域、職業、季節、社会的地位などによって多様であったという。

「能動的棲み分け」とはこういった混淆した状態を整理整頓・分類・タイムスケジュール化をすることである。空間を分類した中身、時間をタイムスケジュールとして区切られた単位に分けた中身は「均一」でなければならない。整理整頓によって、限られた資源（空間と時間）を効率的かつ合理的に使うことが可能になる。私はヨーロッパ文明の基盤に、この「能動的棲み分け」的発想、思考法があると思っている。単に合理主義、効率主義というだけではなく、整理整頓への欲求はいたるところへ波及していった。能動的棲み分けを極限まで推し進めたのがヨーロッパ文明である。能動的棲み分けは、後述するようにキリスト教と密接な関係にあるので、ヨーロッパ文明初期からその端緒を見出すことができるが、これが本格的に推進されるのは十六世紀前後以降、より加速化するのは資本主義社会が成立する十九世紀以降のことである。これについては、また後述しよう。

読者は、空間や時間を整理整頓、つまり「棲み分けさせること」は良いことであると思うかもしれない。もちろん良い部分はあるだろう。ところが、「能動的棲み分け」は危険と裏腹なのである。たとえば、自分の本棚をジャンル別に整理整頓したとしよう。しかしどのジャンルにも分類できない本が何冊か残ってしまった。「その他」というジャンルをつくって収納するか、あるいは売り飛ばしてしまうしかない。せっかくジャンル別に分けてあるところに異質な本は入れられないからである。整理整頓、「能動的に棲み分ける」ということは、こうした「排除」もまた起こりうるのだ。能動的棲み分けは「排除」を伴う場合があること承知しておかなくてはならない。

能動的棲み分けはある空間内・時間内の「均一化」過程であるから、どこにも整理整頓できない「不純物」が生じる場合がある。物なら「ごみ」として捨てられよう。しかし、たとえばこれが人間を対象にしたならどうであろうか。その極端な例がナチスによるユダヤ人等の大量虐殺である。ナチスは、「人種」、「能力」、「思想」、「健康」などの指標から人間の能動的棲み分けをおこなった。その結果、そこからはじかれた「不純物」が存在した。ユダヤ人、「身体障害者」、「精神障害者」、同性愛者、「ジプシー」、政治的敵対者などである。彼らは抹殺された。

ではヨーロッパ文明では、何がどのように能動的に棲み分けられ、何を排除し、その結果どのような事態が出来したのか。本章では、この能動的棲み分けという考え方を理解してもらうために、能動的棲み分けの発想がいかに登場し、徹底されていったかをいくつかの具体例を通して見ていくことにしよう。その際、自生的・生態学的棲み分けも関係してくる場合があるので注意が必要である。

2 なぜ時間が棲み分けされたのか

時間の棲み分けと時計

ゼルババベル『かくれたリズム』は、「非西欧社会においては、物事や行為は自然なかたちで、起こるにまかせていることが多いが、われわれ西欧社会に住む者は、何かにつけ、物事をあらかじめ決まった時刻に固定し、『スケジュール化』したがる」（一四〜一五頁）と述べている。時間を能動的に棲み分けるとは、この「タイムスケジュール化」のことと考えてほしい。つまり、時間を区切って、その区切られた時間内に特定のことだけをするという考えである。

時間を区切るのに便利なのは時計である。ただ、時間を区切る発想も時計も、ヨーロッパ文明だけに特有のものではなかった。古来からどの文明圏でも、時間の区切り方法と時計（砂時計、日時計、水時計など）は存在していた。その意味では、時間の棲み分けは、どの文明圏でも「ある程度は」存在していた。

中国・隋唐代（六〜十世紀）には鐘楼・鼓楼が時報として宮中に設置されていた。係りの者が鐘や太鼓を、漏刻と呼ばれた水時計にしたがって鳴らした。諸門の開閉のため、明け方、正午、夕方、夜間の時間を京内の住民に知らせるため、と同時に、皇帝が時を支配していることを知らしめるためでもあった。世界最初の脱進機を備えた機械時計は八世紀初頭の中国で発明された。脱進機とは歯車の回転速度を一定に保つ仕掛けである。それは水力式（水車）天文時計であった。さらに一〇九〇年には水車を使った大型の天文機械時計塔が、宋の都開封に建設された。四分の一時間（一五分）ごとに時を告げたという。しかし十二世紀以降、機械時計が改良されることも、また各地へ伝播することもなかった。天文時計は、皇帝や官僚（学者でもあった）が星座を観察し暦の作成や占星術に利用するためのものでしかなかった。しかも十四世紀の明の時代になると機械時計を破壊してしまった。中国の都を真似た日本の京《みやこ》にも漏刻が設置されていた。それは京の諸門の開閉や朝参・退朝の時刻を知らせていたが、古代日本でも各地に広がることはなかった。

中国の水力式機械時計はイスラム圏、さらにイベリア半島経由でヨーロッパへと紹介され、ヨーロッパの機械時計の元となった。またイスラム圏には定時法の日時計があり、それがヨーロッパにもたらされた。すでに八〇七年、カール大帝はバグダードのカリフから、からくり人形つき真鍮製水時計を贈られている。このからくり水時計は中国発のものであった。しかしイスラム圏でも、水力式機械時計は、皇帝や天文学者が星座を観察するために使われたか、あるいは富裕層の玩具であったと思われ、一般に普及し機械時計が改良されることはなかった。機械時計が発展したのはヨーロッパだけ（日本の江戸時代の和時計については付論参照）であった。ヨーロッパ製の機械時計は、中国に一五三八年イエズス会士がもってきた。しかし、皇帝の玩具でしかなく、それが普及することはなかった。

非ヨーロッパ圏で時計が改良され普及することはなかった。非ヨーロッパ圏で「タイムスケジュール化」、つまり、時間の能動的棲み分けが全く存在しなかったとはいえないが、それが発展し徹底化されることはなかった。時間の能動的棲み分けが発展したのはヨーロッパだけであった。

ヨーロッパにおける時間の棲み分けの進展

ヨーロッパ最初の機械時計は一三〇〇年頃作られた。作ったのは鍛冶屋である。動力は錘《おもり》であった。ロープに錘を垂らし、その落下速度で歯車を回転させ、その回転速度を一定に保つ脱進機を備えており、一時間ごとに自動的に鐘を鳴らした。ただ、錘が地面に着くとロープを回し戻さねばならなかった。一五〇〇年頃にゼンマイ時計が発明され、一六五七年にクリスティアーン・ホイヘンス（一六二九〜九五年）が振り子時計を発明した。振り子時計も動力は錘かゼンマイの反転であったが、以前のものより正確に時間を刻んだ（現在では水晶振動子を利用したクォーツ時計や原子時計にまで発展）。

機械時計は修道院で初めて使用された。修道院では一定の時刻に祈りを捧げるから（一日七度）、時間がくれば、鐘が鳴る機械時計があれば便利だからである。やがて、都市の市庁舎などに「公共機械時計」が設置され始めた。マイヤー『時計じかけのヨーロッパ』によれば、それまでは都市の鐘楼番は市のたつ時間、市門の開閉時間、教会の礼拝時間を鐘を鳴らして知らせていた。昼は日時計、夜は水時計を使っていた（ただ日時計は天候次第では使えなかった）が、機械時計の発明で事情は一変した。自動的に時が告げられるようになると鐘楼番は失業した。

公共機械時計はイタリアのパドヴァで十四世紀中頃初めて出現した。それはヨーロッパの各都市で徐々に普及し、十六世紀には都市の市庁舎や教会の塔には必ず設置されていた。市場にも時計塔が設置された。教会や市庁舎の前は市場になっていることが多いから、公共機械時計は経済活動と密接な関わりをもつようになっていく。

従来は日の出から日没までを十二等分、日没から日の出までを十二等分する不定時法であった。だから季節や緯度の違いで一時間の長さが異なった。しかし機械時計の出現で時は均等に分割されるようになった。季節や場所に関係ない正確な時間の計量が可能となった(ただ誤差は現在の時計に比べたら大きい)。

公共機械時計の出現によって、時間は、徐々にではあるが、商人や手工業者にとって大きな意味をもつことになる。商取引、職人の労働時間などが公共機械時計による「タイムスケジュール」に従うようになっていく。「何時から何時までは誰と取引、その後は別人と」「一〇日後の何時までにつくってくれ。できなければ他に頼む」等々。こういった「タイムスケジュール」は、不定時法の時代でもおこなわれなかったわけではない。しかし、時間が一時間ごとに均等に鐘楼番によって鳴らされていたわけではなかった。

もちろん公共機械時計の出現によって、人びとがすぐに「タイムスケジュール」にしたがって生活をするようになったわけではない。機械時計が発明された十四世紀初頭から、公共機械時計がパドヴァに設置されるまで半世紀、それが各都市に普及するのに一~二世紀を要しているからである。だから、時間の能動的棲み分けの本格化は十六世紀からと考えられる。公共機械時計は十七世紀初頭までには農村にも普及する。十七世紀後半から十九世紀前半にかけてヨーロッパの時計技術は飛躍的に進歩した。振り子時計の発明によって分針、さらに秒針がつけられるようになった。第六章の結論を先取りすれば、ヨーロッパ人は時を同じくして、貨幣と時間に同時に縛られるようなっていく。

なぜヨーロッパだけが時間の棲み分けをおこなったのか

どの文明圏でも暦がつくられ、人々はそれにある程度沿って生活した。どの文明圏でも時計もつくられた。だから時には、時計を利用したであろう。中国でみたように、水時計（漏刻）を設置し都人に時を告げたりもした。しかし、機械時計を改良し、公共の場に設置し、時間の棲み分けをおこなったのはヨーロッパだけであった。どうしてなのだろうか。逆に、なぜ、中国やイスラム圏で機械時計が発達することなく、したがって時間の棲み分けが進展しなかったのか。

ベネディクト修道会（六世紀の聖ベネディクトゥスによって創設された修道会）は、不定時法に沿って昼の第一、三、六、九時と夜の晩課、夜課、朝課の七度の祈りを規定し、それにあわせて労働、食事、読書、就寝なども規則的におこなった。しかし、それだけなら他の文明圏でも同様であろう。祈りの時刻を知りたいのはイスラム教でも仏教でも同じであるはずだ。日本の寺院では、香の燃焼速度が一定であることを利用した常香盤（香時計）が用いられた。程度の差はあれ、修行僧集団のタイムスケジュール化はどの文明圏でも同じである。しかも、修道院のタイムスケジュールがそのまま世俗の世界に浸透していったとも思えない。

ジャック・ルゴフは「教会の時間」（祈りの時間）とは別に、十二・十三世紀に「商人の時間」が生まれ、やがて後者が前者を駆逐していくとした。つまり、都市の商人や手工業者は、当初は不定時法による鐘楼番が鳴らす鐘によって作業工程や取引の時間を決めていた。しかし、この「教会の時間」では、彼らの生産・商業活動を円滑に進めるには不都合であった。市門の開閉や礼拝時の鐘だけでは、数が不足していた。こうして「商人の時間」を求める要請が機械時計を生み、それが「教会の時間」に取って代わったとする。最初は、都市の商人らは、「自前の鐘」を鐘楼に設置し、それを鐘楼番に鳴らさせていた。おそらく不定時法であるが一時間ないし数時間ごとに回数を増やして鳴らしたのだろう。それがやがて一時間ごとに均等に鳴る機械時計に取って代わった。

しかし、都市の「商人の時間」はどの文明圏でも存在したはずである。なぜ、ヨーロッパだけが「商人の時間」が機械時計を発達させるまでに普及したのだろうか。

ヨーロッパでは「商人の時間」が生んだ公共機械時計が、十六世紀にはヨーロッパ各都市に必ず設置されるほど拡がった。十六世紀には富裕市民の家には室内機械時計も普及した。十七世紀初頭には、公共機械時計は農村の教会にも設置されていた（ちなみに正教圏の教会には時計を設置することが禁じられている）。懐中時計は、十八世紀イギリスの庶民にとってぜいたく品ではあったが普及していた。アメリカでは、一七〇〇年頃、五〇人に一人の「白人」成人が柱時計や置時計を、三二人に一人が懐中時計をもっていた。なぜヨーロッパだけが、商人・職人だけでなく農民までが皆時計を必要としたのか。

これは第六章で詳しく述べるが、ヨーロッパは「富の棲み分け」がおこなわれた唯一の文明であった。「富の棲み分け」は先に述べた「自生的・生態学的棲み分け」の一つで、時間の棲み分けといった「能動的棲み分け」とは別レヴェルのものなので、ここは注意して読んで欲しい。富の棲み分けとは、簡単にいえば「万民が富の分配に与《あずか》るチャンスのある市場システム」のことである。ヨーロッパには、農民も含めた万人に富の獲得の「チャンス」があった。チャンスを利用して富を獲得するためには、時間を知る必要があった。たとえば、他人より早く商談を成立させなければ、儲け話も逃げてしまう。だから時計が必要であった。タイムスケジュールが富を生んだ。一部の人間（商人・職人）だけではなく、万民がタイムスケジュール化をするようになっていった。ある意味、ヨーロッパでは万民が商人であった。商人の時間が万民に普及した。だから万民が時計を必要とし、時計が改良され続けた。

それに対して、非ヨーロッパ圏では、「万民が富の分配に与るチャンスのある市場システム」（富の棲み分け）が構築されていなかった。時を知りたいのは一部の階層のみであった。万人が「商人」になることはできなかった。職人が機械時計を改良しても、儲かる社会・市場システムが構築されていなかった。儲からなければ職人は時計を作り、改良しようとしないだろう。農民も富の獲得のチャンスがなければ時間を知る必要はない。だから時計が改良されることもタイムスケジュール化が進展することもなかった。つまり時間を棲み分けさせる必要性がほとんど存在しなかった。

時間の棲み分けと資本主義

角山栄『時計の社会史』は、一五六三年イギリスの「徒弟法」を紹介している。ここに時計によるタイムスケジュール化の端緒をみることができる。日給あるいは週給で雇われる職人や労働者は、時計の示す朝五時から夜の七時と八時の間（七時三〇分と規定されているわけではない。当時は時針しかついていなかった）までが就業時間。朝食、夕食、飲酒の時間は除くが、その時間は多くても二時間半を超えてはならない。怠惰一時間につき一ペンスが賃金から差し引かれるとある。

まだ飲食用の時間の明確な規定はないし、仕事中の酒も容認されているから、完全に時間の棲み分けができているわけではない。ただ「怠惰一時間一ペンス」の「罰金」規定は時間給制度の端緒である。時間はタイムスケジュールとして分割されたのみでなく、将来は貨幣によって「計量」できるものになっていく点に注目したい。ただ時間給制度が徹底されるのは十九世紀末のことであるから、ヨーロッパにおける時間の棲み分けが完了するまでには長い過程を経なければならなかった。

もともとイギリスでは、各地方で太陽の南中時を正午に設定していたから、ローカルタイムしかなく、標準時がなかった。だから不便も多かった。十九世紀の鉄道の時刻表は各駅で、たとえばロンドン時間と何分の誤差というように表示されていた。

そこで一八八〇年、グリニッジ天文台の標準時が法制化された。これに欧米各国が徐々に従うようになった。一八八四年、ワシントン会議で二五カ国の代表がグリニッジを子午線ゼロと定め、地球を一時間ずつ二十四の時間帯に区分する提案をおこなった。日本は一八八八年、ベルギー、オランダは一八九二年、ドイツ、オーストリア・ハンガリー、イタリアは一八九九年に採用した。ドイツでは、軍人ヘルムート・モルトケ（一八〇〇〜九一年）が一八九一年、国会に標準時を採用するよう求めた。ドイツには五つの時間帯があるため軍事作戦上不利というのが論拠であった。フランスは一九一一年にようやく採用した。

グリニッジ標準時の公式採用と時を同じくして、時間給制度が普及した。十九世紀末は、ヨーロッパ（およびアメリカ）における資本主義の爛熟期であった。資本主義を効率的に運転するには、タイムスケジュールの徹底が不可欠となった。時間の棲み分けは資本主義と適合的なのである。ヨーロッパでタイムスケジュール化が進行したといっても、前述したように、十九世紀の前半には、仕事を中断して居酒屋に一杯やりにいったり仕事中にワインを飲んだり、かなり「ルーズ」なタイムスケジュールであった。しかし、今や時間給制度が普及するまでに徹底したスケジュール化が進んだ。一時間単位で賃金が支払われるということは、休憩時間の賃金は支払われないということである。働く時間と飲食の時間が完全に棲み分けされたのだ。グリニッジ標準時は、世界中どこへ行っても均一な時間を知らせてくれるから、これも資本主義にとってまったく適合的なものである。時間の徹底した棲み分けが資本主義社会の基本ルールとなった。

3 「棲み分け」論とキリスト教

聖俗は元来混淆していた

かつて聖俗は混淆していた。能動的棲み分けの発想は、聖と俗の混淆世界から、それぞれを「棲み分けさせた」ことが大きく影響している。ヨーロッパでも、もともと、キリスト教の「聖なる場所」である教会は、礼拝の場であると同時に俗的世界の場でもあった。町や村のさまざまな規則を決める集会の場、商取引の場（市場）、知人と単におしゃべりして暇つぶしする場、子どもたちの遊び場、領主による裁判の場、職人の仕事場、芸人が芸を披露する演芸場、乞食の物乞いの場（これは教会の仕事でもあるが）であった。また、祭りや冠婚葬祭時には酒を飲んで大騒ぎをする宴会場であった。

要するに地域共同体のコミュニティセンターであった。共同体の大きな建物は、とくに農村では教会ぐらいだったからである。だから、あらゆる事をそこでおこなった。貨幣経済が発展すると教会は貸付もおこなった。いわゆる銀行である。利子を取る場合もあった。キリスト教会は元来利子をとる行為を認めなかったが、実際は在地の多くの教会は利子つき貸付をおこなっていた。都市部では売春がおこなわれた可能性も否定できない。古代オリエントやギリシア・ローマ時代に寺院で売春がおこなわれたように、ヨーロッパでは女子修道院や教会付属の施療院でおこなわれていたことが記録にある。

教会は床屋兼外科職人の治療所としても使われた。実際に病人を治療したのは、大学の医者（内科医）というより、もっぱら在野の外科職人であった。修道院も病人の看護・治療をおこなう場であった。貧者や病人に飲食物、宿、そして薬を提供した。外科的治療も修道僧がおこなった。古代の諸文明圏でも神殿は「病院」の機能をもっていた。僧侶が医術を施した。イエス・キリストは説教師であり治療師でもあった。聖と医も混淆していた。

イスラム圏、インド、中国、そして日本など、どの文明圏でも聖俗混淆は当たり前であった。モスク、寺院、神社などの宗教施設は俗的世界と混淆していた。祭りや冠婚葬祭の宴会場であった。私は、亡父から当時の精進落しの宴会は、村の寺の本堂でおこなわれたと聞いたことがある。

レイン『エジプト風俗誌』に、十九世紀初頭のカイロのモスクの様子が描かれている。「多くの大寺院では、とりわけ午後になると、いろいろな人が中にはいりこんで、ぶらぶら歩きまわったり、お喋りをしたり、物を食べたり、眠ったり、時には糸をつむいだり、あるいは簡単な手仕事をしたりしているのを見かける」(六七頁)と書かれている。ここでも地域のコミュニティセンターであったのだ。モスクでは、総督や役人の任命・解雇、国家の命令などが報告された。キリスト教会で、国王や領主の命令を伝達したのと同じである。さらに、モスクは集会、裁判、教育の場であった。租税徴収の場でもあった。いうなれば宗教的に禁じられていない俗的世界はすべてそこに持ち込まれた。

民衆のキリスト教と知識人聖職者のキリスト教

しかし、ヨーロッパでは、聖俗混淆から、徐々に聖俗の棲み分けが進行する。進行させるといった方がよい。その際重要な役割を担ったのが、キリスト教そのものである。キリスト教といっても知識人聖職者の「純粋」なキリスト教である。

われわれ日本人がキリスト教と理解しているものは、この知識人聖職者のキリスト教である。教義に忠実で、秩序だった、禁欲的キリスト教である。最近キリスト教関係の書籍が多く出版されているが、それらの著者が論じているのは知識人レヴェルのキリスト教である。彼らは、キリスト教が二種類存在したということを知らない。民衆レヴェルの聖俗混淆したキリスト教を知らない。その存在を知らなければ本当のキリスト教論などできない。

日本人でも、仏教の経典に何が書かれているか知っている人は少ないであろう。真言宗と天台宗がどう違うか知っているものは、僧侶か専門家だけであろう。しかし、われわれは、お祭りや冠婚葬祭、願掛けなど、神社・仏閣と積極的に関わってきたし、今でもそうである。ヨーロッパでも同様である。昔農村に赴いた偉い聖職者が、在地の農民が神様が一〇〇人いると言っているのを聞いて驚いたという話がある。ヨーロッパの農民も、聖書の知識などもたなくても、マリア様にお供え物をして願をかけた。この民衆レヴェルのキリスト教が長らくヨーロッパ文明の底流を流れ続けてきた。

知識人聖職者は民衆レヴェルの聖俗混淆したキリスト教を、「迷信」、「瀆神」、「怠惰」、「不道徳」として、とりわけ十六世紀以降、国家権力と協力して破壊を試みた。たとえば、お通夜の時に獣脂の蠟燭を使ってその悪臭で悪霊を祓うこと、冬のキリスト教の祭りに空砲を撃つこと（これも悪霊祓い）、キリスト受難劇などで仮装行列すること、酔っ払ってミサに出ること、嵐の日に教会の鐘を鳴らすこと（悪霊祓い）、巡礼の際男女が同宿すること等々あらゆるものが攻撃の対象となった。知識人聖職者から「迷信」などと非難された民衆のキリスト教は俗的部分とみなされたからである。

知識人聖職者のキリスト教による民衆のキリスト教の駆逐は、聖から俗という「不純物」を取り去る作業であった。しかし俗的世界から見れば、機能の独立であった。これは、聖と俗の棲み分けを「能動的」におこなったものであるが、この精神構造があらゆるものに影響していくことになる。

聖俗混淆した民衆のキリスト教世界への批判は、すでに十二世紀頃から存在していた。ある知識人は、教会は乱痴気騒ぎの場となっていると嘆いた。三回のラテラノ公会議（一一二三年、一一三九年、一二一五年）では、修道僧や司祭が医療行為、とくに外科的治療に携わることを禁止した。外科的治療は、徐々に在野の外科職人のみの仕事となった。

聖俗混淆への非難は知識人を中心に徐々に大きくなったが、それを決定的にしたのが十六世紀前半の宗教改革であった。ルターやカルヴァンは、教会を、純粋に礼拝だけの場と時に変えようと努力した。礼拝の空間・時間に「不純物」を混入させないよう努めた。それに対抗したカトリックの改革（トリエント公会議）も同様に礼拝の空間・時間の純化に努めた。聖俗の棲み分けは空間の棲み分けであり時間の棲み分けでもあった。つまり、教会という空間を整理整頓して礼拝のみの空間とし、礼拝の時間と俗生活の時間をタイムスケジュール化して分離するということである。あるいは聖なるものと俗なるものの「機能的棲み分け」ともいえるだろう。

宗教改革の最大の成果は聖俗の棲み分けの促進であった。聖とは正統な教義に基づく礼拝（典礼、祈りも含む)、俗はそれ以外のあらゆる事を指す。とはいっても、教会の俗性はその後も長く残存した。私の手元に十七世紀のあるプロテスタント教会の中を描いた絵がある。そこには犬がうろつき、子供がさいころ遊びをし、大人は立ち話、床に座っているえせ乞食らしき者(浮浪者)もいる。乱雑な通りの風景のようである。この時代になっても聖俗混淆が残存していたことがわかる。

現在ではほぼ完全に棲み分けされている(ただ、教会でクラシック音楽のコンサートがよくおこなわれる。また、アメリカ合衆国では教会が地域のコミュニティセンターに再生されている)。聖俗の棲み分けは長い道のりだった。それでもヨーロッパは聖俗の棲み分けを「能動的に」おこなった唯一の文明であった。ヨーロッパ以外の文明圏では、聖俗の棲み分けはヨーロッパの論理を取り入れるまでおこなわれることはなかった。

これは政教分離とどう違うのか。私の言う聖俗の棲み分けは、聖なる空間や時間に俗的世界を混入させないことである。だから政教分離より広い概念である。政教分離は、政治や国家が宗教に介入しないということである。政教分離はフランス革命後のヨーロッパ文明の所産である。その意味で、聖俗の棲み分けの促進が、政教分離を生んだといってよい(現実には政教分離が完全に実施されているのは現在でもフランスぐらいではあるが)。

俗性はどこへ行ったのか

聖なる空間あるいは時間から駆逐された俗的部分はどこへ行ったのだろうか。俗的部分が移った場所の一つが居酒屋である。とくに農村では居酒屋が俗的部分の多くを引き受けた。これについては前著『居酒屋の世界史』に詳しく書いたので、以下簡単にまとめておく。

居酒屋は十三・十四世紀から存在していたが、十六世紀の宗教改革をきっかけに激増した。ヨーロッパでは、十六世紀以降、都市だけではなく農村にも必ず居酒屋が成立したのは聖俗棲み分けの結果である。

冠婚葬祭の宴、集会、商取引、芸人の活動、医療行為、裁判など、かつて教会でおこなわれていた行為が居酒屋にその場を移した。都市では、すでに十三世紀以降、市庁舎など公的建物が建てられるようになったので、集会や裁判などの場として居酒屋を必要とはしなかった。しかし、農村部では、集会や裁判の場として、封建制が解体されるまで居酒屋が使われた。

居酒屋の引き受けた俗的機能の一つに金融業がある。これは少し説明が必要である。都市では、すでに十三世紀後半のイタリアで専属の銀行業が登場していたので、居酒屋だけがその機能を引き受けたわけではなかった。しかし農村部では、貨幣経済の本格的な浸透が十六世紀以降なので、先述のとおり教会が金貸しをおこなうようになったと同時に、その機能が徐々に居酒屋に移っていく。専門的職業としての銀行が農村に浸透し、居酒屋から棲み分けしていくのは十九世紀の資本主義社会にはいってからである。

こうして教会でおこなわれていた俗的機能のいくつかは、都市では、居酒屋を経由せずに、それぞれ専属の場所が成立し、そこでおこなわれるようになった。それに対して、農村では教会の俗的機能を居酒屋が丸ごと引き受けた感がある。だから居酒屋は、教会に代わって農村のコミュニティセンターとなっていった。イギリスで居酒屋がパブリック・ハウス（現在のパブの語源）と呼ばれるようになったのは、そのことを象徴している。パブリック・ハウスは、今の日本でいえば「公民館」「市民センター」といったところか。とはいっても、教会と居酒屋の役割分担（棲み分け）も徐々に進行したから、両者はしばらく共同体の二つの中心地として共存した。かつて教会と居酒屋が回廊で繋がっていた所があったという記録を読んだことがある。聖俗の棲み分けは、この回廊を撤去する作業であった。

聖俗の棲み分けに影響されて、あらゆるものをそれぞれの空間（場所）や時間に、能動的に棲み分けさせる発想がヨーロッパ文明の大きな基盤となっていく。以下いくつか例を挙げながら説明しよう。聖俗の棲み分け（これは時間・空間・機能の三指標にまたがる）、時間の棲み分けの次は、空間の棲み分けをみてみよう。

隔離検疫と公衆衛生

隔離検疫とは、港湾で伝染病保菌者のいる可能性のある船舶を、上陸させずに遮断された海域に一定期間停泊（隔離）させておく行政措置である。公衆衛生は、隔離検疫も含む予防医学的措置・政策全般をいうが、限定的にいえば都市に代表される特定の空間を清潔に衛生的に保とうとする考えである。十八世紀の啓蒙主義の時代に、墓地を都市内から郊外に移そうとしたのは典型的な例である。キリスト教は土葬なので、伝染病で死んだ人を都市内の墓地に埋葬すれば、都市中に伝染病が広まる恐れがあったのだ。一部の研究者は、ペスト（伝染病については第二章）をきっかけにヨーロッパに隔離検疫や公衆衛生の考えが生まれたと述べる。確かに隔離検疫や公衆衛生の考えの端緒は十四世紀の黒死病（ペスト）の時代にある。しかしこういった発想はペストが直接の原因ではない。ペストは世界中で流行したからである。ヨーロッパだけが隔離検疫、とくに公衆衛生の概念を発達させたのは、「空間を能動的に棲み分けさせる」という発想から来ている。だから、ヨーロッパの公衆衛生政策の本格化は、空間の棲み分けが加速化する十九世紀以降のことである。

隔離検疫や公衆衛生は「衛生的な空間」と「不衛生な空間」を棲み分けさせるという考えである。高谷好一『新世界秩序を求めて』がインドネシアで出会ったスイス人の話を紹介している。ジュネーヴは見事に整備され塵ひとつ落ちていないと市当局は自慢するが、そのスイス人にとっては「クリニック」と同じで我慢できないという。空間を「衛生的に」完璧に棲み分けした結果である。その過程で「不衛生なもの」は排除されるから塵ひとつ落ちていないのである。東京ディズニーランドに行った人はわかるであろう。あそこも塵ひとつ落ちていない。

中国、インド、中東などでは、現在でもまだ「不衛生なもの」が「維持」されているように思われる（ヨーロッパでも現実は理想どおりではない。犬の糞がよく落ちている）。

都市計画の徹底化

隔離検疫や公衆衛生の行き着く先は、都市計画の徹底化であった。特定の空間はある目的のみに使われ、それ以外には使われなくなる。教会、公園、学校、役所、裁判所等々。

もちろん、古代よりどの文明圏でも都市計画はおこなわれていた。たとえばローマ帝国では、皇帝の宮殿、パンテオン神殿、フォルム・ロマヌム（広場・市場）、コロセウム（競技場）、公衆浴場、劇場などが機能と役割によって分けられていた。

中国でも日本でも都は計画的に設計された。イスラム圏ではイスラム法に従った都市計画がおこなわれた。しかし、十九世紀以降、とくに二十世紀に入ってからのヨーロッパの都市計画は徹底していた。

さまざまな都市計画の構想・立案・法制化・建設は、工業化の進むヨーロッパの都市ですでに十九世紀前半からおこなわれていた。まず、ロンドンやパリなど首都級の大都市を、「衛生的・快適・美しい・便利・犯罪のない等々の空間」にすることから始まった。しかし十九世紀を通じて都市人口の爆発的膨張はとどまることはなかった。それゆえ二十世紀に入ると、都市の生活環境の悪化、貧困、住宅不足等の問題が、各地でますます深刻化した。こうして、都市計画が本格化する。その代表的例が、十九世紀末エベネザー・ハワード（一八五〇〜一九二八年）によって提唱された「田園都市」であった。ある意味、田園都市は都市空間の棲み分けの到達点の一つであった。

日端康雄『都市計画の世界史』によれば、ハワードの描いた田園都市は、都市中心部に公園、市役所、博物館といった公共施設、中間地帯は住宅、学校、教会、外周に工場、倉庫、鉄道、その外に農場地帯となる。都市内に農地スペースを確保し、人口規模を制限し、都市人口を充足させる産業を都市内に確保することを掲げた。いわば自給自足都市である。一都市の計画人口は三万二〇〇〇。これを超えるときは市街地を拡張しないで都市間を鉄道で結ぶ。各地につくった田園都市を首都ロンドンと鉄道で連結する。

まさに都市空間の棲み分けのお手本である。もちろん、現実には理想どおりにはいかなかったが、その計画性は徹底している。田園都市は、ロンドン郊外に「快適」で「衛生的」な職場（労働）空間、居住空間、余暇空間などを機能ごとに分けて建設するという発想であった。その意味で機能の棲み分けでもあった。この発想はさまざまなヴァリエーションをもって欧米中に拡がった。職場空間はロンドンやパリで、その郊外に居住空間などをつくる場合もある。これは職場空間と居住・休息空間の都市間（職場都市と居住都市）での棲み分けであろう。都市計画の背景には経済的生産性の向上につなげるという狙いがあったと私などはすぐに推測するが、ハワードら、少なくとも田園都市計画論者はこういった戦略的思想はもっていなかった。彼らは理想主義者であり社会改革者であった。

ともあれ、現在でも、非ヨーロッパ地域と比較して、ヨーロッパの都市はまるで模型のように整然としている。ヨーロッパの十九世紀以降の都市計画や田園都市は、聖俗の棲み分けに始まる道のりをもった空間の棲み分けの最終的表れの一つと解釈できるが、空間の棲み分けも時間のそれ同様、資本主義に適合的であることはすぐに理解されるであろう。だから十九世紀以降に加速化したのだ。

キリスト教と「排除」の思考

前述したように能動的棲み分けは、「排除」を伴う場合がある（常にそうとは限らない）。私は、排除の発想にキリスト教が一役買っていると思っている。なぜイスラム教や仏教でなく、キリスト教なのか。ヨーロッパのキリスト教は不寛容な宗教だからである。最初の事例は十字軍である。イスラム教徒（およびユダヤ教徒）を倒すのが使命と考え、そのために殉教した者には教皇が天国行きを約束した。ところが、第一回十字軍が、到着したイスラム支配下のシリア（セルジューク朝とファーティマ朝の間の政治的弱小地域であった）で、キリスト教徒が平和に共存しているのを見て十字軍兵士たちは仰天したという話がある。それでも十字軍はイスラム教徒やユダヤ教徒を虐殺した。他方、イスラムはアラビア半島のメッカ・メディナから始まり、エジプトからペルシアにいたるまで広大な征服活動をおこなったが、征服地の民をイスラムに強制的に改宗させず、現地の「信仰の自由」を認めていた。

十八世紀のモンテスキューは、ヨーロッパは自由の精神があると述べた。しかし、宗教に限ってみると、キリスト教は、イスラム教や仏教などと比べて全く「不自由」な宗教である。ヨーロッパのキリスト教は、もともとローマ・カトリックであった。ローマ・カトリックは、他の宗教はもとより異端も容認しなかった。十二・十三世紀にワルド派、カタリ派といった異端は徹底的に弾圧された。カタリ派は南フランスでアルビジョア派と呼ばれ、一二〇九年、教皇インノケンティウス三世はアルビジョワ十字軍を組織し異端の大虐殺をおこなった。宗教改革の先駆者ボヘミアのフス（一三七〇頃～一四一五年）は公会議（宗教会議）の結果、火刑に処せられた。しかしフスの運動は、やがてルターにつながった。宗教改革によって、カトリックの壁はようやく崩壊した。三二五年のニケーア公会議でカトリックの根本教義が決定されてから約一二〇〇年を要した。プロテスタントはローマ教皇の権威を否定し、「聖書のみ」を原則としたから、基本的に教義や儀式に縛られることはなかった。だからさまざまな聖書理解が生まれ、その数だけ宗派が成立した。「プロテスタント」という統一された宗派はない。

それでも十六〜十八世紀に、個人に信仰の自由があったわけではない。宗派はそれぞれの権力者（国王や諸侯）が決めていた。カトリックを選択するかプロテスタント諸宗派（ルター派、カルヴァン派、イギリス国教会に代表される）を選択するかはいずれも国王・諸侯が決めてしまい、その領土内には異教徒のみならず、異宗派も容認しなかった。領土を空間と捉えるならば、その空間内は「均一」でなければならないという発想である。整理整頓・分類した引き出しの中身は「同種」の物が収められなくてはならないという能動的棲み分けにともなう発想と同種のものである。能動的棲み分けはある空間内・時間内の「均一化」の過程だからである。先の公衆衛生に引き寄せて考えれば、カトリック領土にとって、ルター派は「不衛生」なものであった。だから容認せずに、カトリック領土（「衛生的な空間」）の外へ排除する。ルター派にとってのカトリックもまた同様である。プロテスタント各派もカトリック同様、不寛容な宗教であったということである。

一般的に、個人に信仰の自由が完全に保障されたのは、十八世紀末のフランス革命がきっかけである。ヨーロッパにおける異教徒の大部分を占めたユダヤ人に市民権が与えられたのも、フランス革命中の一七九一年のことであった。それまではその存在は黙認されていたに過ぎない。ちなみに、カトリック教会が信仰の自由を公的に表明したのは二十世紀後半の第二ヴァティカン公会議においてであった。

しかし、他の文明圏の宗教では、基本的に「信仰の自由」は保障されていた。上述の話のように、アラビア・イスラム文明では、支配層はイスラムであり、時には他宗教への弾圧もおこなったが、概して、同じ一神教としてのユダヤ教徒とキリスト教徒（啓典の民）の存在を認めたばかりか、多神教教徒も容認していた。一一八七年にエルサレムを奪還したサラディン（アイユーヴ朝創始者。在位一一六九～九三年）は、キリスト教徒に寛容政策をとった。オスマン帝国（一二九九～一九二二年）内には、非イスラム教徒のみならず、多数を占めるスンナ派と少数派のシーア派やドゥルーズ派といった「異端」も共存していた。ペルシアのサファヴィー朝（一五〇一～一七三六年。多数派はシーア派）でもインドのムガル朝（一五二六～一八五八年）でも同様の宗教寛容策がとられていた。インドや東南アジアではイスラム教、ヒンドゥー教、そして仏教は混淆していた。日本では今でも神仏が混淆している。他文明圏では、宗教・宗派も混淆していたのだ。

キリスト教では考えられないことである。つまりキリスト教は、ある空間あるいはある時間を均一化せずにはいられない宗教なのである。キリスト教のみが、宣教師を大量に他の文明圏に遣わし、伝道活動をおこなった。地球という空間をキリスト教で均一化しようとしたのである。

能動的棲み分けはある空間内・時間内の均一化過程である。確かに、上に挙げた領土（権力空間）は能動的棲み分けの結果ではなく、自生的・生態学的棲み分けから生じたものである（権力空間の棲み分けについては第三章で詳述する）が、権力空間を均一化しようとする発想は、能動的棲み分けの発想と同じである。

一四九二年の意味

一四九二年はヨーロッパにとって象徴的な年である。コロンブスがアメリカ大陸に到着しただけではない。イベリア半島のイスラム教最後の拠点グラナダが陥落した年でもあった。同年、スペインからすべてのユダヤ人が追放された。約三〇万といわれる。これはスペインという空間をキリスト教徒で均一化したものである（ユダヤ人追放は、すでに十四世紀初頭のフランスでもおこなわれた）。こうして「不純物」として排除されたイスラム教徒とユダヤ教徒は、この空間（スペイン）の外に出て行かざるを得なかった。スペインという空間をキリスト教で均一化し、「不純物」としての異教徒を排除する。

ユダヤ人迫害や追放は西欧で多かった。一説によれば、迫害・追放されたユダヤ人は東欧に移住したといわれる。そしてこれが二十世紀のナチスの政策に受け継がれ、犠牲者の多くは東欧ユダヤ人であった。

芝健介『ホロコースト』によれば、ナチスは最初、すべてのユダヤ人をドイツ国外へ追放する計画であった。第二次世界大戦が始まると、占領地ポーランドの都市にユダヤ人を集め、ゲットー（ユダヤ人強制隔離居住区）をつくり、最終的にソ連へ追放しようとした。

ゲットー建設はナチスが初めてではない。ユダヤ人を空間的に隔離するゲットーが最初につくられたのは、一五一六年のヴェネツィアである。しかし、それ以前もユダヤ人は「ユダヤ人街」

に「隔離」されて居住していた（最初のユダヤ人街は第一回十字軍の時代にライン地方につくられた）。ユダヤ人はヨーロッパ中でゲットーやユダヤ人街に隔離されていた。ナチスによるゲットー化政策は一九四〇年春からであった。しかしソ連侵攻が思うように進まなくなると、ゲットーも邪魔になり、最終的には「絶滅収容所」に集められ抹殺された。

ここで重要なのは、ナチスがはじめからユダヤ人の大虐殺を計画していたわけではなかったことである。「ドイツという空間」を「健全なドイツ人」で均一化しようとしたことにそもそもの原因があったのだ。これは、「スペインという空間」をキリスト教徒で均一化しようとした一四九二年の発想と同じものである。均一化とその結果生じた排除の徹底化が、約六〇〇万というユダヤ人大虐殺に帰結したのである。だから、ユダヤ人を直接抹殺したのはナチズムであるが、根本的原因はヨーロッパ文明の「均一化の思考法」にある。

能動的棲み分けが排除を生む可能性

ナチスによる「排除の論理」をもう少し考えてみよう。ナチスは「アーリア民族」たる「ドイツ人」を「人種」の最高に位置づけ、「スラヴ人」を奴隷、ユダヤ人などを「劣等人種」と位置づけた。一九三五年のニュルンベルク人種法では、祖父母の四人と三人がユダヤ人の場合は「完全ユダヤ人」、祖父母二人がユダヤ人は「二分の一ユダヤ人」（第一級混血）、祖父母一人がユダヤ人は「四分の一ユダヤ人」（第二級混血）と、ユダヤ人内も細かく分類した（混血はとりあえずドイツ人とされた）。その他社会主義者、「精神障害者」、「身体障害者」、「ジプシー」、「同性愛者」も「劣等人種」に位置づけられた。

これを例の箪笥の例で考えてみよう。四段の箪笥がある。その最上部に「ドイツ人」を収納する。第二段目には、「ドイツ人」と類似した北欧やイングランドの「アーリア系」を、第三段目にはラテン系と混血した「フランス人」や「イタリア人」を、最下部の第四段目には「スラヴ系」を収納する。ここまでは収納・整理整頓できた。ならばユダヤ人など「劣等人種」とされた人間はどこに収納すればよいのか。ナチスの箪笥には彼らの収納場所はなかったのである。だから、彼らを「捨てる」しかなかった。彼らは「生存に値しない者」として、射殺、ガス殺された。これは人間の「価値」を指標に能動的に棲み分ける「人間の棲み分け」であった。「劣等人種」は、箪笥のどこにも棲み分けできなかった「ゴミ」であった。四段の箪笥のそれぞれの引き出しには「同種」の人間が収納された。中身は均一化されている。箪笥に収納できなかった「劣等人種」は排除される。これは、能動的棲み分けに随伴する可能性のある「危険」である。能動的棲み分けが常に排除を伴うというわけではないが、こういった危険性をもつことを認識したい。

人間の棲み分けも、ヨーロッパで徹底された。十八世紀後半、ドイツ人医学者ヨハン・ブルーメンバッハは、人間を「コーカサス」、「モンゴル」、「エチオピア」、「アメリカ」、「マレー」に五分類した。「エチオピア」は「黒人」、「アメリカ」は「インディアン」、「マレー」はポリネシア系住民を指している。その後六分類法を唱える学者も出たが、一番定着したのが、ジョルジュ・キュヴィエが『動物界』（一八一七年）で提唱した三分類法である。つまり「コーカソイド」、「モンゴロイド」、「ニグロイド」である。これが「白人」、「黄色人種」、「黒人」という呼称に変化して使われるようになっていった。これもナチス同様、人間の「価値」と結びついている。「白人」が最上部で「黒人」が最下部である。だから「白人」以外は「有色人種」として排除の対象となった。「有色人種」はナチスがおこなったように「抹殺」されたわけではなかったが、排除は「人種差別」という形で表れた。

ちなみに、こういった分類には何の生物学的根拠もない。現在の人類はホモ・サピエンスという一つの人種のみである。だから「白人」も「黒人」も「アジア系」も存在しないのである（ただいまだにアメリカのみならず、日本のマスコミも平然として使用している）。

確かに他文明圏でも「人間の棲み分けらしきもの」はおこなわれた。中国・元王朝時代には、支配民族としての「モンゴル人」の下に、「色目人」（イスラム系西域人）、「漢人」、「南人」（南宋支配下漢人）に分類した。インドのカースト制も「人間の棲み分け」であろう。江戸時代の士農工商、えた・非人もそうである。ただ、近代ヨーロッパのおこなった人間の棲み分けは、それが「科学的・生物学的根拠」という装いでもって導かれたことに特徴があった。ブルーメンバッハ、キュヴィエなど自然科学系の学者が積極的に「人種」の分類をおこなったからである。キュヴィエによれば、コーカソイド、モンゴロイド、ニグロイドは「遺伝的形態」が異なり、その優劣はコーカソイド、モンゴロイド、ニグロイドの順であるから、コーカソイド、いわゆる「白人」が最も優秀な遺伝的形態を有していることになる。こういった考えは、ダーウィン進化論の「悪用」とあいまって、十九世紀後半から二十世紀前半にかけて、いわゆる社会ダーウィニズムや優生学（「劣者」の遺伝子を残すことを禁じ、「優秀」な遺伝子だけを残すことで人類社会を進歩させるという考え方）と呼ばれるような思想に受け継がれていく。

ナショナリズムと植民地

ナショナリズムはフランス革命の産物である。このとき初めて「国家への愛」という表現が使用された。この「国家」は「ネイション」である。ネイションには国民の意味もある。だから、王朝（王家）の国家ではない「国民の国家」であった。この概念はフランス革命を他のヨーロッパ諸国（まだ王朝国家）から守る対外戦争のなかで生まれた。ここに国民と国家は同一視された。国民とはフランス語を話す民族として理解された。一民族＝一国家＝一言語がナショナリズムの基本形となった。

これは空間の棲み分けであり、民族の棲み分けであり、言語の棲み分けでもある。ある空間（国家）には同じ言語を話す同じ民族が居住すべきであるという発想が成立した。均一化の発想である。私はナショナリズムこそ、空間の能動的棲み分けの最も影響力をもつ最終到達点であると思っている。なぜならば、これ以降の近代国家形成運動は、すべてナショナリズムの考えにそっておこなわれているからである。十九世紀のドイツやイタリアの統一運動しかり、オスマン帝国からのスラヴ諸民族の独立運動しかり、二十世紀後半のヨーロッパ植民地からのアジア・アフリカの独立運動しかり、ソ連崩壊後一九九〇年代の旧ユーゴスラヴィア内で起きた民族紛争しかり、そして現在の世界各地の民族間の争いもすべてこの論理でおこなわれている。

しかし、現実にある空間（国家）が、一民族、しかも一言語で均一化されることなどありえない。一八七一年にドイツ帝国が成立した（成立させた）時、そこには多数のポーランド人が居住していた。フランスでも、アルザス・ロレーヌ地方はドイツ系、ブルターニュ地方はケルト系であった。イギリスでは十九世紀になっても、英語を話せないウェールズ（イングランド西隣のケルト系地域）の小学校で英語教育がおこなわれた。だから、ここでも、ポーランド人やケルト系は排除の対象になり得たのである。しかし、排除されずに「同化」政策がとられた。ポーランド人、アルザス・ロレーヌ、ウェールズに、ドイツ語教育、フランス語教育、英語教育が強制された。

十九世紀末にはヨーロッパ列強はアジア、アフリカの広大な空間を我が物とした。そこが何の資源もない砂漠だとしても、どこかの国（ヨーロッパ列強）に帰属させなくてはならなかった。私は、植民地とは、地球という空間をヨーロッパ列強が能動的に棲み分けさせた状態だと定義したい。だから植民地も均一化しようとして自国への「同化」政策をとったのである。宗主国の言語（たとえば英語）を植民地へ強制した。それに従わない者は徹底的に弾圧された。そして先に述べたように、独立後のアフリカで頻繁に起きている内戦はナショナリズムから生じている。民族の居住に関係なく、ヨーロッパ列強が机上で国境線を引いたからである。現在、地球上でどこの国にも棲み分けされていないのは南極大陸と島嶼部を除いた北極海だけである（南極大陸の一部に領有権を主張している複数の国家はある）。

なぜ楽譜がヨーロッパだけで発展したのか

蛇足になるかもしれないが、最後に、空間の棲み分け過程で生まれたおもしろい例を紹介しよう。楽譜である。正確な楽譜はヨーロッパ以外では現れなかった。グレゴリオ聖歌は、教皇グレゴリウス一世（五四〇頃〜六〇四年）が作曲したといわれる一連の典礼音楽である。ただ、彼の時代には楽譜は存在しなかった。記憶だけが頼りであったから、音楽は地域によっても異なっていたし、歌う人々によってもその都度変化した。ジャズの即興音楽のごときである。

十一世紀に入る頃、修道士たちが「ネウマ楽譜」というものを発明した。これは、「ネウマ」（アクセント記号のようなもの）を置いた位置によって、音の相対的高低がわかるようにしたものである。まだ楽譜と呼べる代物ではなかった。もともと音の高さと長さについてはギリシアの哲学者も考えていた。だからギリシア学問の導入とともに、音楽は大学の自由七科に組み込まれた。やがて音の高低を五線譜上で表すようになり、七音階（ド・レ・ミ・ファ・ソ・ラ・シ）で表現された。私にいわせれば音の高低の棲み分けとでも言えようか。

音の長さついては、時計の発達と時を同じくしたのは偶然ではない。真木悠介『時間の比較社会学』によれば、音の長さを表す定量音符（♪など）は、十五世紀から十七世紀にかけて徐々に整備された。

定量音符の誕生は、多声音楽（ポリフォニー）の誕生と密接に関連していた。多声音楽が現在のクラシック音楽の元である。もともとグレゴリオ聖歌も含めて音楽は、一つの旋律からなる単声音楽であった。そこに複数の旋律を同時に歌い、演奏する手法が十三世紀頃から盛んになった。おそらく最初は、遍歴芸人たちが、感性だけを頼りにポリフォニーを演奏していたのだろう。ポリフォニーは人気があった。優れたポリフォニーを歌う歌手（芸人）には報酬が与えられた。彼らは教会、大学、そして市場でも歌った。これらは芸人が活動した場所であった。しかし、ポリフォニーが複雑化するにつれ、音の一定の長さを示す記号がどうしても必要となる。複数の旋律を調和させるためである。こうして定量音符が生まれた。グレゴリオ聖歌も、十六世紀のトリエント公会議での禁止にもかかわらず、ポリフォニーとして発展していった。こうして緻密な楽譜へと発展し、十八世紀のバッハ（一六八五〜一七五〇年）やモーツァルト（一七五六〜九一年）につながる。

松下真一「時間についての省察」は、「音楽とは元来、古代の民俗音楽、或いは現在でもたいへん素朴な形の（たとえば民俗）音楽に見られるように、それは時間中に軌跡を投げかけていくような「生命」の迸り、またはエネルギーであった」が、ヨーロッパでは、「空間化された時間のなかに束縛された音楽」となったと述べている（七三頁）。

音を「束縛」するとは、私の言葉でいえば「音の棲み分け」である。楽譜がなぜヨーロッパだけで成立したかも、能動的棲み分け論で説明できる。ヨーロッパの音楽（今ではクラシック音楽と呼ばれる）は、特定の空間に特定の音符を棲み分けさせたものである。それが楽譜である。あるいは、時間の経過にそって特定の音符を配列すると捉えれば、時間の棲み分けとも理解できる。楽譜は音符のスケジュール表ともいえよう。だから楽譜どおりに演奏するとは、ヨーロッパ文明に捕らわれていることなのである。

ちなみに、オスマン帝国にヨーロッパから楽譜が輸入されたが根付かなかった。今でもアラビア音楽は楽譜なしが多い。

第二章

ヨーロッパの生態学的基盤とは何か

1 「ヨーロッパ人」とは何者か

ヨーロッパ文明は最北にあるという単純な事実

この章では先に定義した「自生的・生態学的棲み分け」について考察する。ただ結論にいたるまでかなり回り道をする。多くの情報を提供して納得してほしいからである。具体的には「ヨーロッパ人」、気候、地理、疫病、自然災害、そして人口について考察することになる。そしてヨーロッパ独自の生態学的基盤を引き出してみよう。

教科書や一般書によれば、紀元前三〇〇〇年頃にメソポタミア地方のシュメール人が興した文明が、世界最初の文明ということになっている。その正否はここでは無視しよう。ともかく、それ以来、人類は、約五〇〇〇年の間に、さまざまな文明を勃興・消滅させてきた。このうち、十二世紀前後に始まったヨーロッパ文明は、緯度がもっとも高い「最北の文明」である。

地球儀を回すと、たとえば、パリは北緯五〇度少し下にあり、極東でいえば、日本の北、サハリン中部や千島列島最北と同緯度にある。ロンドンにいたっては北緯五〇度をゆうに越えている。逆に東から見てみよう。中国の黄河文明は黄河の中・下流の平原地帯、北緯三五～三八度付近で展開された。現在の北京は北緯四〇度あたりである。日本でいえば盛岡から青森付近である。北京とほぼ同緯度にある西方は、アテネ、ローマ、イスタンブール（コンスタンティノープル）などで、みな古代の地中海文明の中心地である。「文明発祥」の地メソポタミアやエジプト、インダスにいたっては、北緯三〇度付近である。

アメリカ大陸を見てみよう。七世紀に栄華を誇ったマヤ文明の人口約四万とされる都市ティカル（グアテマラ）は北緯一七度である。十五世紀に周辺民族をも支配したアステカ帝国の首都テノチティトラン（メキシコシティ）は人口二〇万〜三〇万を誇ったが、北緯一九度である。同時期南半球に位置したインカ帝国の人口約二〇万の首都クスコ（ペルー）は南緯一三度である。

アフリカ大陸各地には、多くの王国や都市が興亡した。簡単に紹介しよう。エジプトを除けば最も古いのはナイル川上流のクシュ王国である。すでに紀元前一五〇〇年以前にはその存在が確認される。その首都ケリーマや後に遷都したメロエは現スーダンにあるが、北緯一八度あたりに位置する。このヌビア人の王国は紀元四世紀まで続いた。その南のエチオピアに一世紀に成立したのがアクスム王国で、首都アクスムは北緯一四度である。

西アフリカのニジェール川流域には八世紀以前から十九世紀末にヨーロッパの植民地となるまで、ガーナ王国、マリ王国、ソンガイ王国、ベニン王国といった広大な領域を支配する帝国、および小国家や都市が次々に興亡した。この広大な地域は北緯五度から北緯二〇度前後にまたがっている。

熱帯をまたぐザイール（コンゴ）川流域には、十五世紀にはコンゴ、ルバ、ルンダ各王国が並存していた。まさに熱帯の文明であった。

南部アフリカに目を転じると、十二世紀頃マプングブエ（現南アフリカ共和国）という都市国家の存在が確認される。南緯二二度あたりである。その他南部アフリカにも大国や小国家の文明があったが、いずれもマプングブエより緯度は低い。

もうおわかりであろう。ヨーロッパは最北の文明というより、最も寒い場所に位置した文明なのである。確かにメキシコ湾流によって緯度の高さのわりには寒くはない。しかし、平均気温からみると、明らかに寒く、それほど湿潤ではない。私は、もともとドイツ史を専攻していたので、ドイツに行く機会が多かった。夏でも半袖でいられたのは、比較的温暖な地域でも二週間にも満たなかった。だから、今でもドイツのホテルには暖房は絶対に完備されているが、冷房装置はほとんどみかけない（りっぱなホテルは別だが）。

ただ、今これを書いている二〇一二年冬、私がドイツに住んでいた二〇年ほど前より湿気が多くなって雪がかなり積もるようになっている。過去の気候変動については後述する。

ヨーロッパの「最北」、「最寒」といった気候的環境が、ヨーロッパ文明の発達にいかに影響したのだろうか。あるいは関係がないのか。しかし、その前に、あるいはそれと関連して、一体ヨーロッパ文明をつくった人びとは誰なのだろうか。

なぜヨーロッパ人は「白人」なのか

われわれ人類＝ホモ・サピエンスの起源は二〇万年前のアフリカとされる。アフリカ大陸を出たのが約五万年前で、そこから地球上の各地域へと拡散していった。人類の形態的特徴は、この拡散過程の自然環境によって徐々に成立していった。

コーカソイド（白色人種）、モンゴロイド（黄色人種）、ニグロイド（黒色人種）という三分法は、十九世紀初頭のヨーロッパの「人種」差別主義者が作成したものである。生物学的根拠があるわけではないことは前述した。現在世界には、多様な肌の色や身体の特徴を有する人々が存在するが、環境に適応する形でそうなったもので、生物学的にはもとは同じ祖先をもつ一つの人種（ホモ・サピエンス）である。日本人でも顔形が違うのと大した差異はない。

アフリカ大陸に残った人類は赤道近くにいたので、色が黒色や褐色となった。現在のヨーロッパや中東の人々の肌が白いのは、彼らは太陽光線の少ない北極圏（北緯六六度三三分以北）に近いところまでいったん行ったからである。日本人や中国人は肌が淡色化しているがヨーロッパ人ほど白くはない。アフリカを出た後、インド・東南アジア経由で北に向かったグループ、あるいは直接北東アジアに向かうグループがあった。これらの集団は、北に向かうにつれ淡色化していったが、ヨーロッパに入ったグループほどには白色化しなかった。北極圏近くまで行かなかったからである。他方、現在の東南アジアのように、北上しなかったグループは淡色化の程度が少なかった。

現在の北極圏に住むエスキモー、そしてアメリカ先住民は、一見すると顔かたちが日本人や中国人に似ている。これは、彼らが、東北アジアから北上し、ベーリング海峡を渡り、アメリカ大陸に入った時期がかなり遅かったからである。ホモ・サピエンスがベーリング海峡を渡ったのは、早くとも一万五〇〇〇年以降といわれている。エスキモーはやがて白色化するであろう。

さて、ヨーロッパにはいったグループはクロマニョン人と呼ばれる。すでに約四万五〇〇〇年前にヨーロッパに入っている。彼らは、アフリカを出た後、北極圏に近いヨーロッパへ入った。だからヨーロッパに入った時点のクロマニョンは「黒人」であったはずである。その後徐々に白色化した。

彼らは先住のネアンデルタール人を駆逐した。ネアンデルタール人は旧型ホモ・サピエンスといわれ、日本では旧人と呼ばれる。ユーラシア大陸に分布した。ちなみに人類の起源は七〇〇万年前のアウストラロピテクス群まで遡れ、ホモ・サピエンスもここから進化したが、ホモ・サピエンス以前の人類はすべて滅びたとされている。

ネアンデルタール人は、戦闘ではなく、クロマニョンより狩猟能力等に劣っていたため絶滅したといわれる。最新の研究によれば、両者の交配があったと発表された（朝日新聞二〇一〇年五月七日付朝刊社会面）。

DNA検査法の発達により、どこの人類グループがどこから来たのかがかなり正確にわかるようになった。それによると、現在のヨーロッパ人の約八割が、農耕民がやってくる以前の狩猟採集民の子孫だということがわかっている。つまりクロマニョンの子孫（クロマニョンの遺伝子をもっている）なのである。ヨーロッパは緯度が高いので、それに応じて今のヨーロッパ人の大雑把な形態的特徴を形作った。大雑把といったのは、同じヨーロッパ人でも北欧系と南欧系では一目で違うとわかるからである。南欧系は後に南下していったグループである。

農耕をヨーロッパに伝えたのは誰か

氷河期が終わり、農耕・牧畜が、今から約一万年前にメソポタミア地方で始まった。メソポタミアで農耕・牧畜をはじめた人々も、アフリカを出た後、いったん北極圏近くまで北上（おそらくカスピ海からロシア方向のルート）してから南下してきたグループであるはずである。だから肌が白色化した。かつては、ここから、アナトリア半島（現在のトルコで小アジアと呼ばれた）経由で、ギリシアに農耕が伝わり、それが全ヨーロッパに伝播したと考えられていた。

しかし、ここには明らかに矛盾がある。最初の文明を築いたシュメール人の言語系統は不明だが、その後、現在の中東地域で活躍した諸民族はほとんどセム語族系である（北アフリカはハム語族系）。しかし、現在のヨーロッパの言語はインド＝ヨーロッパ語族系なのである（バスク語、フィンランド語、ハンガリー語など例外はある）。原インド＝ヨーロッパ語を話すグループが、いつの時代かにヨーロッパに入り、クロマニョンの末裔がしゃべっていた言語を駆逐したと考えるのが自然である。

農耕の伝播と言語の伝播を同時に扱わなくてもよいという考えもある。しかし、後の歴史をみると技術力の高いグループの言語が、現地人の言語を駆逐しているのである。たとえば、ローマ帝国のラテン語が、ケルト語やゲルマン語を駆逐してフランス語やスペイン語になったのはその典型であろう。逆にギリシア語はローマに支配されても消滅することはなかった。だから紀元前七〇〇〇年頃、アナトリア経由で農業が入り、それが全ヨーロッパに伝播したなら、言葉はセム語系でなければならない。おそらく、アナトリア経由でギリシアに農耕が入ったことは確かであろう。しかし、その農耕技術が北上して広まったとは考えられない。

二〇〇九年にドイツ人などの研究グループが明らかにしたところによると、ヨーロッパで農耕を始めたのは約七五〇〇年前（紀元前五五〇〇年）に中・東欧に移住してきた人々であったという（朝日新聞二〇〇九年九月一五日付朝刊科学面）。彼らが現在のヨーロッパ諸語の元になった原インド＝ヨーロッパ語を話した人々なのではないだろうか。現在のヨーロッパ人の約二割はクロマニヨンの遺伝子をもっていない。この約二割のグループが農耕・牧畜とともに言語ももちこみ、クロマニヨンがしゃべっていた言語を駆逐した。それがインド＝ヨーロッパ人である。

インド＝ヨーロッパ人の原郷は、カスピ海東の中央アジアである。彼らも、中東の諸民族同様、北極圏近くから南下し中央アジアに定着した集団である。そこから、最初に北西へ向かい黒海北を通ってヨーロッパ（中・東欧）へ入ったグループがあった。その後、紀元前二〇〇〇年頃、南へ向かった集団はペルシア、そしてアナトリア半島にも入った。ちなみにアナトリアに建国したヒッタイト王国が紀元前一四〇〇年頃鉄器を発明したことは有名である。インド＝ヨーロッパ人は紀元前一五〇〇年頃にはインドへ入り、現地人を制圧、混血した。

だからヨーロッパに農耕・牧畜を本格的に伝えたのは、中央アジアからヨーロッパに動いた（紀元前五五〇〇頃～前三〇〇〇年頃）インド＝ヨーロッパ人集団だった。クロマニヨンの末裔は農耕・牧畜とともに言語も取り入れたのである。もちろん混血もした。

紀元前三〇〇〇年頃、オリエントの影響でクレタ文明が勃興したが、これをつくった民族は言語系統不明とされている。おそらく彼らはアナトリア経由で来たセム語系の民族である。それに対して、クレタ文明を滅ぼした北のギリシア本土のミケーネ文明はインド＝ヨーロッパ語族であった。ギリシア人もローマ人もみな南下して文明を築いている。彼らがもともと北にいたからである。

現在のヨーロッパ人の約八割はクロマニョンの末裔（混血しているからインド＝ヨーロッパ人の遺伝子ももっているはず）で、約二割の大部分は、アナトリア半島経由ではなく、中央アジアから中・東欧に入ったインド＝ヨーロッパ人（クロマニョンの遺伝子をもたない人々）である。彼らインド＝ヨーロッパ人が農耕・牧畜を伝えるとともに、クロマニョンの言語も駆逐したということになる。クロマニョンと混血したインド＝ヨーロッパ人が、原ヨーロッパ人の主体となった。

原ヨーロッパ人は、その後、分化して、ギリシア人、ローマ人、ケルト人、ゲルマン人、スラヴ人の祖先となった。そしてギリシア文明、ローマ文明、ビザンツ文明を勃興させたが、これらはいずれも滅んでしまった。そしてヨーロッパ文明の主体となったのは、最後に南下してローマ文明を滅ぼしたゲルマン人であった。

2　気候と疫病

小氷期

さて、寒さという気候がどのようにヨーロッパ文明に影響したかの考察に移ろう。最後の氷河期は、一万二〇〇〇年前に終わったが、気候学で「小氷期」と呼ばれる寒い時代があった。フェイガン『歴史を変えた気候大変動』によれば、一三〇〇年頃から一八五〇年頃が小氷期とされる。それに対して、八〇〇～一三〇〇年頃の約五〇〇年間は「中世の温暖期」といわれる。この温暖期は豊作が多く、飢饉もほとんどなかった。イギリスでもブドウ栽培が普通におこなわれていた。中世の温暖化期に、人々は森を切り開き、耕作面積を増やした。平野であったから耕作する場所はいくらでも開拓できた。それゆえ人口も激増した。

同じくフェイガン『大温暖化』によれば、西暦一〇〇〇年から黒死病が最初に流行した一三四七年までに、ヨーロッパ大陸の人口は、三五〇〇万から八〇〇〇万にまで増えた。ギャンペル『中世の産業革命』は、一〇〇〇年の約四〇〇〇万から一三〇〇年には約七〇〇〇万と見積もっている。ヴィダル＝ナケ編『世界歴史地図』では十世紀から十三世紀にかけて約三〇〇〇万から約六〇〇〇万人へ倍増した。ドルーシュ編『ヨーロッパの歴史』は、十世紀の約四〇〇〇万から十四世紀初頭には七五〇〇万以上とする。リヴィ＝バッチ（A Concise History of World Population）によれば、一〇〇〇年で三〇〇〇万、一三四〇年で七四〇〇万、黒死病の影響で一四〇〇年に五二〇〇万に減ったが、一五〇〇年には六七〇〇万に回復した。統計もない時代だから正確な数字は無理であるが、一〇〇〇年頃で三〇〇〇万～四〇〇〇万、一三〇〇～一五〇〇年頃で六〇〇〇万～八〇〇〇万である。大幅に増加したことは間違いない。

小氷期は、平均して現在（および中世の温暖期）より一～二度は低かった。とくに寒冷だったのは十七世紀である。ドイツの文書記録でも、バイエルンやオーストリアでそれまで栽培されていたブドウができなくなり、ワイン消費量が落ちてビールに取って代わられたことがしばしば言及されている。田上善夫「小氷期のワインづくり」によれば、ドイツのブドウ畑は十六世紀前半に三〇万ヘクタールだったのが、十七世紀後半には五万ヘクタールに減少した。

小氷期は地球規模の現象であったといわれる。しかし、その開始時期は一三〇〇年頃とする研究者と一五五〇年頃という研究者に大別される。終了時期は一八〇〇年から一九〇〇年の間である。日本では、泥炭層の花粉分析から、西暦二四六～七三二年が寒冷、七三二～一二九六年が温暖、一二九六～一九〇〇年を小氷期という研究がある。諏訪湖の氷結時期が一四四四年から一五〇四年の間は、一八四〇年以後より早かったという記録もある。中国では、西暦元年～一〇〇年、三〇〇～六三〇年、一〇五〇～一二七〇年、一四三〇～一五五〇年、一五八〇～一七二〇年、および十九世紀前半が比較的寒冷であった。オスマン帝国では、十六世紀後半が厳冬で大雨、洪水も多かったという研究があるから、これ以降小氷期に入った可能性がある。ともあれ、地球の気候は、地域的偏差を伴いつつ、氷河期以降も寒暖を繰り返していることは確実である。現在の「温暖化」もこのサイクルの一環であろう。ここでは小氷期を一三〇〇～一八五〇年頃と長期に設定しておこう。そしてこの時期は、ヨーロッパ文明の成立から発展の時期とほぼ重なっている。ただでさえ、極寒の地域が、さらに現在より寒冷であったということになる。

荘園と三圃制の成立

小氷期の環境の厳しさが、逆に農業技術の改良を生んだという仮説を立てるのは可能である。モントゴメリー『土の文明史』によれば、実際、農機具の改良、輪作、排水法によって、十三～十九世紀の間にヨーロッパと中国でともに農業収穫が倍増した。とくにヨーロッパでは、耕作可能な土地を氷河が覆い、耕作可能面積は減少した。だから固い土壌を耕すため重量のある有輪の犂《すき》が開発されたともいわれる。

さらに、過酷な環境は荘園制と三圃制という新たな農業システムを生んだ可能性も指摘できる。「中世温暖期」の農業は、主に領主による大土地経営であり、農民は住居と小さな菜園ぐらいは与えられたが、ほとんど領主のために労働する奴隷（農奴）であった。

一三〇〇年頃に普及した荘園制は、農奴が領主から土地を貸与され自立的土地経営をおこなえるようになったシステムである。小氷期で比較的耕作しやすい土地が減少したため、領主は自らの大土地を農奴を使って耕作させることをあきらめ、農奴に土地を貸与し、彼らに経営をゆだね、自らは年貢を取るだけの存在となった。こうして農奴は自由農民となった。

この荘園制に特徴的なのは三圃制という土地利用法である。これは、単純にいえば耕地を三分割し、冬畑、夏畑、休耕地とする。冬畑には主穀（小麦、ライ麦）を秋に撒き、冬を越させて夏に収穫する。夏畑は、その他の穀物や豆類（カラス麦、大麦、エンドウ豆など）を春に撒きその年の秋に収穫する。休耕地は一年休ませ、家畜（牛、馬、羊）を放牧して養分を蓄える。冬畑は翌年休耕地とし養分を蓄える。こうして輪作していく。実際は、家畜の飼料用採草地もあったから四圃制であった。いずれも収穫後は、家畜を放牧して土に栄養を与える。農耕と牧畜をセットとしておこなう、当時としては画期的な農法であった。小氷期によって利用可能な土地が制限されたため、効率的な土地活用法が求められたという仮説は十分に成り立ちそうに思われる。

村落共同体と都市の成立

荘園制と三圃制によって生産性はより上がった。それぞれの農家は各耕地に持分を保有しているので、勝手な輪作や放牧などはおこなえない。どの耕地に何を撒くか、いつ収穫し、いつ家畜を放牧するかなどは、農民たちの合議で決定する。牛馬を使った種蒔前の犂耕も共同作業である。犂の刃は鉄製で高価であったから（鉄と炭素の合金である鋼鉄はさらに高価）、犂も役畜も共同で購入し、共同で管理した。こうして共同体としての村落が成立した。領主への従属度が緩和された分、農民は村落の自治的機能を引き受けなければならなかった。共同体の決まりを作る村落集会、それを実行したり遵守させたりする村長を筆頭とする村役といった行政組織、決まりを破ったものへの村落裁判などである。

各農民の自立的経営は、都市の成立を促した。農民は年貢と自給分を除いた後、余剰生産物を手にする可能性が出てきたからである。これを売って、自家にない必需品を手に入れる。そのための市場が立ち、それを媒介する商人も出てくる。市場はやがて城壁化された都市へと成長するだろう。また市場での売買にはやがて貨幣が大きな役割をもってくるだろう。

とはいっても、都市の出現は小氷期以前の温暖期ですでに始まっている。ドイツだけでも、一〇〇〇年から小氷期の始まる一三〇〇年頃までに約二〇〇〇の小都市が成立した（その後も一四〇〇年頃にいたるまで、小都市の数は増加し続けた）。三圃制も中世の温暖期から地域によってはおこなわれていた。小氷期の始まる一三〇〇年頃までにはそれが西欧全体に拡がっていた。だから都市の増加や三圃制の成立を小氷期に直接に結び付けることはできない。

気候決定論は間違いだらけ

私は、小氷期の極寒の環境を、有輪犂、三圃制、荘園制、農村共同体、市場（都市）、ひいては商品・貨幣経済成立に直接結び付けることには無理があると思っている（ある部分で促進要因になったかもしれないが）。

それにもかかわらず、ここまで最北という地理的要因、最寒という気候的条件を論述してきたのは、ヨーロッパの優位性を気候や地理的要因から説明しようとする者が古代から現在まで後を絶たず、そのいずれもが間違っているからである。後述するが、地理的要因のもつ意味合いは別にある。まずはこれまでのヨーロッパ優位論を見ていこう。

気候決定論は、古くはギリシアの医者ヒポクラテス（紀元前四六〇頃〜前三七五年頃）に始まる。彼は、アジア（当時は中近東やペルシア）には極端な暑さ・寒さがなく温暖な気候ゆえ、その地に住む人々は精神的に従属的になりやすく、したがって専制国家が生まれやすいという。それに対しヨーロッパ（北方のスキタイを指す）は極寒で不毛な土地ゆえに住民は勇敢になると述べる。さすがにギリシアは寒冷で過酷な土地だから自由な精神が発達したとまでは言ってはいない。アジア＝専制国家、ギリシア＝自由国家という考え方は、同じギリシアのヘロドトス（紀元前四八四頃〜前四二五年頃）が有名であるが、ヒポクラテスも同様の思考法である。ただ、彼は、それを気候条件から説明しようとしたが、現実には地中海地方の方が温暖で安定した気候であるから、彼の気候決定論は破綻せざるをえなかった。

ヒポクラテスの気候決定論は、その後ヨーロッパに移植され、とくに十八世紀以降のヨーロッパ知識人に、さまざまなヴァリエーションをもって引き継がれることとなる。

寒冷な気候が文明を進歩させるという思想を、ことさら主張したのがモンテスキュー（一六八九〜一七五五年）である。有名な『法の精神』のなかで、「寒い風土にあっては、人はより多くの生気をもつ」（岩波文庫、中巻、二八頁）、「インド人は本性的に勇気がない」（三三頁）、「烈しい暑さは人間の勇気を挫けさせ、他方、寒い風土では、人間をして永続的で、骨が折れ、偉大でしかも大胆な行動をとらせるような肉体的、精神的なある種の能力が現れる」（一〇五頁）、寒冷ゆえ「土地が不毛であると、人間は、勤勉で、苦労に耐え、倹約で、勇敢で、戦争に適したものになる」（一一九頁）と述べている。

彼はこれを必ずしもヨーロッパとアジアの対比で述べているわけではないが、インドを例に出したり「われわれの祖先、古代ゲルマン人は、情念が非常に穏やかに働くことのできる風土のうえに住んでいた」（四八頁）といっていることなどからヨーロッパがそうなのだと言いたいのであろう。

十九世紀のイギリスの歴史家バックル（一八二一〜六二年）は、『イングランドの文明史』の中で、古代文明あるいはアジアやアフリカ（エジプト）は自然環境に恵まれ土地が肥沃だから（アラビアの砂漠を除く）、たいした苦労もせずに多くの富を獲得することができた。他方、ヨーロッパは気候が過酷だから土地も不毛である。しかしヨーロッパにはそれを克服する「人間のエネルギー」、「人間の力」があり、それが文明を進歩させたと述べる。ヨーロッパの寒冷で過酷な気候が文明を躍進させたと言っているのである。

二十世紀初頭のアメリカの地理学者E・ハンチントン（一八七六〜一九四七年）の『気候と文明』は、気候環境が文明の発展にとって唯一の要因ではないとしながら、ヨーロッパ（とくにイングランド）と北米（とくに太平洋沿岸）が「理想的気候」と述べる。熱帯や寒帯では、文明が発達することはないともいう。ただハンチントンの論からいえば、ヨーロッパは、寒い過酷な土地ではなく、文明にとって「温暖な有利な気候」ということになる。では北米はどうなのか？　同様に文明の発展に有利な気候だとすれば、北米先住民をどう捉えるべきか疑問もわく。だから、彼は気候が唯一の要因ではないと強調したのである。全くの欧米中心史観である。

気候から文明の優位性を語るのは不毛である。ことに、ヒポクラテス以来の、気候と人間の気質を対応させるのはほとんど血液占いのようなもので、何とでも言えてしまう。ハンチントンの場合には、ヨーロッパが文明として他よりも優れているのは事実だから、それには何かしら有利な条件があったのだというところから気候を持ち出してきているにすぎない。温暖乾燥や温暖湿潤も有利・不利は何とでもこじつけられる。気候決定論は「どつぼ」にはまるだけである。

疫病

気候が有利に働いたと見る考え方はそれでも意外に根強い。先に見た小氷期が農業の効率を高めたというのもそのひとつだが、直接には結びつかなかった。もうひとつ根強い論に、低温であるため、疫病・感染症が少なかったというものがある。これを検証してみよう。

高温（および温暖）多湿の気候が多種多様な生物の棲処で有害な寄生虫や菌類が繁殖しやすく、ヨーロッパのような寒い土地は生存しにくい環境であることは容易に想像できる。中国では華北の黄河ではなく、長江流域にマラリア、デング熱が分布していた。インドのガンジス川流域は、長江流域以上に「疫病のオンパレード」であった。東南アジアでも、古くからさまざまな伝染病を経験した。アフリカで有名なのは、マラリア以外ではサルから伝染する黄熱病であろう。

寄生虫の感染は水を使用する場合に大きい。だから水田耕作は、水のなかの寄生虫が人に感染する確率を大きくする。中国・長江中下流域では、紀元前二世紀のミイラの体内から数種の寄生虫がみつかった。古代エジプトの灌漑農耕民も（ここは麦作だが）、すでに紀元前一二〇〇年には寄生虫に侵されていた。マラリアを媒介する蚊の発生源も水である。

高温（温暖）多湿の気候や水を使う農耕が疫病を招きやすいなら、ヨーロッパは感染症・疫病という点で有利であったのか。否である。疫病・感染症の直接の誘因は人類が定住生活と牧畜を始めたことであった。そしてヨーロッパが襲われた最大の災害は疫病であった。

定住化は糞便などと共生するので有害な寄生虫や菌類に侵されやすくなる。その分移動する狩猟民の方が安全であった。また、疫病は、野生動物から家畜に感染し、そこから人に移るパターンが多い。だから、定住・牧畜を始めたことが疫病拡大の最大の原因となった。古代オリエント、ギリシア・ローマ、中国、インド、イスラム圏では家畜と共生していた。ユダヤ教やイスラム教で豚肉、ヒンドゥー教で牛肉の食用を禁止しているのは、過去にそれらの家畜の食用から疫病が蔓延したことを暗示している。ヨーロッパも、他の多くの文明圏同様、牧畜社会である。だから、ヨーロッパだけが疫病から免れることは不可能であった。

マクニール『疫病と世界史』によれば、今日人間と家畜（および人間の周りで生息する動物）が共有している病気数は以下の通りである。家禽類（ニワトリなど）二六、ネズミ類三二、馬三五、豚四二、羊および山羊四六、牛五〇、犬六五である。天然痘、結核、ジフテリアはもともと牛の病気で、麻疹は犬、インフルエンザは豚とニワトリから伝染した。もっともインフルエンザの大元の起源はアヒルである。百日咳は豚と犬である。ヨーロッパに多かったハンセン病は水牛、狂犬病はもともと蝙蝠の病気であった。

疫病・感染症は人から人に移るから、人口密度が高いと危険となる。「文明化」した都市共同体は、農村よりも危険であった。都市の人口密度の点でいえば、中国・インドなどの先行諸文明に比べヨーロッパはかなり低かった。

都市人口は、ヨーロッパでは、一三四〇年当時は、パリ、ヴェネツィア、フィレンツェ、ジェノヴァが約八万、ロンドンが約三万五〇〇〇であった。一四九〇年頃になると、パリとナポリだけが一五万人を超えた。一〇万はヴェネツィアとミラノの二都市。ロンドン、アウクスブルク、ケルン、ローマなどは約四万に過ぎない。人口四万以上の都市は十六世紀初頭に二六、十七世紀の転換期に四二、十七世紀末に四八となるが、十六世紀末の時点で人口二〇万を超える都市はなかった。パリとロンドンが五〇万を超えるのは、ようやく一七〇〇年頃である。

それに対して、中国では、唐（六一八～九〇七年）の長安が一〇〇万～二〇〇万、九世紀にアッバース朝のバグダードでも人口一〇〇万を誇った。十三世紀、中国南宋の首都臨安（現杭州）は当時世界最大の都市で、人口は一〇〇万を数えた。一七九三年時の北京の人口は三〇〇万という数字もある。中国・インド・イスラム圏では、都市の数は少なかったが、一つの都市の人口が膨大であった。ヨーロッパの都市は比較的少数の人口で分散していた。これは平野部が多く、人口がある程度均等に散在できたからである。都市の人口密度の低さは、疫病の蔓延に対してヨーロッパが比較的有利な点であったように思われる。

ペスト禍

ヨーロッパを襲った最初の大型感染症はペストであった。一三四七年以降、ヨーロッパを襲ったペスト（黒死病）は、ヨーロッパ文明への大打撃となった（十二世紀にも疫病流行の記録はあるがペストかどうかは不明）。ペストは中東と北アフリカにも大打撃を与え、その後、東地中海経由でイタリアに入ってきた。一三四七年、イタリアから西ヨーロッパへ侵入、そしてドイツ、東ヨーロッパを襲った。一三六一年、一三六九年、一三七四年、一三八三年、一三八九年にも襲ってきた。その後、十七世紀後半にいたるまで、ヨーロッパの都市は少なくとも一〇年に一度の流行に悩まされることとなる。

ペストには三種類ある。腺ペスト、肺ペスト、敗血症ペストである。ネズミなど齧歯《げっし》類の病気であったのが、人間に感染するようになった。腺ペストは蚤《のみ》を媒介とし、一三四七年以降定期的に襲ったのはこの腺ペストであった。肺ペストと敗血症ペストは空気感染や人体接触で起き、これも強力な致死率をもった。小氷期の開始と重なったのが影響したのか、ヨーロッパを襲った最初のペストで、ヨーロッパ人口七五〇〇万のうち、その三分の一が死亡したといわれる。ただこの数字は高すぎると疑問をもつ研究者もいる。事実、その後の人口回復は早かった。ヨーロッパも農業生産力が高かった証拠である。

欧米の研究者は、ペストも十九世紀のコレラも発生源はインドあるいは中国だとしている。マクニールは、ペストの原郷は中国・インド間のヒマラヤ山麓（現在のネパール、ブータン、バングラデシュ、ミャンマー北部）で、一二、三世紀頃はすでに根を下ろしていたという。山本太郎『感染症と文明』によれば、二〇一〇年に『ネイチャー・ジェネティクス』（電子版）に発表された論文では、遺伝子配列からペストの起源を中国としている。これが「絹の道」や海路を経由して西方に伝わった可能性を指摘する。いずれにせよ、高温多湿で家畜と共生する中国南部（長江以南）やインド北部を発生源とみるのは自然である。

菌の運搬者は交易する商人などが考えられる。軍隊も移動するから運搬者となる。ヨーロッパの十四世紀のペストはモンゴルによる征服活動が原因とも推測できる。十三世紀のモンゴルによる「ユーラシア大帝国」が中国南部あるいはインド北部からペスト菌（をもった齧歯類あるいは蚤）をばら撒いたという推測である。ヨーロッパへは中東経由で地中海に入った。

中国やインドでは、古くからペストに襲われていた。中国の文献に疫病が初めて登場したのは紀元前二四三年である。これがペストかどうかは不明であるが、それ以降断続的に疫病の流行があったと記述されている。ペストも多かったと思われる。七六二年の山東省、八〇六年の浙江省では、それぞれ住民の半数以上が死亡した。これはペストに間違いない。ここは平野部・沿岸部の人口密集地帯であった。

ビザンツ帝国での記録は五四二年に登場する。コンスタンティノープルでは一日一万人が死んだという。その後も七五〇年まで断続的にペストに襲われた。これは中国・インド方面から伝わったものである。地震同様、地中海は古くから疫病に襲われた。この地帯は乾燥していたが、温暖な気候がマラリアなどの感染症を招いた。紀元前四三〇年、アテネを不明の疫病が襲った。ローマ帝国は、一六五～一八〇年、二五一～二六六年に疫病に侵された。天然痘と麻疹といわれている。

ゲルマン人には免疫がなかった?

こうしてヨーロッパ文明に先行する諸文明では、ペストを含めた多くの疫病をすでに経験していた。おそらくそれへの免疫も徐々について「疫病慣れ」していた。ところが、ヨーロッパ文明の主体となったゲルマン人(および北方スラヴ人)は、こういった疫病からほとんど免れていた。確かに、ビザンツ帝国からペスト菌がゲルマン世界に入った可能性はある。ただ地中海地域やガリア(フランス)を除けば、大きな被害の記録はない。だから、ローマ人、南方在住ケルト人とは異なって、ゲルマン・ヨーロッパ人にとって十四世紀のペストの襲来は、ほぼ無抵抗者への攻撃となり甚大な被害をもたらしたと理解できるのではないか。いわば「未知との遭遇」である。ヨーロッパでの人的被害とともに精神的被害の大きさも、これで説明がつく。これ以来、ヨーロッパはペストに怯えつづけた。「死の舞踏」が頻繁に描かれたのもペストが一役かっている、どころか大いに影響している。ただ最近の研究ではペストの与えた精神的影響は、今まで思われていたよりも小さかったとしている。精神的ショックはそれほどのものではなかったということか。いや、そうとは思えない。

ペストを媒介する蚤はヨーロッパの寒冷な気候にも順応した。そしてネズミ類も同様であった。ディズニー漫画によくネズミが登場する。代表はミッキーマウスである。ヨーロッパ人の生活環境にネズミ類が走り回っていたことがよくわかる。しかしミッキーマウスは、もともと「死の媒介者」であったのだ。そのことを当時の人々は知るよしもなかった。ペスト菌を運ぶネズミや蚤の存在が確認されたのは十九世紀末のことであった。

イギリスでは、一六六五年のロンドンでの大流行後ペストは終息に向かったといわれる。ヨーロッパ大陸でも十七世紀後半が最後のペスト禍であった。パリでは一六七〇年が最後のペスト禍であった。そして、一七二〇～二二年、フランスのマルセイユのペスト禍で、ヨーロッパからペストが去ったというのが一般的理解である。それに対して、ロシア、イスラム圏、インド、中国は、十八世紀以降もペスト禍に悩まされたと、マクニールは示唆する。もしヨーロッパだけが、十八世紀以降ペストに悩まされなくなったとしたなら、その原因は何か。ペスト菌の発見は一八九四年。抗生物質の登場は二十世紀になってからである。

なぜヨーロッパからペストが消えたのか

ヨーロッパからペストが消えた理由を、隔離検疫の開始をもって説明する場合がある。これは、港湾で保菌者のいる可能性のある船舶を上陸させずに遮断された海域に一定期間停泊させておいたり、陸上の都市でも保菌可能者を市内に入れずに特定の場所に隔離してしまうものだ。人や商品の隔離期間は、一般に四〇日間であった。最初の隔離検疫措置は、すでに一三四八年のイタリア・ヴェネツィアでおこなわれたが、各国で実施するのは十五世紀後半以降になってからである。

ヨーロッパでは、ペスト禍を機に、この隔離検疫が制度化されてペストの被害を免れるようになったのに対して、イスラム圏では隔離検疫を実施しなかったのでペストがその後も居座ったという説明がある。極端なのはイスラム教的受動精神（疫病を甘受する）が、こういった政策を取らせなかったという主張である。これでは、ヨーロッパ＝進歩、アジア＝受動・停滞の昔ながらの議論の焼き直しではないか。そもそも隔離検疫が実効性を持ち始めるのは十九世紀後半以降のことである。

次に、家屋の構造の変化にその原因を帰す論がある。つまり、わらぶき屋根と木造りから煉瓦や石造りの家へ変わったことである。これによってペストを媒介する蚤と人の間の遮断が大きくなったというものである。煉瓦や石造りの家の増加は都市には当てはまるが、農村では十八世紀後半になっても木造の家が大部分であった。疫病は農村ではなく、人口の密集する都市に拡がるから納得できる部分もあるが、それだけでペストが消えた理由にはならない。石造りの家でもネズミはあちこち徘徊し蚤を付着させる。

三つ目に、公衆衛生の考えの発展によるペストの消滅という考えはどうだろうか。これは全く信用できない。確かに公衆衛生的な考えも、すでに十四・十五世紀に端緒を見出せる。しかし、公衆衛生という概念が本格的に知識人や行政の頭に上りだしたのが十八世紀の啓蒙主義の時代、それが実効性を持ち始めるのは、コレラを経験した後の十九世紀後半以降のことである。十八世紀のパリは人用の糞便樽があちこちに置いてあって悪臭がすごかった。十九世紀前半のロンドンでは、市内で多くの豚が飼われていて、その糞が堆積していて農業肥料用に売られていたというのが実態であった。事実、十九世紀にはコレラが大流行したではないか。

隔離検疫や公衆衛生が、ペスト駆逐に実効性をもたなかったとしても、こういった考えはヨーロッパ産であった。なぜヨーロッパは隔離検疫や公衆衛生といった考えを徐々にではあるが、発展させていったのだろうか。答えはすでに前章で述べた。隔離検疫・公衆衛生は「衛生」と「不衛生」の棲み分けである。ただこれが効果を表し始めるのは十九世紀末のことである。

ヨーロッパからペストが消えた理由について一つの仮説を立ててみることは許される。ヨーロッパは、他の文明圏と異なって、都市の人口密度が低いこと、また平野部が多いので、農村部に均等に人口が散在できたこと、これらが有利に作用したのではないかという仮説である。非ヨーロッパ文明圏では都市の人口密度は極端に高かった。また、平野部が相対的に広くはないので、農村部でも人が密集・接近して居住していた。だからペストの他、さまざまな感染症に罹患する可能性が大きかった。逆に、ヨーロッパでは、「逃げ場」、「疎開地」があった。広大な居住可能な農村部である。仮にペスト菌が入って来ても、菌が拡大することがなかった。佐久間弘展「ドイツ中世都市のペスト対策」によれば、一四三七年のドイツ・ニュルンベルクのペスト禍では、都市住民の約四五パーセントが市外へ疎開した。ロンドンの最後のペスト流行の際にも、疎開する人の多さをサミュエル・ピープス（一六三三〜一七〇三年）やダニエル・デフォー（一六六〇頃〜一七三一年）といった文人が記録・記述している。ただ、疎開できたのは、ある程度の資産のある連中で、下層民は逃げたところで生活できなかった。

もちろん、これではペストがなぜ十八世紀以降ヨーロッパを去ったかの説明にはなっていない。しかし、おそらく対人口比で、他の疫病の罹患率も、他の文明圏と比べたら低かったのではないか。もちろん推論は危険である。十八世紀以降にペストが衰退した理由はわからないと言うしかない。

ペストの衰退はヨーロッパだけではない

結局ヨーロッパからペストを駆逐したものは何だったのか。見市雅俊『コレラの世界史』はパンザックという学者の説を紹介している。簡単にいえば、ペスト菌に対して仮性結核菌が免疫耐性をもち、ネズミなどの齧歯類が仮性結核菌に感染するとペスト菌への免疫を獲得する。あるいはペスト菌が仮性結核菌に自然変異する場合もある。齧歯類のペスト菌に対する耐性が、人へのペスト感染も終息させることになった。それは十七世紀の西ヨーロッパから始まり順次東へ波及したのだという。ヨーロッパに比べてイスラム圏でのペストの終焉の遅さはそれで説明されるという。これは一見頷けるようだが、あまりにヨーロッパに有利な展開である。なぜ十七世紀に突然、しかもヨーロッパでネズミが仮性結核菌に感染するようになったのか、よくわからない。

蔵持不三也『ペストの文化誌』はオドゥワン＝ルゾーの説を紹介する。それによれば、一七二〇〜二三年のマルセイユのペスト禍の後、ペスト菌に耐性をもつドブネズミが、ヴォルガ川を越えてヨーロッパに西進し、ペスト菌をもつクマネズミを駆逐した。これがヨーロッパからペストが消えた原因とする。ヴォルガ川はモスクワ北西のバルダイ丘陵を源とし、カスピ海に注ぐ。これも釈然としない。なぜヨーロッパだけで、クマネズミをドブネズミが駆逐したのか。イスラム圏、インド、中国にも同じ可能性を言えるであろう。

十八世紀以降のペスト衰退は世界的現象だったのではないだろうか。確かに十九世紀、いや二十世紀になっても、エジプト、インド、中国ではペストが発生した。ヨーロッパ以外ではペストの危機は去らなかったようにもみえる。しかし、そもそもペストはヨーロッパでも全く姿を消したわけではなかった。一七二二年のマルセイユの後も、再び十八世紀末のマルセイユやプロヴァンス地方、一八一四年のアルザス地方、十九世紀末から二十世紀初頭にかけてのスコットランド、イングランド、ポルトガルなどに発生した。フランス領コルシカ島は一九七〇年以降もしばしばペスト患者を出した。散発的、小規模であったにせよ、ペストはヨーロッパから完全に姿を消したわけではなかった。その意味では非ヨーロッパ圏と同じである。

十八世紀以降、どの地域でもペスト発生の頻度は小さくなっているのではないか。非ヨーロッパ圏についても確実な証拠はないが、十八世紀以降のペストの衰退は、地域的偏差はあるにせよ、世界的現象なのであろう。何もヨーロッパだけが優遇されていたわけではない。ただ、棲み分け的発想の所産である公衆衛生にもとづく都市計画や設備などが、ようやく十九世紀後半以降実効性を持ち始め、非ヨーロッパ圏に比して、ペストの入り込む余地を減らしただけなのだ。

その他の疫病とヨーロッパ文明

ペスト以外にもヨーロッパは、先行文明同様、多くの疫病に悩まされた。発疹チフスは、一四九〇年にヨーロッパに初めて出現した。小氷期の寒冷化による毛織物生産の発展がチフスの媒介者となるシラミにとって好都合であった。腺ペストを媒介する蚤も同様であった。蚤やシラミは寒冷の土地に適応したばかりか、厚着するヨーロッパにとって不利となった。中近世ヨーロッパ人はベッドを共有し、素っ裸で寝るのが普通であった。家族でも、旅先の宿の他人同士でもそうであった。これは性的関係を誘発しキリスト教会の非難を受けたが、本当の理由は蚤やシラミ（これが識別されていたわけではない）のような「目にみえない小さなうじ虫か昆虫」（ベルセ『鍋とランセット』二四八頁）が、伝染病の原因だと経験的に察知していたからではないだろうか。あるいは、伝染病の原因とされた「悪い空気」と接触する衣服を脱いで防ごうとしたのだろうか。

天然痘は空気感染するから人口の密集した都市にはつきものであった。ただ、天然痘についは一七七五年の記録では、一〇〇人中、罹患者は九五人、罹患者七人につき一人が死亡とある。免疫がかなりついていた証拠である（ジェンナーによる種痘の開発は一七九六年）。天然痘は、スペイン人がアメリカ大陸に持ち込み、家畜と共生していなかった現地文明人口を激減させた。ヨーロッパ人は、十六世紀初頭にはすでに天然痘への免疫がある程度備わっていたのだ（とはいっても一七七四年、フランスのルイ十五世は天然痘で死亡している）。

しかし、インフルエンザや結核など気管支系疾患は寒冷のヨーロッパにはかなりの打撃だったのではないか。インフルエンザも家畜から伝染するから、何もヨーロッパに限ったことではないだろうが、一五五六〜六〇年のインフルエンザは、イギリスの人口を二〇パーセントも押し下げるものだった。結核は常時流行した。とはいっても、インフルエンザも結核も寒さに直結させるのは過大視である。

梅毒がどこから来たのかは不明である。「新大陸」由来という説は信憑性に欠ける。十五世紀末から現れる梅毒は世界中で流行した。その意味でヨーロッパは有利でも不利でもなかった。

十九世紀に世界で流行したコレラは、古くからからインド北東部の風土病であった。ここは人口過密地帯であった。そこから世界に拡散した。日本にも入ってきて「三日コロリ」と呼ばれた。それだけ死亡率が高かった。ちなみに、日本は平安時代に天然痘（牛の病気）流行の記録がある。また、マラリアは蚊を媒介とするので水田の多い日本にも存在したが（致死率の低い三日熱や四日熱マラリア）、近世初期の灌漑設備の改良によって減少した。牧畜社会でなかったので甚大な疫病被害は歴史的にみられない。全くないというわけではなく、江戸時代でも様々な感染症（天然痘、麻疹、風疹、赤痢、チフス、インフルエンザなど）は存在した。しかし、ペストの記録は明治時代になるまで現れない。ネズミ類および蚤は生息していたはずなのに、これは不思議としか言えない。鎖国が隔離検疫の機能をもったとも思えない。長崎貿易や密貿易でペスト菌の入る余地は十分あったはずなのに。

コレラは世界中を席巻した。コレラ菌は水や食物の摂取で感染するが、ヨーロッパに入ったのが一八三〇年前後である。コッホのコレラ菌の発見は一八八三年（コッホによる結核菌の発見はその一年前）だから、当時でも伝染病は空気中の悪霊が起こすと思われていた。薬草を燻蒸して汚れた空気を清浄化しようとした。刺激の強い香辛料、とくに胡椒を撒く場合もあった。ヨーロッパ人が東方の香辛料を求めたのは、こういった際の薬草としてでもあった。

ヨーロッパ医学のレヴェルもまだ、この分野では民間医療の域を出ていなかった。ただ、ヨーロッパで公衆衛生と医療が制度化されていったのは、コレラが一つの契機であった。

3　地理的環境と人口の棲み分け

地理的位置と自然災害

地震、津波、火山噴火、旱魃、洪水、ハリケーン、台風、雷によって生じる火事などは自然災害である。バートの調査を引用するジョーンズ『ヨーロッパの奇跡』（一九八一年原著初版）によれば、地震の多発地帯は、一四〇〇～一八〇〇年、日本、中国、インド北部、中近東、地中海といった北緯三五度プラスマイナス五～一〇度以内である。これらは、すべてヨーロッパ文明以外の先行諸文明があったところである。日本でも自然災害といえば歴史上も現代も地震がまず頭に浮かぶ。この地帯に日本列島がすっかり入る。

とりわけ中国では、定期的に大地震が起こり、死者の数も膨大であったといわれる。中国の死者数は、一五五六～一七三一年にかけて、少なく見積もっても一二五万人を数えた。北インドでは、一七三七年の地震の際インド北東部コルカタ（カルカッタ）で約三〇万人が死亡という記録が残っている。この時は地震だけでなくハリケーンと津波が加わっている。ヨーロッパでは、一六九三年にナポリとシチリア島で約一五万三〇〇〇、一七五五年にポルトガル・リスボンで約六万、一七八三～八六年にイタリア南部で約六万の死者の記録があるが、これらの地域はヨーロッパ文明の中核からは離れている。古代文明期でも、紀元前二〇〇〇頃〜前一四〇〇年頃のクレタ文明では、地震によって神殿などの崩壊が数回起こった。ヨーロッパは、やはり地中海沿岸が危険であった。イスラム圏では、十八世紀に北アフリカのアルジェ、中東のシリアとレバノンで、総計七万の死亡者の記録があるが、ここも地中海地域である。

それにしても中国が突出しているように思える。大西一嘉「中国の災害の歴史と法制度」によれば、一五五六年に陝西省《せんせい》（内陸の山岳地域）で起こった地震は推定マグニチュード8、名前を確認できた死者だけでも八三万人だが、ほとんどは地震に伴う感染症が原因といわれる。そう、自然災害は必ず感染症の引き金になるのだ。二十世紀に入っても、世界の陸上地震の三分の一が中国で発生している。同世紀の死者数で見れば、中国で地震以上に大きいのは台風とそれにともなう洪水である。中国では、紀元前二世紀から二十世紀初頭までほとんど毎年、少なくとも一つの省で洪水あるいは逆に旱魃が起こり、それによる飢饉が発生したともいわれる。とくに平野部を流れる華北の黄河流域は氾濫が多く大きな被害を与えてきた歴史がある。ただ、それでも人口が増加しつづけたのだから、人的損失という視点で見れば（個人レヴェルでは生命は尊い）、あまり影響がなかったのではないか。

ただ過去三〇年間のマグニチュード5以上を表示した東京大学地震研究所の「世界の震源分布」（二〇一一年）という地図によれば、西は地中海から、トルコ、イラン、パキスタン、中国では内陸とチベットの山岳部に多く分布している。人口の集中する中国平野部・沿岸部はほとんど見当たらない。むしろ日本列島から南はフィリピン、インドネシア、ニュージーランド、北は千島列島からアリューシャン列島を経由して南北アメリカ西海岸に集中している。中国の地震の多さと被害を強調しすぎるのは危険である。

ヨーロッパは地震がほとんどない

自然災害、とくに地震については、ヨーロッパでは、ほとんど影響がなかったといってよい。アルプス以北のヨーロッパでは地震の記録はわずかに存在するに過ぎない。これはヨーロッパ文明の有利な地理的環境である。地震がなければ津波も来ない。台風、ハリケーンも記録されていない。ただ降水量の多い少ないはあったから、旱魃や洪水、それにともなう飢饉については、中国や北インドなどと大差はなかったといってよいだろう。

自然災害で影響が大きいのは、人的（労働力）欠乏というより、むしろ橋、港、建築物、船舶、農地、家畜などの公的・私的財産の損失をもたらすことである。中国で自然災害が多かったとすれば、公的施設の回復には莫大な人口が投入されただろう。私的財産の喪失は、個人の蓄財を阻害した。ヨーロッパがこれらからある程度免れていたとすれば、国家や個人の財産蓄積に恵まれていたことを意味する。しかし、これも違いを強調しすぎるとヨーロッパ中心史観に陥る危険性がある。

唯一明らかに言えるのは、アルプス以北のヨーロッパでは、地震災害が歴史的にほとんどなかったということぐらいである。だから、アルプス以北のヨーロッパに原発をつくるのと、日本や中国のような地震国につくるのでは意味が全く違うのである。それでもドイツは脱原発に舵をとった。日本は歴史から学ばねばならない。そうしないと今度は取り返しのつかないことになろう。少し話が脱線した。

ヨーロッパの地理的位置は有利であったのか?

気候からではなく地理的位置がヨーロッパに有利であったと主張したのが、ジョーンズの前述した本である。彼は、まず、ヨーロッパが地理的に、インドや中国をたびたび襲った中央アジアの征服遊牧民から遠く離れていたことを挙げる。確かに、中国の場合は「万里の長城」が建設されたように、北方遊牧民の侵入に絶えず悩まされた。インドの場合は、征服民が西北インドへたびたび侵入した。最古のものは、前述のインド＝ヨーロッパ人（アーリア人）の侵入である。十三世紀のモンゴルは西北インドに侵入した。イスラム系王朝も侵入したが、最も大きなものは十六世紀のムガル帝国の成立である。インドの場合、北東からの侵入はヒマラヤが障壁となって困難であった。だから征服王朝は北西から侵入した。

ユーラシア大陸を席巻したモンゴルは、中国、ロシア、イスラム圏のほとんど（エジプトは免れた）を制圧したが、ヨーロッパは免れた（日本も同様）。ヨーロッパはモンゴル高原から遠く離れていた。しかし、モンゴルの征服を免れたのは、征服直前（一二四一年、ポーランド・ドイツ騎士団連合軍がポーランドのワールシュタットで完敗した）、中国にいたモンゴル皇帝の逝去でモンゴル軍が引き返したからである。それがなかったらヨーロッパもモンゴル軍の餌食となって世界史は変わっていたかもしれない。

本当に、ヨーロッパは、中国などと比べて、征服遊牧民の侵入からは有利な地理的位置にあったのだろうか。私は異論をもっている。モンゴルを例外として、中央アジアの征服遊牧民は、なぜヨーロッパに侵入しなかったのか。地球儀を廻すと簡単に侵入できそうである。障壁となる大きな山脈もない。事実、中央アジアの征服遊牧民の一つであったトルコ系民族は、アナトリア（現トルコ）やバルカン半島に侵入した。ここにはビザンツ帝国が存在していた。つまり征服遊牧民が侵入を試みたのは「文明化」した地域なのである。モンゴルを例外として、ヨーロッパは、侵入に値する「文明地域」とみなされてなかったのだ（前述した紀元前のインド＝ヨーロッパ人のヨーロッパへの侵入を除く）。「蛮族」は通常、富が集まっている「文明地域」に侵入する。何もないような場所にはわざわざ入ろうとしない。これが真相である。

ジョーンズは、二つ目に、西欧が大西洋に面していたことを挙げている。これは航海技術が発達すればアメリカ大陸の資源に最も近い場所となる。しかし、同様のことは西アフリカ地域についても言えるのである。ここには、十四世紀を最盛期としてマリ王国という文明が存在していた。また、ヨーロッパが海外進出を始めた十五・十六世紀、航海技術が最も発展していたのは中国であった。だから中国が太平洋を越えて、アメリカ大陸に行くことは可能であった。なぜそうしなかったかは後で詳しく述べるが、そもそもアメリカ大陸に最も近かったことがそれほど重要なのだろうか。アメリカ大陸自体にも諸文明が存在した。ヨーロッパの地理的位置が、他文明圏を凌駕するほど有利であったとは思えない。気候同様、地理的位置からヨーロッパの他文明圏に対する優越を語るのも間違いである。

日本人の名誉のために付言しておこう。実は、「ヨーロッパの地理的優位性」は、ジョーンズより前に、梅棹忠夫『文明の生態史観』（一九五七年）で述べられている。そこでは、西欧は気候条件の良さとともに、何よりも中央アジアの遊牧民の脅威から遠い位置にあったことが有利であったと書かれている。日本も同様としている。梅棹は、西欧と日本を「第一地域」、それ以外を「第二地域」とし、前者は生態学的に恵まれていた。中緯度の温帯、適度の雨量。高い生産力。なによりも、ヨーロッパと日本には「はしっこ」という地理的優位性があった。モンゴルやオスマン・トルコから防衛できたのは、それで説明がつくという。

彼の論は欧米各国でも翻訳版があるので、ジョーンズは梅棹を参照したのではないだろうか。ただジョーンズの本の参考文献には挙げられていない。

人口の棲み分け

それでは、ヨーロッパが他文明圏と比べて明らかに優遇された生態学的基盤はないのだろうか。実はある。それは、ヨーロッパは平野部が広大で人口が均等に分散して定住できる可能性があったことである。あくまでも可能性であったが、事実そのように人口が均等に散在した。私はこれを「人口の棲み分け」と呼んでいる。これは第一章で定義した「自生的・生態学的棲み分け」で、もちろん意図的に人口を棲み分けさせたものではない。

メソポタミア、ギリシア・ローマ、インド、中国といったユーラシア大陸、およびエジプトなどアフリカ大陸に勃興した諸文明は、大部分平野部で展開された。しかし、ヨーロッパ文明が展開された場所と比較すると圧倒的に山地および砂漠の占める割合が大きい。ヨーロッパでは、大きな山岳地帯はアルプスぐらいである。中国は一見広い面積を有しているが、平野は東部の「相対的に小さな部分」（北は黄河中・下流域から南は長江中・下流域）に限定され、それが北・西・南の山脈と砂漠で囲まれている。インドは、ガンジス川とブラマプトラ川流域に広がるヒンドスタン平野からインダス川流域にかけての北部に平野部が広がるが（海岸沿いにも狭い平野部がある）、国土の多くは広大なデカン高原によって覆われている。ただしインダス川流域西側は今では砂漠化している。

人類は農耕を始めた一万年前から、田畑の開拓・拡大や資源（燃料や建築素材）としての木材利用のため森林伐採をおこなってきた。そのため、森林枯渇と砂漠化を経験してきた。たとえば、現在われわれは中東を、砂漠の地として思い浮かべる。かつてのメソポタミア地域は森林が広がっていた。伐採の結果砂漠化してしまったのである。エジプトも同様である。緑豊かなサバンナだった北西アフリカに広がるサハラが砂漠化したのは紀元前六〇〇〇年頃であった。

かつてヨーロッパの大部分も森林であった。十一世紀以降の森林伐採でその面積は減少していったが、これは、逆に、農業の生産性が加速したことを意味する。ただここでは砂漠化はしなかった。

いずれにせよ、ヨーロッパの平野部の多さは、まず、小氷期にもかかわらず耕作可能面積が広いという点で有利である。しかしそれ以上に重要なのは、人口の均等な散在を可能にすることである。人口の棲み分けは、ヨーロッパが他文明圏を凌駕できた基盤の一つであった。なぜか？

結論を言ってしまおう。第六章で述べる「ヨーロッパ型市場」つまり「市場の棲み分け」の形成を促すからである。

小氷期と世界の人口

紀元前後の世界の人口分布は、中国、インド、中東から地中海およびナイル川流域に多かった。やがてアルプス以北のヨーロッパに人口が均等に増加していく。

岡田英弘『中国文明の歴史』によれば、中国はすでに漢代に六〇〇〇万の人口がいた。その後戦乱と飢饉、自然災害などで激減した時期もあったが、十六世紀後半までほぼ六〇〇〇万台で推移した。十八世紀までには一億を突破し、すでに十八世前半に二億、同世紀末に三億、十九世紀前半には四億を超えた。別の諸文献では、すでに十五世紀に、中国とインドは一億人を数えたともいわれる。十四・十五世紀のヨーロッパは約六〇〇〇万〜八〇〇〇万の人口であった。バルカン半島からアナトリア、中近東、北アフリカを支配したオスマン帝国（一二九九〜一九二二年）は、一八〇〇年頃まで、二〇〇〇万〜三二〇〇万の間で推移し、それを超えることはなかった。インドと中近東の中間のペルシアはもっと少なかったであろう。トルコからペルシアに至る地域は古代オリエント文明およびその影響下にある地であった。ここは森林伐採で砂漠化したため耕作地に恵まれなかったのである。中近東の人口が増加に転じるのは一八〇〇年以降である。従って、ユーラシア大陸では中国、インド、ヨーロッパに三つの人口の塊があった。

リヴィ＝バッチによれば、一五〇〇年にはアジアに二億四五〇〇万、ヨーロッパ六七〇〇万、旧ソ連領域一七〇〇万、アフリカ大陸八七〇〇万、アメリカ大陸四二〇〇万、オセアニア三〇〇万。一八〇〇年になるとアジア六億三〇〇万に激増、ヨーロッパ一億四六〇〇万、旧ソ連四九〇〇万、アフリカ大陸一億二〇〇万、アメリカ大陸は二四〇〇万に激減（現地文明の滅亡による）、オセアニア二〇〇万。こうみると、世界の人口はユーラシア大陸（大部分はインド、中国、ヨーロッパ）に多かったことがわかる。アフリカ大陸の人口が爆発的に増加するのは一九五〇年以降、つまりヨーロッパ植民地からの独立後のことで、二〇〇〇年段階で七億八四〇〇万である。アメリカ大陸も十九世紀以降激増し、二〇〇〇年に八億二九〇〇万である。

ちなみに現在の中国は一三億である。インドも中国と同じくらい。ＥＵは約五億で、世界人口の第三番目を占めている。世界人口七〇億とすれば、インド、中国、ヨーロッパの人口の塊の他にイスラム圏、アフリカ大陸、アメリカ大陸の人口が激増したことになる。いずれにせよ、人口に関しては小氷期の影響は全くなかったといえる。

単純に考えれば、人口が多いということは農業・工業の生産性を高める。つまり経済力が強くなる。だから、インド、中国、ヨーロッパはその点で有利であった。逆にアラビア・イスラム文明にとっては不利であった。ただ、問題は生産された「富」がどのように配分されていたかであるが、これも第六章で扱う。

ヨーロッパの生態学的優位性とは何か。繰り返そう。ヨーロッパ文明の地は平野部が均等に広がっていて山岳地帯が少ない。これは、人口がある程度均等に散在できる可能性がある。あくまで可能性であったが、次項の数字で見るように現実になった。インドや中国では、面積の割には平野部が限定され、そこに人口が偏在した。それでも多くの人口を養える農業生産性はもっていた。ヨーロッパの平野部の多さは、小氷期にもかかわらず農業生産性を高めただけではなく、人口の棲み分けを可能にした。これはヨーロッパ文明特有の「自生的・生態学的棲み分け」で、資本主義を生み出す一つの基盤となっていく。

ヨーロッパの人口分布

最後に、本当にヨーロッパで人口の棲み分けが存在したことを、リヴィ＝バッチに拠って数字で示しておく。一六〇〇年のヨーロッパ主要部（イングランド、ネーデルランド、ドイツ、フランス、イタリア、スペイン）の人口は五七四〇万である。内訳はイングランド四一〇万、ネーデルランド一五〇万、ドイツ一二〇〇万、フランス一九六〇万、イタリア一三五〇万、スペイン六七〇万。一七五〇年には主要部の総人口は七一七〇万、内訳はイングランド五八〇万、ネーデルランド一九〇万、ドイツ一五〇〇万、フランス二四六〇万、イタリア一五八〇万、スペイン八六〇万である。

一七五〇年の人口分布の割合は、イングランド八％、ネーデルランド三％、ドイツ二一％、フランス三四％、イタリア二二％、スペイン一二％である。一平方キロメートルあたりの人口密度でみた方がより分かるであろう。一七五〇年時点で、イングランド四八人、ネーデルランド六三人、ドイツ四二人、フランス四五人、イタリア五二人、スペイン一七人である。スペインでの人口密度が低いが、ほぼ均等に棲み分けしている。

何がヨーロッパの生態学的基盤か

この章の最後に、最北に位置したヨーロッパの生態学的環境が、他の諸文明と比較して、文明の発展に有利であったか否かを考えてみよう。

まず、小氷期は、直接、ヨーロッパの有輪犂、三圃制、荘園制、村落共同体、都市の成立に影響を与えたわけではない。部分的に促進要因となった程度であろう。人口も小氷期に関係なく中国、インド、ヨーロッパでは減少することはなく、むしろ増加傾向にあった。

次に、気候だけではなく、地理的位置についてもヨーロッパが有利であったわけではい。ヨーロッパが中央アジアの征服遊牧民の餌食にならなかったのは、ここが侵入に値するような富の集積された「文明地」ではなかったからである。アメリカ大陸に近いというのも有利と断言する必然性はない。気候決定論、地理決定論は間違いである。

疫病に関しても、決して優遇されていたわけではない。十八世紀以降のペスト衰退は、世界的現象とみたほうがよい。ヨーロッパは、他の諸文明圏同様、ペスト以外のさまざまな疫病にも悩まされた。

だから、アルプス以北のヨーロッパ文明の生態学的「優位性」を語れるとすれば、他文明圏と比較して地震災害がなかったことぐらいに思われよう。もちろんこれが、ヨーロッパが先行諸文明を逆転し、やがて世界に覇権を確立した理由にはならない。事実、地震災害の比較的多かった中国文明は、かつて大いに科学技術（地震計を初めてつくったのも中国）を発展させた。

私は、ヨーロッパの生態学的特徴が、先行諸文明と比べて唯一有利であったのは、ヨーロッパでは平野部が広く、それによって人口が均等あるいは適度に散在できたことにあると考えている。これを人口の棲み分けと呼んだ。注意してほしいのは、平野部が広いということが必ず人口の均等な散在に直結するわけではないということである。あくまでその可能性を大きくしただけにすぎない。だから自生的・生態学的棲み分けなのである。能動的に棲み分けさせたものではないこともおわかりであろう。ヨーロッパは中国、インドと並ぶ多人口圏であった。中国とインドは、多くの人口を養えるほど農業生産性はあったが、平野部が相対的に少なく、人口がそこに偏在していた。これも広義で言えば、一種の人口の棲み分けである。「人口のアジア型棲み分け」と呼べるものである。ただ、混乱を避けるために、原則、人口その他「自生的・生態学的棲み分け」も「能動的棲み分け」同様、ヨーロッパを語る際にのみ使用する。つまり「棲み分け」という用語は、狭義にはヨーロッパ文明固有のものとして理解してほしい。

人口の棲み分けがなぜ有利なのか。先に疫病の罹患率を相対的に少なくできると推測したが、真の理由は第六章で述べる「ヨーロッパ型市場」（市場の棲み分け）の形成を促したからである。これが資本主義成立の一つの基盤となっていく。

第三章

皇帝なき文明ヨーロッパ

1　諸権力が競合するベクトル

諸権力競合体制と帝国

歴史地図をみると、先行諸文明に比べて、ヨーロッパでは面積が小さい国家が乱立している。現在でもそうである。ヨーロッパがあらゆる面で他の文明を圧倒した要因に、ヨーロッパが多数の国々に分かれていて、神聖ローマ皇帝もローマ教皇もアジアの皇帝のような絶対権力を持つことができなかったことを挙げる研究者がかなりいた（現在もいる）。他の文明圏のように政治的に帝国化されなかったから、諸国家が併存というより競合し、それが発展の原動力となったというわけだ。『近代世界システム』で有名なウォーラーステインもその一人である。彼は、世界システムを、「世界帝国」と「世界経済」の二つに分類し、ヨーロッパ以外の文明は、帝国化され、政治的にも経済的にも統一されたが、ヨーロッパ文明は、決して政治的に統一、つまり帝国化されることがなかった。政治的に分裂していたことが互いの経済競争を生み、海外に進出する要因となりヨーロッパを中心とする世界経済が近代に勃興し、やがて世界を呑み込んだという。

ウォーラーステインの「世界システム論」だけでなく、ヨーロッパを諸権力分散・競合体制、非ヨーロッパ圏を政治権力が皇帝に集中する帝国といった二項対立で捉えるのは、ヨーロッパ中心主義史観かもしれない。確かに中国でもオスマン帝国でも、皇帝や中央政府の命令がすべてを決定していたわけではない。古代から帝国と呼ばれた国はどこであれ、地方の貴族・豪族・軍人・役人が私有地を持ち、ある程度の政治的権力を有していた。北京にいた皇帝が華南の役人や豪族勢力を完全に封じ込められたわけではない。たとえば、マカオのポルトガル人の居住は、皇帝の知らないところで地方役人の認可で始められた。十七世紀ムガル帝国内はヒンドゥー教、イスラム教およびシク教の地方豪族が強く、十八世紀には、彼らの反乱によってムガル帝国は崩壊した。それがヨーロッパに付け入る隙を与えた。

それでも、私は、ヨーロッパの諸権力競合体制は、その文明の初期から一貫していたこと、競合権力が非ヨーロッパ圏とは比較にならないほど多数・強力であったことを考えれば、この反論は決定的に間違っていると考える。非ヨーロッパ圏でも諸権力競合時期はあったが、中央に権力がある程度集中するベクトルが常に働いた。極度の諸権力競合体制はヨーロッパだけであった。諸権力競合体制はヨーロッパ文明だけの基盤といってよい。では、諸権力競合体制はヨーロッパに有利に作用したのだろうか。あるいは有利という言葉が抽象的なら、いかなる影響を与えたのだろうか。

考察を進めるにあたって、ここでもモンテスキュー批判を述べておこう。『法の精神』によれば、アジアは広大な平野をもっているので大帝国が築かれる。「肥沃な土地は平野で、こういうところでは最強者に対して争い事を起こすことは不可能」だから「人はその最強者に服従」し、「自由の精神」が生まれない（岩波文庫、中巻、一一七頁）。それに対して、ヨーロッパでは「自然的分割」（一一四頁）が多いので、中規模程度の諸国家が並存する。この中規模諸国家では、法律がなければ他国に滅ぼされてしまうので、自由という法律を生んだという。

ヨーロッパの諸国家競合体制とアジアの帝国をまたもや地理的決定論で説明している。しかもアジア＝帝国＝隷属の精神、ヨーロッパ＝中規模諸国家並存＝自由の精神というお決まりの図式である。

しかし、実際は中国やインドは山地が多く平野部は一定の地域に限られている。アラビア文明圏では砂漠が多い。現実はヨーロッパの方が広大な平野部をもつ。

モンテスキューの地理的決定論そのものが、前提から間違っているのである。とはいっても、非ヨーロッパ文明圏は強大な権力が広大な領土を支配する帝国がつくられる傾向にあり、ヨーロッパ文明では諸権力が競合していた。なぜヨーロッパは諸権力競合体制となったのだろうか。

ヨーロッパは権力が一極集中しない

現在の中国の版図をそのまま西に移動させると、ほぼヨーロッパと重なる（西はイベリア半島から東はポーランドあたり。北はイギリスから南は地中海）。だから「ヨーロッパ帝国」が成立していてもおかしくなかったのである。実際一度だけあった。カール大帝（在位七六八〜八一四年）の創ったフランク帝国（西暦八〇〇年、ローマ皇帝として戴冠）である。それ以降、ヨーロッパは一つにまとまることはなかった。

ヨーロッパにも帝国があったではないかと思う人がいるだろう。神聖ローマ帝国である。しかしここは事実上のドイツ王国にすぎない。神聖ローマ帝国がフランスやイギリスを支配していたわけではない。しかも帝国とは名ばかりで、近世（十六〜十八世紀）には帝国領内に約三〇〇の諸侯の国や自治都市が競合していた。

ヨーロッパは、国王のみならず、貴族、教会、修道院、都市が領主として自分の領地を所有し年貢を徴収した。多くの権力が分散・競合しそれぞれの権力基盤は相対的に弱かった。国王の「首」をその臣民が「斬って」しまう（ピューリタン革命、フランス革命）文明圏が他にあっただろうか（家来による暗殺などは除外）。

ヨーロッパにおける絶対的権力の不在が、近代議会制や自由・平等・人権などといった思想の元となったという考え方は可能である。これについては後で考える。

アラビア文明も諸国家競合体制の時期があった

ジャレド・ダイアモンドは、日本でも有名になった著書『銃・病原菌・鉄』のなかで、肥沃な三日月地帯（農耕・牧畜の発祥地のメソポタミア）や中国ではなく、なぜヨーロッパが覇権を握ったのかを自問している。彼によれば、肥沃な三日月地帯、つまり古代メソポタミアの地は、森林伐採の結果、砂漠化が進行し、最終的に文明が消滅した。彼は言及していないが、これはエジプトにも当てはまるであろう。それに対して、ヨーロッパは降水量も多く植物が再生しやすいので、砂漠化することはなかった。

確かに、砂漠化は農業生産を不可能にし、人口も減少し、やがて文明は消滅する。消滅とまではいかなくても、砂漠の多い土地の文明がある時点で進歩を止めた例がある。アラビア・イスラム文明である。

実はアラビア・イスラム文明もかつては諸国家競合体制であった。イスラム圏が一つにまとまっていたのはウマイヤ朝（六六一～七五〇年）につづくアッバース朝（七五〇～一二五八年）時代の十世紀頃までで、その後は各地にイスラム国家が競合していた。エジプトにはファーティマ朝（九〇九～一一七一年）、アイユーヴ朝（一一六九～一二五〇年）、マムルーク朝（一二五〇～一五一七年）、北西アフリカには、ムラービト朝（一〇五六～一一四七年）、ムワッヒド朝（一一三〇～一二六九年）、マリーン朝（一二六九～一四六五年）、ワッタース朝（一四七二～一五四九年）、中近東からペルシア、アフガニスタンにかけてはブワイフ朝（九三二～一〇五五年）、セルジューク朝（一〇三八～一一九四年）、カラ＝ハン朝（九四〇～一一三二年）、ガズナ朝（九六二～一一八六年）、ゴール朝（一一四八～一二一五年）、モンゴル系汗国（一二五八～一四一一年）、ティムール朝（一三七〇～一五〇六年）など、そしてイベリア半島には後ウマイヤ朝（七五六～一〇三一年）、ナスル朝（一二三二～一四九二年）である。

ようやく十六世紀初頭にオスマン朝（一二九九～一九二二年）が、バルカン半島、アナトリア、中東、北アフリカを覆う大帝国を築く。それでもペルシアをおさえることはできなかった。ペルシアにはサファヴィー朝（一五〇一～一七三六年）、インドにはムガル朝（一五二六～一八五八年）が並立・競合していた（南インドは支配できなかったが）。だから十六世紀以降は、アラビア、ペルシア、インドに、それぞれ一大イスラム帝国があったといった方が正確であろう。

このようにアラビア・イスラム文明圏も決して政治的に統一されていたわけではなかった。分裂・競合していた時期もあったのである（とはいっても、諸王朝は帝国並みの大きさが多かったが）。民族、文化、言語もヨーロッパと同様な多様性をもっていた。ただイスラム教とアラビア語のもとに統一されていた。それはヨーロッパのキリスト教（ローマ・カトリック）とラテン語の関係と同じである。

だから、十六世紀、巨大なオスマン帝国による統一がアラビア・イスラム文明の進歩を止めてしまった可能性がある。イスラム圏で諸国家が競合していた十世紀から十六世紀は、アラビア・イスラム文明が一番栄えた時期でもあるのは偶然でないようだ。もちろんオスマン帝国だけにアラビア・イスラム文明衰退の原因を求めるのは早計である。この文明は砂漠化した古代メソポタミアやエジプトの地に栄えた文明であったから、人口は、中国、インド、ヨーロッパの三大地帯に比べて少なかった。人口の多さが必ずしも文明の発展に必須というわけではないが、人口が多ければ、農業・工業の生産力（富の生産）が大きくなる。

アフリカの諸権力競合体制の時期

アフリカ大陸では、いくつかの大国が広大な領土を支配する傾向が強かった。ただ諸権力が分散・競合していた地域・時代があった。南東部アフリカの一七〇〇年から二〇〇年ほどの期間である。

インド洋側に位置する現在のジンバブエには高原地帯に、十五世紀にムタパとトルワという二つの王国が支配していた。一六九〇年代にはムタパ王国は、内陸の高原地帯に入ってきたポルトガルの勢力を一掃している。しかし、一七〇〇年以降これらの王国の勢力が衰えると、ジンバブエの高原地帯から現在のモザンビークのインド洋側低地に至るまで二〇〇以上の小国家が割拠していた。しかし時代が遅すぎたのである。ヨーロッパの時代がすぐそばまで迫っていた。

中国は帝国へのベクトル

中国は、紀元前の春秋・戦国時代（紀元前七七〇〜前二二一年）と漢が滅んだ二二〇年から五八一年の隋による統一までの期間を除けば、ほぼ帝国化されていた。

ダイアモンドは中国についても語っている。ここは砂漠化が深刻化するほどのものではなく、農業生産も安定し、事実今日にいたるまで世界最多の人口を養える力をもっていた。技術力もヨーロッパを圧倒していた。十五世紀には航海技術も世界一であった。それなのになぜ中国が、ヨーロッパやアメリカを植民地化しなかったのかと。これは国家プロジェクトとしておこなった大船団航海の中止が理由であったとする。鄭和（一三七一頃〜一四三四年頃）の航海は、一四〇五年から一四三三年にかけて海路七回も探検調査がおこなわれ、アフリカ東岸にまで達していた。ところが突然中央政府の命令で中止されてしまった。やがて造船所も解体され外洋航海も禁止された。いわゆる中国の海禁政策である。政治的に統一されていたので、皇帝と官僚中心の中央政府の命令がすべてを決めていた。権力の一極集中が災いとなったという。

それに対して、ヨーロッパは政治的に統一されていなかった。ジェノヴァ生まれのクリストファー・コロンブス（一四四六頃〜一五〇六年）は自らの探検計画を、何人かの王侯に持ち込んでは断られた。最終的にはスペイン王の援助で航海に出発した。もしヨーロッパが一人の皇帝によって統治されていたなら、ヨーロッパ人によるアメリカ大陸の植民地化はなかったであろうとダイアモンドは述べる。

なぜ中国は基本的に帝国化が続き、ヨーロッパは諸権力競合体制が続いたのか？　再びダイアモンドの話を聴こう。彼はヨーロッパの多様性、中国の均一性を強調する。中国は民族、言語、文化などがすべて同質で、それが帝国化に適していたと考えているようである。

これには異論を唱えたい。確かに書き言葉は漢字が中心で（少数民族の文字もある）、支配民族は漢族（現在中国の九二パーセント）であるが、この中は実に多様な言語、民族、文化をもっている。漢族という単一民族があったわけではない。漢族とは、紀元前二〇〇〇年頃から黄河流域の諸民族が興亡を繰り広げ、最終的に秦・漢帝国によって中国全土が統一される過程でつくられた複合民族である。中国全土に散らばった諸民族の総称なのである（もちろん混血もした）。だから漢族（漢人）をヨーロッパ人（あるいはゲルマン人）と同位置に置けばわかりやすくなる。ヨーロッパ人のなかにもドイツ人やフランス人など多様な民族（民族という概念は十九世紀ナショナリズムの産物だが、ここではこう言っておく）がいる。漢人も同じである。だから漢人内に多様な言語・文化・習慣が混在しているのは当然である。北京語と上海語では英語とフランス語ほどの差があるといってよい。中国がヨーロッパのように諸国家の競合する文明になった可能性もあるのだ。さらに中国には六〇に近い少数民族が暮らしている。

また、ダイアモンドは、中国と比べてヨーロッパが政治的に分裂していた理由を、海岸線が入り組んでいる、半島や島が多い、アルプス、ピレネー、カルパチア、ノルウェーの山脈など、国境がつくられやすい自然環境であると説明しているが、これは先のモンテスキューと全く同じ説明である。ダイアモンドは、『法の精神』を学生時代に読んだのかもしれない。頭のどこかにモンテスキューの地理的決定論が刷り込まれている。諸権力競合体制からヨーロッパの躍進を強調するファーガソン『文明』も同様に地形から説明している（この本はヨーロッパ中心主義で一貫している）。

現実は、たとえばアルプス越えは簡単でさまざまなルートがつくられたし、事実カール大帝（在位七六八〜八一四年）はヨーロッパの大部分を統一できたではないか。

私は、モンテスキューやダイアモンドとは全く反対の説明の方が、まだ可能性があると思っている。前章でヨーロッパの地理的環境は、平野部が多く人口が均等に散在できることだと述べた（自生的・生態学的人口の棲み分け）。人口が均等に散在していることは、それを束ねる権力が各地に出来やすい。だから、人口が均等に散在できる生態学的特徴が諸権力競合体制を生みだしたと説明することは可能である。

しかし、これだけでは理由としては不十分である。諸権力が競合しても、それらの諸権力を束ねる強大な帝国がつくられる可能性もあるからである。事実、中国やアラビア・イスラム圏はそう動いた。やはり自然環境からの説明は無理がある。

ゲルマン人の分割相続制

ヨーロッパで諸権力が分散・競合した一つの要因に、ゲルマン人の分割相続制が作用したというのはどうか。カール大帝は約一〇〇万平方キロメートルにおよぶ広大な帝国をつくった。これは当時のビザンツ帝国の領土に匹敵あるいはそれ以上の領域であった。

しかし、彼は、この帝国をフランク王国、アキタニア王国（フランスの一部）、イタリア王国に分割し、三人の息子たちに相続させている（三王国はフランク帝国として、フランク王ルートヴィヒ一世のもとで一応まとまっていたが）。孫の世代になると帝国領は三分割（八四三年、八七〇年）や五分割（八五五年）され完全に分裂する。最終的にはフランク帝国から、現在のフランス（西フランク）、ドイツ（東フランク）、イタリア（中フランク）といった諸権力が独立した。

さらに、ローマ皇帝位を継いだ東フランク王国（神聖ローマ帝国）は、もともとゲルマン諸部族の連合体であった（アレマン族、ザクセン族、テューリンゲン族、バイエルン族、フリーゼン族、フランク族）。この諸部族が事実上独立していく。大諸侯である。東フランク王は大諸侯の選挙で選ばれることになった。そして、これらの大諸侯領も、分割相続によって分裂を繰り返す。その結果、東フランク（ドイツ王国）は三〇〇を超える大中小の貴族領に分裂していった。

ヨーロッパにおける相続のパターンは主に三種の形態をとった。まずは、土地・財産を一人の子ども（通常は長子）に相続させる方法。次に、子ども全員に平等に土地・財産を分割相続させる方法。最後に、土地は男子にのみ相続させ、女子には持参金を与える方法である。

このうち、王家が帝国化しつづける方法は第一の方法しかない。これは古代ローマ人が採用した相続方法である。ローマ帝国の分割が回避されたのは、この相続制が土台にあったと思われる。

それに対してゲルマン人部族長の多くは領地を分割継承させる慣習をもっていた。第一の方法を取った地域はアングロ・サクソン系イングランドなど少数であった。第二、第三の形態は必然的に領土の分割に至り、権力分散・競合の状況が生まれることとなる。ヨーロッパの諸権力競合体制の起源はこういった相続制が土台にあるのではないのか。

しかし、ローマ法（遺言制度）の影響で長子相続制が、各地に徐々に確立していくこととなる。イングランドは、元々長子相続が浸透していたから、王権が大陸に比べて安定していた。スペインやフランス王権の伸長も、この長子相続法制を採用したためであった。とくにフランスはすでに十世紀には、女子を王位継承から除外する長男相続制が原則となる。この原則は十四世紀には法制化され、さらに王領不分割も確定された。こうして王領、貴族領とも分割が回避されていった。

それに対して、ドイツでの長子相続制の導入は遅れていたので分裂状態が存続した。確かに一三五六年の「金印勅書」のなかで、皇帝の選挙権を持つ七つの選帝侯領（マインツ、トリーア、ケルンの各大司教、ボヘミア王、ライン宮廷伯、ザクセン大公、ブランデンブルク辺境伯）は分割されることなく、長子によって相続されることを規定した。しかしこれは実効性に乏しく、そしてあくまで諸侯レヴェルの話で神聖ローマ帝国のことではない。そもそも神聖ローマ皇帝直轄領というものは存在しなかった（理念的・法的にはあった）。ドイツの大諸侯領の一つバイエルンでは、一五〇六年にようやく「長子相続法」が成立して、四つに分断されていた領域が一つの国家となった。ドイツ最大のハプスブルク家が、長子相続制（男子優先）を法制化したのは、なんと一七一三年のことであった。

とはいっても分割相続制については他文明圏にも多くみられ、決してゲルマン人だけの特徴ではなかった。しかも長子相続制が浸透していけば、数でいえば諸権力競合状態は徐々に減っていくはずである。ヨーロッパの諸王朝は婚姻関係でつながっていたから、長子相続制を徹底させていけば、やがてヨーロッパを統合する大王朝が成立する可能性もあったはずである。相続制から諸権力競合体制を説明するのも無理がある。ヨーロッパ各王権や各諸侯は、長子相続制のもとで分割を回避していった。しかし各王国は、すべてが王の直轄領であったわけではなかった。封建制社会であった。

封建制度が分裂の土台となった?

ヨーロッパは封建制度が極度に発達した社会であった。封建制度は主君と臣下の間の一種の契約関係である。主君は、臣下に封土(領地)を与え、その見返りに臣下は主君に忠誠を近い、戦争の時には軍役の義務を負った。主君によって与えられた封土は、現実には完全な独立した臣下の世襲領地であり、主君は原則臣下の領地にいかなる介入もできなかった。主君の頂点にいたのはフランス王や神聖ローマ皇帝などである。その臣下の諸侯は、同様の関係を彼らの家臣(陪臣)と結ぶことができた。関係を結ぶ主君は複数でも構わなかった。こうして、主従関係の重層化したネットワークが張り巡らされることになる。ヨーロッパで、こういった封建制が成立したのは、フランスでは十世紀末と早いが、一般には十二世紀以降の現象であった。

たとえば、十二世紀のフランス王の直轄領は、パリ周辺のごく限られた範囲に限定されていた。その他は大諸侯の領地である。この中にも陪臣の領地が多数存在していた。フランスを王権がすべて治めていたわけではないのである。王位は、臣下の了解にもとづいていたにすぎない。フランス王権がフランス全土に「主権的支配」を確立させるのは十六世紀後半以降のことである。それが、ヨーロッパで「絶対主義」といわれる現象であった。それでもフランス王国がすべて王の直轄領になったわけではない。裁判権や課税権などは王国全土に介入できたとしても、貴族、教会と修道院の領地が没収されたわけではない。彼らは領主として農民から年貢を取り続けることができた。

図式的に言えば、多くの他文明圏では、皇帝が全土を所有し、地方には中央から役人が派遣されるシステムであった。原則国土はすべて皇帝の直轄領であった。ヨーロッパでは事情が違った。フランス王国すべてがフランス王の直轄領になったことは一度もない。だからヨーロッパで「絶対主義」といっても、貴族などの領地に対する王権の法的・政治的介入が強化されたという程度のものなのである。ドイツのように約三〇〇の「皇帝の臣下」が競合していたところはいうまでもないだろう。さらに陪臣を加えれば権力の分散がいかにひどかったかが理解できる。もちろん陪臣レヴェルになると、すべて主君の介入を阻止できたわけではなかったが、それでも彼らも年貢を徴収できた一国一城の主であった。

権力の棲み分け

諸権力競合体制を封建制度の発達から説明するのは一見説得的であるように思われる。それならば、なぜヨーロッパは封建制度が極度に発達したのだろうか？　これに答えるのは困難である。だから、私は、ヨーロッパにおける諸権力競合体制を「権力の棲み分け」と呼ぶしかないと思っている。これは人口同様、「棲み分け」の定義でいえば「自生的・生態学的棲み分け」である。人口の場合はヨーロッパの平野部が広いという地理的条件からある程度説明できたが（平野部の広さが必然的に人口の棲み分けに直結したわけではなく、結果としてそうなったことは繰り返し述べた）、権力の場合は地理的条件から説明することは全くできない。

ともあれ、権力の棲み分けはヨーロッパに特有の基盤である。もちろん競合のあり方は時代とともに変化する。ある権力が強くなる場合もあれば、別の権力が弱体化あるいは消滅することもある。しかし、ヨーロッパでは、イスラム圏や中国と違い、一極に強大な権力が集中することはなかった。複数の権力が競合しながら均衡するベクトルが働くのである。

前述したように、広義で言えば、中国やイスラム圏のような一極集中型の場合も、中央の強大な権力（皇帝・官僚）と、地方の弱小権力（地方役人、地方貴族など）の間で権力が「棲み分け」して均衡していると捉えることができる。だから、中央権力が衰退した時は地方から反乱が起こりやすく、反乱側が勝つと、また中央集権制度を踏襲するのが通例であった。

中央集権はある意味権力の独占である。ヨーロッパの諸権力競合体制には独占は許されなかった。これはヨーロッパ諸王権・諸侯レヴェルだけではなく、一国内の王権・貴族・聖職者・都市民といった身分についても言える。身分とは役割であるから、これは「機能的棲み分け」と理解できる。したがって、諸権力競合体制を王権や貴族が空間的に領地を分かちあっていると捉えるだけでなく、身分として機能的にも分かち合って競合し均衡しているものと理解し、これを「権力の棲み分け」と定義しよう。ヨーロッパでは、権力の独占状態が常に回避され、諸権力(諸王権・諸侯・中小貴族・聖職者・都市民)が分散・競合して均衡していた。

2 なぜフランス革命は起こったのか

宗教改革と諸権力競合体制

権力の棲み分けはヨーロッパ文明の大きな基盤であった。これがさまざまなヨーロッパ文明の所産を生み出すことになる。

分かりやすい例を紹介しよう。一五一七年に始まる宗教改革である。ルターはローマ批判のために教皇に破門され、一五二一年、神聖ローマ皇帝カール五世にヴォルムスの帝国議会に召喚された。ルターは自説の撤回を拒否したため、彼に帝国追放令が下される。

ルターを救ったのが当時のザクセン選帝侯フリードリヒであった。その後一年にわたり、ルターはザクセン選帝侯のヴァルトブルク城に身を隠し、新約聖書のドイツ語訳に専念したことは有名な話である。選帝侯とは神聖ローマ皇帝（同時にドイツ国王）を選ぶ七人（八人の時期もあった）の大諸侯であると同時に皇帝のいわば「家来」である。それが帝国議会で決定された皇帝の追放令に簡単に逆らえるほど、当時の皇帝権力は弱かった。そもそも皇帝を選挙で選ぶということ自体、権力が一極に集中していなかったことを意味する。確かに中世後期以来、オーストリアやボヘミア（チェコ）などを治めていたハプスブルク家が皇帝位を独占してはいたが、傘下の諸権力を抑えるほどの力はなかった。戦国時代の足利幕府のごときである。その後、ルター派に寝返る諸侯・帝国都市が多くなり、皇帝を支持するカトリック諸侯派との武力闘争にまで発展した。

もし神聖ローマ皇帝の力が絶対的であって、ドイツだけでも政治的に統一されていれば、ルターの改革は成功しなかったであろう。江戸時代の徳川権力は、諸藩の領地は認めながらも、政治的には日本を支配していた。徳川権力との比較でみると、当時のドイツ王（神聖ローマ皇帝）の権力がいかに弱体であったかがわかるであろう。また、たとえルターの改革がドイツで失敗しても、ヨーロッパは諸国家競合体制であった。実際、ルター派は北欧諸国で大成功をおさめた。

これはカルヴァンの場合により当てはまるかもしれない。カルヴァン主義は主にスイスやフランスで拡がったが、ドイツよりは王権が安定していたフランスで迫害されると、その一部がオランダやイギリスに渡り、そこでカルヴァンの思想を布教することができた。イギリスに渡ったカルヴァン派がピューリタンと呼ばれ十七世紀の革命の主役を演じたり、アメリカ大陸にも渡り、現在のアメリカ合衆国の基礎を築いたと、教科書的に言えばそうなる。ともあれ、もし、ヨーロッパが中国のように中央集権化（権力の一極集中）されていたなら、宗教改革運動はそれが中央権力に都合が悪ければ間違いなく潰されていた。

個人主義思想は宗教改革の所産か?

社会学者マックス・ウェーバー（一八六四〜一九二〇年）や哲学者エルンスト・トレルチ（一八六五〜一九二三年）は、プロテスタンティズムの登場が、個人主義思想や信仰の自由を生んだと示唆している。ルターやカルヴァンの唱えた「聖書中心主義」は、神の代理人としての教皇や教会制度そのものを否定した。ここに、教会の儀式などに参加せずとも、神と私個人との一対一の対話が成立する。こうして教会共同体の束縛から離れた「個の自律」、つまり信仰の個人主義化が生まれたと、彼らは解釈した。トレルチは、「内面的な個人的確信」に基づいた信仰と言っている。トレルチは、また、宗教改革によって聖書の自由な解釈が生まれ、それが宗派の並存する自由を生み、やがて個人の信仰の自由、さらに個人の思想や言論の自由へとつながっていったとも述べる。かりにそう仮定すれば、そういった思想を生み出した基盤は諸権力競合体制、つまり権力の棲み分けであった。

個人主義については、私は、そういったものが現実に成り立つものか疑問をもっているが、ここで個人主義思想の話をするつもりはない。個人主義のみならず、自由や平等といった抽象的概念は定義次第でどうにでも変わるので、純粋にヨーロッパ産とは断言できない。ただ、現代社会に直接つながるという意味では、自由、平等、人権などの思想の誕生は、宗教改革以上に次に述べるイギリスやフランスの革命の影響が大きかった。

革命の根底的原因

世界史の教科書に出てくるイギリスのピューリタン革命・名誉革命とフランス革命は、自由、平等、人権、民主主義的議会制といった思想や制度を生んだとされている。この二国の革命の要因については、従来専門家がさまざまに議論してきたものなので、私などが出る幕はないのであるが、権力の棲み分けという観点から、これを考察してみる。

結論から言えば、ヨーロッパが諸権力競合体制だったことが、革命が起きた根底的要因であったということである。この場合の権力とは王権（王と側近の官僚）と、議会（身分制議会）を中心とする貴族・聖職者・都市民の権力である。私は、学生に、これを公園などにある「シーソー」で説明している。シーソーの両端に王権と身分制議会が乗っていて均衡を保っている。しかし、王権が強く（重く）なってそのバランスが崩れると、それを元に戻すベクトルが働くのである。だから革命の前は、必ず「絶対主義」であった。そしてそれが行き過ぎると「王の首」を狩って共和制となる。しかし、反作用で王政復古となるという図式である。だからこの二国の革命を、議会と王権の「シーソー関係」で考察してみよう。

ピューリタン革命・名誉革命＝近代議会制の誕生

イギリスの場合、身分制議会は二院制であった。大貴族と高位聖職者の上院、騎士（下級貴族）と都市民からなる庶民院（下院）である。一二一五年の「マグナ・カルタ」は上院の承認なくして、国税を課すことはできないと規定した。十四世紀には下院の承認も必要となった。さらに法律の制定などもすべて議会の承認が必要であった。イギリスは、王権が他のヨーロッパ諸国より比較的強かったといわれるが、実際は王権と議会、つまり一方で王権と他方で貴族等諸権力との均衡の上に政治が動いていた。「シーソー」のバランスが保たれていた。

イギリスの「絶対主義」はヘンリー八世（在位一五〇九～四七年）からといわれる。ヘンリーは、国教会制を打ち立て修道院財産を没収した。その意志を継いだ有名なエリザベス一世（在位一五五八～一六〇三年）も四四年の治世で議会を一〇回しか開かなかった。さらに次のジェームズ一世（在位一六〇三～二五年）は、治世中議会を四回しか開かず、しかも彼の都合で召集し、形勢不利とみると解散したり、イギリス国教会からピューリタン系の牧師を追放したりとかなり強引な手法をとって議会と対立した。それを継いだチャールズ一世（在位一六二五～四九年）にいたっては、議会の承認なく国税を取り立てたり、公債を勝手に発行したり、さらに議会が提出した「権利請願」（一六二八年）をいったんは認めながら事実上無視した。「権利請願」は議会の承認なくして課税しないなど、従来の議会の権利を謳ったものである。チャールズは、それにもかかわらず課税し、議会を一一年間開催しない専制的政治をおこなった。こうして「シーソー」は王権側に重く傾いた。

これにより王党派と議会派に分かれて内乱《シヴィル・ウオー》となり、一六四九年、チャールズは処刑され共和制となった（ピューリタン革命という用語は現在のイギリスではほとんど使用されない。最近ではイングランド、スコットランド、アイルランド全体にわたる事件として三王国戦争という言葉が使われる場合がある）。今度は「シーソー」が議会側に傾きすぎた。だから王政復古（一六六〇年）となったが、二代にわたる王は議会無視の政策をとったので、また「シーソー」の均衡が崩れた。だから王は追放された（名誉革命。イギリス革命とも呼ばれる）。議会は「権利章典」（一六八九年）を発布し、議会と王権の均衡を取り戻すと同時に、議会中心の立憲君主制への道筋をつけた。

現代の立憲君主制は、「シーソー」を撤去し、議会を王権の上に位置づけるものである。ヨーロッパ近代議会制の誕生は、権力の棲み分けから説明できる。

フランス革命＝自由・平等・人権

フランス絶対主義期の「シーソー」は、より大きく王権に傾いた。だから「シーソー」を戻すには貴族らの議会の「重さ」だけでは無理であった。だから議会側に都市の民衆や農民が乗らなくてはならなかった。これが革命をイギリスより徹底化させた。

フランスの身分制議会は「三部会」という。十四世紀に創設されたこの議会は、第一身分の聖職者、第二身分の貴族、そして第三身分の都市民からなっていた。都市民といっても大商人や大親方など富裕層で、手工業職人、小売商、労働者そして農民は除外されていた。フランスは一方に王権、他方に三部会（地方レヴェルと全国がある）および高等法院（国王が出した法令の登録権をもつ。法令の差し戻し権ももった。全国に一三あった立法・裁判機能をもつ貴族の牙城）に集まった聖職者・貴族・都市民権力の「シーソー」均衡の上に立っていたのである。

ところがフランスの全国三部会は一六一四年以来一度も開かれていなかった（いくつかの地方三部会は毎年開かれていた）。そしてフランスの絶対主義はルイ十四世（在位一六四三〜一七一五年）のもとで絶頂期を迎える。次のルイ十五世（在位一七一五〜七四年）、ルイ十六世（在位一七七四〜九二年）期の王権は、高等法院とも頻繁に対立を繰り返すようになった。

フランス革命は、一般に一七八九年、パリ民衆のバスティーユ牢獄の占領で始まるとされているが、この二年前、つまり一七八七年が重要な年であった。この年、王権は第一・第二身分にも課税しようとしたからである。第一・第二身分が三部会の中心であった。彼らは、パリ高等法院を根城に積年の不満を王権にぶつけるように、この要求を拒んで、全国三部会の召集を要求した。これは「貴族の反抗」あるいは「貴族の革命」と呼ばれる。しかし一七八九年に召集された全国三部会では議決方法をめぐって、第一・二身分と第三身分が対立し、第三身分は「国民議会」を開く。ここに第一・第二身分も合流し「憲法制定国民議会」と称する。これを王権が武力で制圧する動きをみせたので、怒ったパリ民衆のバスティーユ襲撃となった。議会側に民衆が加わったのである。以後の展開は、皆さんが教科書で知っている通りである。

ここでも国王ルイ十六世は処刑され共和制となり、「シーソー」のバランスが議会側に大きく傾いた。だから、その反動でナポレオンが登場し、皇帝になった。彼の失脚後王政が復活したが、王権がまた議会を無視したので「七月革命」（一八三〇年）が勃発した。新たに迎えられた「自由主義者」ルイ・フィリップ（在位一八三〇〜四八年）も、一八四八年の「二月革命」で追放された。十九世紀になると、王権に対して、「シーソー」の他方に乗る階層に労働者などの民衆がますます多くなったからである（だから、フランスの諸革命は、民衆も、ある意味「権力」をもつようになったとも理解できる）。だが、「シーソー」は反動して、ナポレオン三世が皇帝となる（一八五二年）。その彼も一八七〇年追放されてしまう。フランスでは、その後王党派と共和派の対立が続くが、現在では共和制に落ち着いている。「シーソー」が何度か傾きを変えながら、現在では「シーソー」は完全に撤去され、王権は存在しない。

ともあれ、フランス革命の過程で発布された「人権宣言」は、イギリスの革命時の諸文書や「アメリカ独立宣言」とともに、現代社会（あるいは限定して欧米社会）の自由、平等、人権といった考えの基本となったことになっている。こうして一般にヨーロッパの所産と理解されている制度や思想は、権力の棲み分け（「シーソー」の両端に乗る王権と議会＝聖職者・貴族・都市民の諸権力）ゆえに実現されたといえる。

なぜドイツ「一八四八年革命」は「失敗」したか

マルクス主義の影響の強かった日本の歴史学界では、以前、あるいは今でもこれらの革命を「ブルジョワ革命」と呼んでいる。ブルジョワとはもともと都市内住民の意であったが、当時は金融業や大商人など富裕市民を指した。けっして富裕市民だけが革命を担ったわけではなかったので「ブルジョワ革命」という表現はおかしいのであるが、それはここでは問わない。

ドイツの歴史学界でも、かつて（あるいは今でも）、自由主義的歴史家は、ドイツの「ブルジョワ革命」の「失敗」が、ドイツの民主的近代化を阻んだと説明していた。ドイツの「ブルジョワ革命」とは一八四八年の「三月革命」のことである。彼らによれば、一八四八年時のドイツではブルジョワは階級としての力が弱く、伝統的貴族勢力と妥協してしまった。だから封建貴族から政権を奪えず、革命は「失敗」した。革命の「失敗」によってドイツには民主主義が根付かなかった。それがひいてはナチスによる蛮行に至ったと考えた。これは、イギリス・フランスと異なる「ドイツ特有の道」と呼ばれた。これに対してイギリスの歴史家から反論が出され議論となったが、それもどうでもよい。

当時ドイツという国はなかった。神聖ローマ帝国もすでに消滅していた。だから、フランスやイギリスに比較するならば、プロイセンとオーストリアであろう。確かにベルリンでもウィーンでも革命らしきものは起こったが、それによって「王の首」を狩って共和制とならなかった。なぜか。「シーソー」の原理で言えば「シーソー」が均衡を保っていたからである。そもそも、ドイツ一八四八年革命は、王権の「絶対主義」に対して起こったものではなく、フランス革命後のナショナリズムの思想に基づいて、ドイツ統一国家をつくろうとして始まったものであった。その過程で、領主が農民から年貢を徴収するような封建制的諸拘束は廃棄された。英仏の革命とは別次元のものであった。「絶対主義」による「シーソー」バランスの均衡を取り戻すようなものではなかった。封建制的諸拘束が廃棄されたという点でいえば「革命」は成功したのである。プロイセンやオーストリアの場合は、英仏流の革命を経ることなく、あるいは「シーソー」のバランスを維持しつつ、十九世紀の過程で、徐々にイギリス型立憲君主制へと移行していった。

先に説明したイギリスとフランスの革命は一国内での権力の一極集中を阻止したものであった

が、ヨーロッパでは、全体として見ても、権力が一極に集中することなく競合して均衡を保とうとする。これは十九世紀にいたるまで一貫して存在しつづけたものであった。たとえばハプスブルク家の勢力が相対的に強大になると、それを抑えるように他のヨーロッパ諸王朝が動く。宗教戦争として始まったドイツ三十年戦争（一六一八～四八年）で、同じカトリックのフランスが、ハプスブルク家に対抗してプロテスタント側を援助したのはそのためである。ヨーロッパは、あらゆるレヴェルで諸権力が競合して均衡する。これがヨーロッパ固有の権力の棲み分けであった。

私は、これは、封建制度が廃棄された十九世紀以降の近代社会についても当てはまるのではないかと思っている。もちろん、一民族＝一国家といったナショナリズムの論理のもとでは、ヨーロッパ自体が統一されることはありえない（たとえナポレオンがヨーロッパ帝国を夢見たとしても）。しかし、どこかの国家が突出した力を持つと、それを抑えるベクトルが働いた。ある特定の国家が強大にならないように均衡しようとする。一八七一年にドイツ帝国が成立し、その後の経済発展も著しく、国力が強大になるとイギリスとフランスは同盟を結んで対抗した（一九〇四年英仏協商）。その後も各国は「同盟」「協商」「不可侵条約」などで互いを牽制した。これは伝統的な権力の棲み分けが基盤になっていると考えられないだろうか。一九九〇年に東西ドイツが統一された時も、ドイツの強大化を危惧する声は聞かれた。現在のＥＵはそれに逆行するベクトルであるが、うまく機能していないようである。こう考えると、ＥＵが政治的に統一されることはないように思われる。

これは国内レヴェルにも当てはまる。十九世紀までは王権と身分制議会を中心とした貴族・教会・都市という諸権力の棲み分けの上に均衡していた。十九世紀以降の国民国家の時代になると、国民にも、ある意味での「権力」が付与される。それは言論の自由、結社の自由、選挙権から労働者運動、デモ、ストライキなどといった制度や運動として表れる。「権力」が民衆にも棲み分けされていくのである。これが民主主義である。権力の棲み分けを推し進めたから民主主義が発展したというのは図式的だろうか。注意しなければならないのは、もしそう仮定するならば、十九世紀以降の民主主義の進展は「権力の能動的棲み分け」と理解しなければならない。もともと自生的・生態学的棲み分けであった権力の棲み分けが、十九世紀以降、能動的棲み分けに変化したということだ。

いずれにせよ、権力の棲み分けが、ヨーロッパの自由や民主主義といった思想の基盤となったことは間違いない。

3 戦争はヨーロッパにいかなる影響を与えたか

戦争の「プラス」と「マイナス」

「棲み分け」論を戦争の視点から考えてみたい。つまり権力が一極集中していた先行諸文明における帝国と諸権力競合体制のヨーロッパを比べた場合の、戦争の「マイナス」面と「プラス」面である（戦争にプラスなどないと言われるかもしれないが）。

まず、戦争による「マイナス」面はその被害である。被害を大きくするのは戦争の規模と数の多さであろう。農村部では、農地は荒らされ家畜は殺され飢饉を引き起こす。都市部では、とくに公的設備（港湾、橋梁、市庁舎、宗教施設などの建築物）の損害が大きい。疫病も蔓延させる。単純に考えれば、これは文明にとって「マイナス」である。一方、戦争が武器の開発ひいては技術全体の発達や、怪我の治療法（外科学）の進歩といった方向にいくかもしれない。これは「プラス」効果である。また「マイナス」面が「プラス」に転じる場合もある。戦争によって破壊された公的設備を修復するために投資がおこなわれ、商人階級が成長するかもしれない。修復に関わった職人にも富が分配されるかもしれない。「プラス」と「マイナス」は時として入れ替わることがあるのだ。

ともあれ、まず古代からの戦争の規模を文明ごとに概観してみよう。ヨーロッパが海外進出を始める十五・十六世紀転換期を境にそれ以前と以後とに分ける。すべての戦争を調べることは不可能なので、主にグラント編『戦争の世界史大図鑑』を使って、戦争の動員数を見ていくが、数字の妥当性には議論の余地があろう。ここではあくまで傾向を注視していこう。

古代オリエント

古代メソポタミア文明から始めよう。ここではセム語族系の諸民族を中心に次々と覇権が交替した。シュメールの粘土板には多くの戦争の記録が書いてある。シュメール文明は都市国家が並立したので、都市国家間の戦争の記録である。一都市が動員できた兵力は数千人規模であった。やがて、アッカド、バビロニア、アッシリア、ヒッタイト、カッシート、ミタンニ、アケメネス朝ペルシアといった帝国が出現すると、その動員兵力はかなりのものとなった。最大動員力は数万から一〇万、アッシリアとアケメネス朝ペルシアは二〇万人を動員できた。

エジプトは地理的に中東地域と隔絶していたので、外敵の侵入を受けにくかった。大きいものは、紀元前十七世紀に一時ヒクソスの侵入を受けたことと、紀元前六世紀にペルシアに征服されたことぐらいである。最終的にローマに敗れるまで約三〇の王朝が交替しているが、戦争はほとんどなかった。エジプトが外へ出て行って戦ったのは、紀元前一二七五年頃のヒッタイトとの戦闘である（カデシュの戦い）。エジプト軍約二万、ヒッタイト軍一万五〇〇〇の兵員が、レバノン・シリアの覇権をめぐって戦った。戦いは引き分けのうちに終わった。

ギリシアとローマ

古代ギリシアではポリス間の戦争が多かった。ギリシアの各ポリスの人口は少なかった。最大の都市アテネで市民四万、居留民や奴隷を入れて一〇万〜一五万。その他のポリスは一万を超えるものがいくつかで、多くはそれ以下であった。だから動員力は、オリエントの帝国と比べるとはるかに小さかったと予想される。数百から数千規模の動員が普通であった。兵力は市民による重装歩兵が主体であったが、実際は居留民や傭兵も入れた混成部隊であった。

動員規模の大きな戦争は例外であったが史上詳しく知られているものである。ギリシアの諸都市連合軍がペルシアと戦ったペルシア戦争中のマラトンの戦い（紀元前四九〇年）では、ペルシア軍二万以上に対して、連合軍は約一万の動員であった。アテネは、ペロポネソス戦争中のシラクサの戦い（紀元前四一五〜前四一三年）で三万を動員している。一方スパルタ軍は三〇〇〇であった。それでもスパルタが勝利した。テーベ対アテネ・スパルタ連合軍が戦ったマンティネイアの戦い（紀元前三六二年）では、各陣営とも二万五〇〇〇を動員した。

ポリス文明を滅ぼしたのはマケドニア王国であった。紀元前三三八年、マケドニア軍は三万二〇〇〇を動員して、カイロネイアで、アテネ・テーベ連合軍五万を駆逐した。つづくアレクサンドロス大王の征服戦争では、大王軍は最大四万〜五万を動員できた。兵力はマケドニア人の他、ギリシアやバルカン半島から傭兵が集められた

アレクサンドロス大王死後にできた諸帝国（プトレマイオス朝、セレウコス朝、マケドニア朝）では、最大八万規模の兵力を動員できた。これらはいずれも最終的にローマの軍門に下る。そのローマは、第二次ポエニ戦争中のカンナエの戦い（紀元前二一六年）で、歩兵八万、騎兵六〇〇〇を動員している。カエサルのガリア征服は四万五〇〇〇程度でおこなわれた。ササン朝ペルシアと三六三年におこなわれたクテシフォンの戦いでは、八万三〇〇〇を動員したが敗北を喫した。

中国とインドは圧倒的動員力

当然ではあるが、中国で戦争が多発したのは紀元前八世紀〜前三世紀の春秋・戦国時代と、紀

元後三世紀に漢が滅びてから六世紀末に隋が全土を統一するまでである。多数の小王朝が覇権を競った戦国時代（紀元前四〇三〜前二二一年）には、一国の総兵力は数十万から一〇〇万にまで達した。軍人だけではなく民衆（農民）が歩兵として大量に動員されたからである。後に中国を統一する秦が宿敵趙を破った長平の戦い（紀元前二六〇年）では、趙軍の死傷者数四〇万という伝説があるほどである。秦・漢といった統一王朝の時代につづく三国時代（二二〇〜二八〇年）のきっかけとなる赤壁の戦い（二〇八年）で、曹操軍二二万、劉備・孫権連合軍五万であった。

時代を下って、北宋（九六〇〜一一二七年）陸軍は一〇〇万の兵員を常備し、南宋（一一二七〜一二七九年）は五万二〇〇〇の海軍を擁した。しかしこの一〇〇万という数字は、一つの戦いの動員数ではない。この時代は帝国化していたので、戦争は北方遊牧民とのものであった。中国はたびたび北方遊牧民の侵入に悩まされた。漢代、紀元前二〇一年に侵入した匈奴軍は三〇万といわれる。一一二六年から二七年にかけての女真族の侵入に対して、北宋は常備軍五〇万の他多数の農民民兵からなる大軍をもって迎えたが敗北した。モンゴル軍の総兵力がどれくらいであったかはよくわからないが、一二五八年にバグダードを陥落させた時は一五万とされる。

インド・マウリヤ朝は、紀元前四世紀に、チャンドラグプタ王が六〇万以上を動員したと記録にある。十六世紀になってもイスラム教のムガル帝国とヒンドゥー教王国とのターリコータの戦いでは双方、六〇万〜七〇万の兵力で戦っている。インドや中国の動員規模の大きさは人口の多さから説明がつく。

ビザンツ帝国・イスラム圏・総括

ビザンツ帝国は、五三〇年、ササン朝ペルシアと剣を交えたダラの戦いで、二万五〇〇〇を動員し、対するササン朝軍は四万～五万であった。六三六年の対アラビア軍とのヤムルクの戦いではビザンツ軍八万、アラビア軍四万である。ビザンツ帝国は、はじめはササン朝、後にはイスラム勢力との戦争であった。

アラビア・イスラム帝国は奴隷を兵力として活用したが、動員力は数万規模にとどまった。最大は、一三三五年、ティムール帝国がキプチャク・ハンを迎え撃ったテレクの戦いで一〇万を動員している。最後にイスラム圏を統一したオスマン朝とペルシア・サファヴィー朝は、一五一四年のチャルディラーンの戦いで双方五万～六万で戦った。

古代オリエントから始めて、ギリシア、ローマ、中国、インド、ビザンツ、イスラム圏とざっと眺めたが、シュメールとギリシアの都市国家間の戦争を除いて、権力が一極集中していた先行諸文明の諸帝国は数万から数十万の動員数で戦ったことがわかる。

十字軍と百年戦争

それでは十五・十六世紀転換期までのヨーロッパの戦争の規模はどれくらいだったのか。イスラム側からは蛮族の襲来と捉えられた十字軍から始めよう。ヨーロッパ各地の貴族が参加した第一回十字軍のエルサレム包囲（一〇九九年）では、騎兵一万三〇〇〇、歩兵一万二〇〇〇、合わせて二万五〇〇〇であった。第二回十字軍（一一四七〜四九年）ではフランス王ルイ七世の軍隊が一万五〇〇〇、ドイツのコンラート三世軍が二万の兵力で臨んだ。進軍の途中で飢餓などにやられ、かなり兵力の損失はあったが、ダマスカスでの独仏両軍の兵力は十字軍史上最大規模といわれる。ただ、私が調べた中で最大のものは第七回十字軍で、フランス王ルイ九世がおこなったマンスーラの戦い（一二五〇年）である。ここでは騎兵二万、歩兵四万の計六万の動員であった。それでもフランスは敗れルイは捕虜となった。

このように十字軍の動員力も、権力が一極集中する帝国に匹敵するかにみえる。騎兵は貴族・騎士で、歩兵はその従者であった。歩兵の実態は傭兵であった。十字軍はヨーロッパ連合軍であった。しかもフランスなどの国王レヴェルが指揮をとったのでかなり動員できたことがわかる。ヨーロッパの人口が多かったことも動員力を帝国並みにした。

ただ十字軍は対外遠征であった。中世ヨーロッパ内部で最も動員規模が大きかったのは百年戦争（一三三七〜一四五三年）であった。一三四六年のクレシーの戦いでは、イングランド軍は一万〜二万の兵力でフランス軍二万五〇〇〇〜六万を駆逐した。その直後イギリス・エドワード三世がカレー近くに集結させた部隊は約三万二〇〇〇であった。

ヨーロッパ文明前期の戦争被害

しかし、ヨーロッパ文明前期（十二世紀前後〜十五世紀末）の戦争で、十字軍と百年戦争は例外であった。それらに次ぐ規模と思われる一〇六六年イギリスのヘイスティングスの戦い（いわゆるノルマン・コンクェスト）の動員力は、ノルマン側、アングロ・サクソン側それぞれ一万にも満たなかった。十一世紀のノルマン人騎士は、数百人で南イタリアとシチリアを征服した。イギリスのばら戦争（一四五五～八五年）中、テューダー家のヘンリー七世が政権を奪取したボズワース・フィールドの戦い（一四八五年）では、ヘンリー軍五〇〇〇、リチャード三世軍は八〇〇〇であった。

ヨーロッパは諸権力が分散・競合し、しかも封建騎士の馬上戦が主体だったから、大規模な兵力が動員される戦争は少なかった。少なくとも十五世紀末までは数千規模の戦闘が通常であった。これは先行諸文明でいえば、シュメールとギリシアの都市国家間の戦争と同規模である。

先行諸文明とヨーロッパ文明前期の戦争規模を比較すると、動員力では先行諸文明圏が圧倒している。十字軍は対外遠征だから除外して、大きな戦争は百年戦争だけである。問題は戦争の数である。戦争の数が多ければ被害も多くなると予想できるからである。しかし諸文明の戦争の数を、おおざっぱにせよ算出することは不可能である。かりに諸権力競合体制のヨーロッパに戦争が多かったと仮定しても、騎士戦主体で規模が小さい。だから動員力を単純に被害の大きさに結びつけるなら、この時期まではヨーロッパは、相対的に戦争被害が少なかったと想定できる。

しかし、傭兵を多用する十六世紀以降になるとヨーロッパでも先行諸文明の帝国並みの動員力になっていく。

十六世紀以降ヨーロッパは戦争が激増

川北稔『イギリス近代史講義』によれば、ヨーロッパ以外の文明はすべて帝国という形をとるから、外敵から攻められることはあっても、皇帝は帝国内を平和に保とうとし、そのなかは概して平和である。しかしヨーロッパは諸権力が競合しているから、戦争のための武力競争をする。中国で発明された火薬がヨーロッパで発達したのはこういった理由から説明できる、というような主旨のことが述べられている。

これが相当するとしたならば十六世紀以降の現象である。十六世紀以降、イスラム圏の大部分はオスマン帝国が領有し、ペルシアではサファヴィー朝からアフシャール朝を経てカージャール朝、インドではムガル朝、中国では明から清へと、すべて帝国化し安定してしまう（中国では十四世紀後半以降）。帝国内で内乱はあったが戦争はほとんどなくなる。その逆へ動いたのがヨーロッパである。戦争の数が激増するのである。

それは海外の富の争奪戦としての戦争、正確に言えば、海外交易権をめぐる戦争が多発したからである（ヨーロッパの海外進出については第四章で詳述する）。一見するとヨーロッパ内部でおこなわれた戦争は、ほとんど海外の富と結びついていた。

オランダがスペインから独立を果たしたオランダ独立戦争（一五六八〜一六四八年）は、スペインとポルトガル（当時はスペインに併合されていた。一六四〇年に再独立）で独占していた海外交易権をオランダ商人が奪ったものである。これ以降オランダはポルトガルの勢力を排してインド洋交易（香辛料貿易）の実権を握る。北米にはニューアムステルダムを建設する。フランス国内の新旧両派のユグノー戦争（一五六二〜九八年）中、アメリカ・フロリダでフランスのユグノー入植者に対してスペインが虐殺をおこない、報復としてカトリック・フランス軍がスペイン人の砦を攻撃した（一五六五年）。宗教戦争ではないのである。

イギリスも十六世紀後半からアメリカ大陸（とくに北米）やインド洋を狙っていたが、一五八八年、スペイン「無敵艦隊」を撃破し、本格的に海外利権獲得競争に加わった。ドイツの宗教戦争として始まった三十年戦争（一六一八〜四八年）中、一六一九年、インドネシアでオランダ対イギリス・現地バンテン王国連合軍との間で戦争が勃発、つづく一六二三年のアンボイナ事件によって、オランダはインドネシアとの交易権を死守した。以後、イギリスはインドへの進出を図る。そしてイギリスは、一六五二年に始まる三回の英蘭戦争（戦場はドーヴァー海峡）によって、インド洋の交易権をオランダから奪ったのみならず、北米でも勢力を伸ばし、ニューアムステルダムをニューヨークと改名した。

オランダに替わってイギリスに立ちはだかったのがフランスである。この両者は、十八世紀に、インド洋と北米の利権をかけてヨーロッパ内だけでなく海外でも戦火を交えた。二つの王位継承戦争とドイツ・プロイセン対オーストリアの七年戦争である。スペイン継承戦争（一七〇一〜一三年）では北米と西インド諸島（アン女王戦争）で、オーストリア継承戦争（一七四〇〜四八年）では北米とインドで、七年戦争（一七五六〜六三年）でも北米（フレンチ・インディアン戦争）とインド（プラッシーの戦い）で戦った。これによって、最終的にイギリスの北米支配とインド洋交易権のヨーロッパ諸国家間での主導権が確立した。ただインド洋貿易をヨーロッパ人が独占できるようになるのは十九世紀以降のことである。あえて言えば、アメリカ独立戦争（一七七五～八三年）も、イギリスとアメリカとの富の争奪戦争であった。

十六世紀以降、傭兵を多用したので規模も先行諸文明の帝国並みになる。動員規模はスペイン継承戦争中のマルプラケの戦い（一七〇九年）で、イギリス・オーストリア・オランダ連合軍とフランス軍とも各九万を動員させた。これが最も多い。その他も数万規模を動員している。したがって、戦争の数に規模の大きさを加えると、十六世紀以降は、先行諸文明圏よりもヨーロッパでの戦争被害が相対的に大きかったことは確実である。戦争被害という点に関して言えば、先行諸文明とヨーロッパで、十六世紀を境に逆転してしまったことになる。戦争被害を、単純に「マイナス」面とすれば、十六世紀以降のヨーロッパは戦争によって「マイナス」の影響を受けたことになる。しかし、前述したように「マイナス」面は「プラス」に転化する場合もある。少し考えてみよう。

ヨーロッパの戦争被害は少なかった？

確かに十六世紀以降、戦争はヨーロッパに大きな被害を与えたかにみえる。規模が大きくなり数が激増したからである。とくにドイツ三十年戦争は、ドイツ語圏の人口の三分の一を消滅させたともいわれる。傭兵による掠奪行為が多発した他に、戦争の長期化にともなう疫病と飢饉が原因であった。十九世紀に火器が高度に発達する以前は、戦争による人的被害の多くは疫病であった。ともあれ人的被害は大きく農村も荒らされたことは間違いない。これは戦争の「マイナス」面であった。

それでもあえて言えば、ヨーロッパ諸権力間の戦争は、人的被害という面でみれば、十九世紀に入るまでは想像するほど大きなダメージを与えるほどのものではなかった。実は武器がまだ「貧弱」であった。百年戦争中、ヨーロッパ最初の火砲が使用された。最初は原始的なもので敵は発射音に驚いたものの武器としては役に立たなかった。それは十五世紀になると、カルバリン砲や臼砲といった大型大砲へと発展した。十六世紀、歩兵・傭兵が使う槍、弩《おおゆみ》、火縄銃、マスケット銃、大砲といった飛び道具の役割が大きくなった。とくに大砲は十六世紀以降のヨーロッパの戦争に、不可欠な兵器になった。

しかし、大砲の射程距離は短く、装弾にも時間がかかったので、現代のわれわれが想像するほどの殺傷能力があったわけではない。火縄銃、マスケット銃も雨では使えないし、これも発射に時間がかかった。十七世紀末には重いマスケット銃に替わって軽量の小銃が開発されたが、火打ち石で点火するというお粗末なものであった。火器の殺傷能力が飛躍的に増大したのは十九世紀、しかもその後半に入ってからである（連発式機関銃が代表）。

確かに、戦争の「プラス」「マイナス」の議論は定義によって何とでも言えよう。しかし、以下のことは言ってもよいのではないだろうか。戦争によって疲弊した公的財産を復興するための資本投資が経済を活気づけた。そこから富を得た商人や手工業者階級が成長した。戦争用の船舶や航海器具・技術が発達した。武器については、その飛躍的発展は十九世紀後半だとしても、その前の時代に改良を試行錯誤しつづけた。科学技術という面に限って言えば、十六〜十八世紀の過程で、ヨーロッパはイスラム圏や中国に追いつき、ある部分では追い抜いている。もちろん、これを戦争の多さだけから説明するのは無理であるが、関連していたことは確かである（科学技術の発展については第五章で詳述する）。

ヨーロッパ内部が甚大な人的被害を受けるようになったのは、少なくとも十九世紀以降、もっと言うならば二十世紀以降のことである。ヨーロッパでの国民皆兵制（すべての男性成員が兵士となる）の登場はフランス革命期のことである。これによって、ヨーロッパ諸国の陸軍は一〇〇万単位のものとなった。フランス革命とそれにつづくナポレオン戦争は、二四〇万人以上の死者を出した。

その後死者数は増大する。十九世紀、とくに同世紀後半の武器技術の発展のためである。その結果が、総力戦としての第一次世界大戦（といっても戦場はほぼヨーロッパ）の死者数一一四〇万人である。少なく見積もっても八五〇万人は下らない。甚大な人的被害はヨーロッパ各国を疲弊させた。だからヨーロッパは、その地位を新興のアメリカにゆずらざるを得なかった。第二次世界大戦はいうまでもないだろう。

権力の棲み分けの所産

「富＝交易権の奪い合い」による諸権力間戦争の多さは、科学技術の発展に少なからず寄与した可能性は高い。それは、十六世紀以前の先行諸文明圏でも同様ではないかと言われるかもしれない。その通りだと思う。帝国として安定しなかった時代の中国やイスラム圏での科学技術の発展はそう説明できるはずだ。古代オリエントの王朝の興亡、ギリシアの諸ポリス間の戦争、イスラム圏の分裂時期（十〜十六世紀）、中国の戦国時代・三国時代、そして北方遊牧民の脅威、これらが科学技術や武器の発明・発展に貢献した。二十世紀の米ソ冷戦下で宇宙技術や武器技術（原爆・水爆など）が発展したごとくである。諸権力が対峙していること、戦争の脅威、現実の戦争、これらは、悲しいかな、科学技術に限っていえば「プラス」面が多いのである。

とくに十六世紀から十八世紀のヨーロッパ主権国家同士の戦争の数が多かったことが、先行諸文明圏との決定的相違を生んだ。この十六〜十八世紀の時代は、科学技術の面で、ヨーロッパが先行諸文明に追いつき、追い越す時期と完全に重なっているのである（繰り返すが武器の飛躍的発展は十九世紀後半以降である）。

諸権力競合体制はヨーロッパに特徴的なものであった。なぜヨーロッパだけが帝国化されることなく、諸権力競合体制を維持できたのか。なぜ中国やイスラム圏では、帝国化するベクトルが作用しつづけたのか。イスラム圏も中国も、カリフ、皇帝位を継ぐものは一人であるとの考えが徹底していたという考え方もある。オスマン帝国では、皇帝に即位した者に、自分の兄弟とその子どもを殺す権利を認め、帝国が分割相続されることを回避した。ヨーロッパの諸権力競合体制は封建制度が土台ではないかと推測した。それならば、なぜ封建制度がヨーロッパのみで極度に発展したのかを説明できなければならない。結局、諸権力競合体制とはヨーロッパの自生的・生態学的な権力の棲み分けであったとしか今のところ答えられない。それに対して、非ヨーロッパ圏では権力が中央に集中し、地方権力は弱体で均衡していた。

ヨーロッパにおける権力の棲み分けは、宗教改革を成功させ、政治革命を引き起こし、近代的議会制・自由・平等・人権・民主主義・個人主義思想などヨーロッパ文明の所産と言われるものを生み出した。「所産と言われるもの」とわざわざ書いたのは、こういった思考体系が本当にヨーロッパ文明だけに固有であったとは思えないからである。個人主義思想が、すでにローマ帝国時代にあったという研究者もいる。先にも言ったように、こういった抽象的概念は定義次第でどうにでも解釈できる。また、先行諸文明圏の多くは、宗教の自由は自明の前提であったから、わざわざ「自由」を獲得する必要もなかった。ただ、現代世界に直接つながるといった意味では、ヨーロッパ文明の所産と呼んでおこう。そしてそれらの基盤が権力の棲み分けであった。最後に、十六世紀以降の戦争の多さが、ヨーロッパの科学技術の発展に寄与した可能性を示唆したが、科学技術の飛躍的発展の基盤については第五章で詳しく説明する。そして次に述べるヨーロッパの海外進出の成功も、権力そして富の棲み分けの所産であった。

第四章

なぜヨーロッパは世界を植民地化できたのか

1　ヨーロッパ登場以前の世界の交易

インド洋が交易の中心

帆船は古代オリエントで早い段階で使用されていた。だからメソポタミア、エジプト、インダス諸文明間では交易活動がおこなわれていた。他方、中国の帆船は紀元前三五〇年にマレー半島を訪れた記録がある。もっとも中国産の絹は、遅くとも紀元前四世紀にはインドで知られていたから、海路で中国船がもっと以前からマラッカ海峡を通ってインドの港まで行き、交易をおこなっていたことは明らかである（陸路は山岳で難しかった）。

カーティン『異文化間交易の世界史』によれば、紀元前二世紀頃から東地中海から中国にいたる海上・陸上交易が出現していた。陸路はいわゆる「絹の道」である。海路は、地中海、紅海、ペルシア湾、アラビア海、ベンガル湾、南シナ海に及ぶ広大な海上交易ネットワークであった。つまりインド洋が海上交易の中心であった。

最重要な交易品はインドや東南アジアの香辛料や薬用植物である。中国産品は絹や漆器で、複数民族の商人を経由してローマ帝国まで運ばれ、売られた。それに対してローマには主な輸出品はなかった。ワイン、ガラス製品、奴隷ぐらいであった。ただワインはすぐに腐ったから、たいした輸出品にはならなかっただろう。取引は金銀、とくに金が使われた。ローマはアフリカで金銀を略奪し東方貿易に使ったので金銀が枯渇した。

イスラム商人が主役となる

時代は下って中国・唐（六一八〜九〇七年）はチベット、一時北アフガニスタンまで支配した大帝国であった。並行してイスラム圏にはアッバース朝（七五〇〜一二五八年）が成立し、北西アフリカ（大西洋）から中国（太平洋）にいたる東西交易が、この二大帝国を軸により盛んになった。一五〇〇年頃までインド洋貿易の中心は、アラビアやペルシアのイスラム商人であった。十世紀なかばまではその中心がバグダードであった。人口は一〇〇万を超えた。家島彦一『海が創る文明』によれば、インド洋海域（アフリカから中国まで）の産品、つまり香辛料、薬草、金、鉛、錫、宝石、木材、米、豆類、熱帯産果実、動物皮革、象牙、家畜、繊維原料、染料、奴隷、海産物などが、バグダードに集結した。イスラム商人は中国まで足を伸ばした。高谷好一によれば、唐末（九世紀）の広東には一二万人ものアラビアとペルシアのイスラム商人が居住していた。イスラム商人は、竜脳（香薬）、犀角（インドやアフリカ犀の角）、珊瑚、タイマイ（鼈甲）、宝石、ガラス製品、ばら水（香水）をもってきた。他方、中国からは絹糸、絹織物、金銀、銅銭、陶磁器を持ち帰った。金銀（貴金属）は一方的に東に流れていたわけではなく、イスラム圏と中国の間では循環していたことがわかる。

十世紀半ば以降バグダードに代わってエジプト・ファーティマ朝のフスタート（後のカイロ）

が中心となった。カイロは、ファーティマ朝につづくアイユーヴ朝、マルムーク朝時代も、十六世紀にオスマン帝国のイスタンブールに取って代わられるまでイスラム圏の中心地であった。カイロは、東西交易の中継基地として繁栄しつづけた。カイロ商人は、香辛料、染料、薬草をインドからもち帰った。逆に、インドへの輸出品は、繊維、衣料、ガラス、真鍮製装身具・器などの他、金銀銅が重要なインド向け商品であった。金銀銅はインド手工業の材料であったようだ。金銀は再び東に流れた。

イスラム商人は、アッバース朝時代以来、交易用の金を主に西アフリカのガーナ王国から獲得していた。ここに大きな金鉱があった。岩塩との交換貿易であった。岩塩鉱山は北西アフリカにあり、岩塩自体も現地のアフリカ商人から、刀剣、金属製品、織物、穀物、馬などとの交換貿易によって獲得した。アフリカでは塩は金と同等の価値をもっていた。

中国文明の全盛期

中国は宋の時代（九六〇～一二七九年）になると、未曾有の経済成長の時代を迎えた。絹、漆器、工芸品、茶に加えて陶磁器が主要輸出品となった。東南アジアやインドからは香辛料や熱帯産品を輸入した。香辛料を得るために金銀も用いた。中国にとっても香辛料はそれだけ魅力であった。十一世紀にはコークスを使った製鉄業が起こった。十二世紀に船舶技術の革新があった。ジャンク（戎克）船という大型で耐波性が強く、磁石羅針盤を備えた当時世界最新の船である。これは驚くべきことである。コークスをつかった製鉄業の発達はイギリス産業革命を七〇〇年先取りし、船舶技術の革新もヨーロッパのずっと先をいくものであった。ジャンク船の登場は、十五世紀前半の明代の鄭和の航海の土台となった。

ポルトガルがアフリカ沿岸の航海に乗り出す直前（あるいは同時期）の、鄭和による全七回の大航海は一四〇五～三三年におこなわれた。これは冊封体制《さくほう》（他国を中国皇帝の臣下にさせること）の再構築とともに、ほぼ三〇年間錆び付いていたインド・東南アジアとの交易ルートを再開することが目的であった。第一回・第二回の航海の目的地がカリカット（インド南西部で現在はコジコーデと呼ばれる）、第三回がマラッカ（現在のマレーシア東海岸）であったのがその証拠である。ただ、それ以上遠くまで行くことは、交易という面ではほとんど意味がなかった。インドと東南アジア貿易で充足できた。しかもインドではイスラム商人と相互交易をおこなうことができた。

それなのに、なぜインドを越えてペルシア湾口（ホルムズ海峡）のホルムズ島、アラビア半島南西端のアデン（紅海への入り口）、さらに東アフリカまで行ったのだろうか。鄭和が率いたジャンク船の最大のものは全長一二〇メートル、九本のマスト。一四一八年、随行一〇〇隻の大船団が東アフリカのマリンディ（現在ケニア）まで行った。全乗組員約二万八〇〇〇人。最大の艦は排水量一五〇〇トンで、ヴァスコ・ダ・ガマ（一四六九頃～一五二四年）の最大艦の三〇〇トンをはるかに凌駕していた。これは交易ルートの確保というより、冊封体制を拡げるためだけのものであった。獅子、ダチョウ、キリンを買ったというが、こんなものが市場で売れるわけがない。皇帝の観賞用であった。

ではなぜ鄭和はヨーロッパやアメリカ大陸に行かなかったのか？　リヴァシーズ『中国が海を支配したとき』によれば、鄭和が喜望峰を回りヨーロッパに行かなかったのは、羊毛とぶどう酒だけでは中国にとって何の魅力もなかったからだというが、私は、中国人にすれば、そこには冊封体制を構築するような「文明国家」があると思わなかったからだと思う。ヨーロッパは当時の中国人にすれば蛮族の住む地でしかなかった。

また、モリスによれば、中国は鄭和の時代、十五世紀にアメリカを「発見」できただろうと述べる。私は十二世紀の段階で、鋼鉄製（木製でも充分）のジャンク船を造って太平洋を渡ることが可能であったと思う。しかしそうする必要がなかった。海の向こうに冊封体制を構築するような文明があるとは思っていなかっただろうし（地球球体説は中国にも知られていたから西へ向かえばヨーロッパやイスラム圏に到達すると考えていた可能性はある）、交易に関してはインドと東南アジアで充足できたからである。

一方、アラビア・イスラム文明はインド洋交易をおさえることでその繁栄を享受することができた。この文明もまた自己充足していたのである。

北イタリア諸都市の登場

このように、古代よりユーラシア（アフリカ北東から北西部と東部沿岸も含む）の諸文明間では陸路にせよ、海路にせよ盛んな交易がおこなわれていた。ヨーロッパ文明が成立する十一・十二世紀頃の世界の交易ネットワークは、東は中国から西はビザンツ帝国（あるいはアフリカ西北・東海岸）までで、ヨーロッパはまだ蚊帳の外であった。

ヨーロッパ文明圏で、最初に世界交易ネットワークに参入したのは十一世紀の北イタリアの諸都市であった。とくにヴェネツィアとジェノヴァである。ただ当時は、東地中海はビザンツ帝国の強い影響下にあったので、イスラム商人との自由貿易が制限されていた。ところが、ヴァイキング（ノルマン人）の地中海進出や十字軍（一〇九六〜一二七〇年）の影響でビザンツ帝国の影響が低下した間隙をついて、イスラム商人と北イタリアの諸都市の直接交易が自由となった。ヴェネツィアとジェノヴァは、十三世紀に、造船業、輸送業、商取引の分野で全盛期を迎えることとなる。

イタリア商人は、イスラム商人を介して「東方の宝」を輸入した。宝は何よりも香辛料であった。インドと東南アジア産のコショウ、ニクズク、チョウジ、シナモン、タマリンド、ターメリック、生姜、クベバ胡椒、菖蒲の根、アロエ、ショウノウ、サンシキヒルガオ、甘藷糖、コウリョウキョウ、砂糖キビなど限りなく多い。

香辛料は食用（調味料・保存料）というより医薬品（薬）であった。主な輸送ルートは、インド西海岸からアラビア半島西南端のアデン、紅海の港市を経由してカイロに集積され、そこからアレクサンドリア経由でイタリア、さらにヨーロッパへ届けられた。砂糖キビは、マムルーク朝（一二五〇〜一五一七）支配下のシリアとエジプトでも生産されていた。これはヨーロッパへの主要輸出品であった。

逆にヨーロッパからカイロへ輸出できたのは、材木、鉄、銅などエジプトの砂漠にはない天然資源、フランドルと北イタリアの毛織物ぐらいであった。毛織物はイスラム圏の砂漠地帯の夜間用に使われたのだろう。だから東方の宝はすべて奢侈品にならざるをえなかった。東方の宝を獲得したヨーロッパ商人には莫大な富が約束された。

西地中海へ

東方の宝を得るため、イタリア商人はアフリカの貴金属、とくに金を必要とするようになった。ジェノヴァは、そのため、東地中海経由ではなく、金鉱に近い西地中海経由を早くから選択し、一一六一年、西アフリカのモロッコ王国と協定を結び、大西洋につながるジブラルタル海峡を越える権利を獲得した。ジェノヴァは、西アフリカのイスラム商人を介して西アフリカ（ガーナ王国）の金を獲得した。金と交換したのはとくに北西アフリカの岩塩であった。岩塩貿易もイスラム商人が握っていたから、ジェノヴァ商人がイスラム側に提供できたのは、前述したような砂漠にはない物品であった。だから割に合わなかった。アフリカ諸王国との金の直接取引が望まれた。それがヨーロッパ人の海外進出の出発点であった。

こうして、イタリア、とくにジェノヴァ商人は西地中海にも早くから進出していたが、それを決定的にしたのが一四五三年であった。ビザンツ帝国がオスマン帝国に滅ぼされたからである。オスマン帝国はアナトリア、バルカン、エジプトを押さえ、北イタリア諸都市が東地中海で貿易するには高額な関税を支払わなければならなかった。黒海地域もオスマン帝国に押さえられたので、陸路を経由してペルシア湾からインド洋にいたる道も絶たれた。

北イタリアの諸都市は、東地中海ルートが絶たれたので、西地中海経由でイスラム商人と交易する道しか残されなくなった。さすがのオスマン勢力も北西アフリカ・西アフリカまでは及んでいなかった。イタリア商人たちは、こぞってイベリア半島に移住し、そこに商社をつくり、今度はイスラム商人を介さないアフリカ貿易に乗り出した。だから、ポルトガル、スペインがいち早く海外進出した背景には、北イタリア商人の動向があったと、増田義郎『大航海時代』（この用語は増田の造語である）は述べる。

オスマン帝国の登場で東地中海から西地中海・大西洋へ目を転じなければならなかったのは、むしろその後のヨーロッパに有利に作用した。なぜ、そこまでして「東」にこだわったのか。香辛料がそんなに重要であったのか。

2　なぜヨーロッパは執拗に「東」を目指したのか

ヨーロッパに何もない

ヨーロッパは、他文明と比較して天然資源が少なかった。天然資源はおろか、中国の絹や陶磁器のような輸出に値するような生産品をつくることもできなかった。鉱物資源については、銅と錫の鉱山はヨーロッパ内にあった。鉄鉱石もある程度均等に分布存在していたので、鉄製の犂による耕作が可能になった。とはいっても中世には鉄は非常に高価で、犂の刃の部分にだけ鉄片が取り付けられていた。だから教会の鐘や大砲は青銅（銅と錫の合金）でつくられた。貴金属である金銀の埋蔵量は極端に少なかった。それでも銀鉱はドイツを中心に存在した。金の埋蔵量は皆無に等しかった。ドイツ、スペイン北部、とくにハンガリー王国のスロヴァキアに金鉱があったが埋蔵量はたかが知れていた。だから十二世紀以降、貨幣経済が成立しても慢性的な貴金属不足であった。とくに金銀はほとんど東方貿易によってイスラム圏や中国へと流失した。だからヨーロッパでは金銀貨幣の材料不足に悩まされた。黄金を執拗に求めたのはそのためである。マルコ・ポーロもコロンブスもその一人であった。貴金属はアフリカ大陸に多くあったことは前述の通りである。

また、ヨーロッパは最北の寒い地域なので、医薬品や食用に使う植物がほとんど生息していなかった。それに対して、インド、東南アジア、中国の華南地方には、香辛料、薬草植物が豊富に存在した。栽培・生産も可能であった。アラビア・イスラム文明は地理的に中間に位置したので、インド洋東西の天然資源や生産品、つまり、アフリカの金銀から東南アジアの香辛料、中国の絹や陶磁器まで扱うことができた。香辛料植物の何種類かは中東でも栽培されていた。アフリカの諸王国はイスラム商人から金銀あるいは奴隷と引き換えに東方の産品を買うことができた。

地理的に「有利」だったヨーロッパ

ヨーロッパは、自ら何も持たないから外に出て行かざるを得なかった。それに対して、インド、中国、東南アジア、アラビア・イスラムの諸文明は、自文明内に「宝」がある程度あったこと、なくても近隣文明との交易でそれが獲得しやすかった。キャッチコピー的に言えば「自己充足文明」であった。「引きこもり文明」は言いすぎかもしれないが、自宅に何でも揃っていれば外出しなくなるだろう。逆に、自宅の冷蔵庫に何もなければ、否応でも外へ出て行って何か探そうとするだろう。ヨーロッパを、これもキャッチコピー的に「欲求不満文明」と呼ぶこともできる。

ある意味、ヨーロッパの地理的位置が「不利」であったのだ。自文明内にも近隣にも何もないから外へ出て行かざるを得なかった。金と香辛料を求めて、苦労して「東方への道」を探さなくてはならなかった。これが結果的には良かった。「東」への進出は、経済的活性（商人による投資、船舶建造のための仕事など）を生んだばかりか、海洋術や船舶建造技術、ひいては技術力全体の発展に寄与した。「東」を目指す過程でアフリカの諸文明と直接取引できるようになった。

また、「東方への道」は、結果的にコロンブスによる西のアメリカ大陸の「発見」につながった。アメリカ大陸は貴金属、とくに銀の宝庫であった。モリスは、「東」を求めた結果、偶然にアメリカ大陸を「発見」したことが、アメリカ大陸でのアフリカ人奴隷を使用した綿花プランテーションを土台とした綿織物に始まるイギリス産業革命を生み、それが一八〇〇年以降のヨーロッパの絶対的優位につながったとまで極論しているほどである。

ヨーロッパ文明、「東」への始まり

オスマン帝国の脅威によって、北イタリア諸都市の資本がイベリア半島に移った。資本だけではない。北イタリアの海洋技術もそうである。海洋技術はもともと、北イタリア諸都市がイスラムと交易する過程で、彼らから獲得・習得したものである。また、イベリア半島は八世紀以来、大部分がイスラム勢力に支配されていた。ようやく十二世紀頃には北半分までキリスト教国が失地回復した（一般にヨーロッパ人の視点でレコンキスタといわれる）。つまり、この半島には、もともとアラビア・イスラム文明の科学技術が集積していたのである。これもポルトガルとスペインが、他のヨーロッパ諸国に先駆けて海外進出できた要因であった。

ポルトガルとスペインを比べると、前者はすでに十三世紀半ばにイスラム勢力の駆逐に成功していた。片や、スペインがイスラム最後の拠点グラナダを占領するのは、一四九二年、コロンブスによるアメリカ大陸「発見」の年であった。

ポルトガルは、北アフリカのイスラムの拠点モロッコ王国のセウタを一四一五年に運よく陥落させ、西アフリカの沿岸の「探検」航海に着手する。最初の目的は西アフリカの諸王国との交易であった。ポルトガルの西アフリカ探検はエンリケ王子（一三九四〜一四六〇年）など国家主導で動いた印象があるが、先に述べたように、ポルトガルに移住した北イタリア、とくにジェノヴァ商人の資本が後ろ盾になっていた。こうしてヨーロッパの海外進出が始まった。

ポルトガルは西アフリカ沿岸を南下し、エンリケ王子が没する一四六〇年頃までには、ベナン（ギニア湾）にまで達していた。アフリカの金の獲得はイスラム商人を介することなく、直接アフリカ諸王国とおこなえた。アフリカの工芸品も輸入した。それだけアフリカの諸文明は栄えていたのである。ポルトガルは奴隷を買って、アフリカ沿岸の島々で砂糖を栽培させ、それがヨーロッパに送られた。ここにヨーロッパ人による奴隷貿易が開始された（奴隷貿易ももともとイスラム商人が牛耳っていた）。

とは言っても、これらの活動はポルトガルが武力で現地を征服しておこなわれたのではない。あくまでアフリカの各王国との対等な貿易関係のもとに進められたのである。たとえば、一四九〇年西アフリカに繁栄していたコンゴ王国にキリスト教布教団が到着したが、その後ポルトガル王マヌエル一世とコンゴ王ンジンガ・ムベンバとは手紙を交換しあい、兄弟王として互いに尊重すると誓っている。ポルトガルが金を獲得するために西アフリカに輸出した商品は多種にわたった。麦類、衣類、織物、真鍮製品、ガラス製品、貝などであった。多種の産品と引き換えにようやく金を獲得できたのだ。ヨーロッパ人が強制的に「奴隷狩り」をおこなえるようになったのは十九世紀後半以降のことである。

ポルトガルの南下は続く。バルトロメウ・ディアス（一四五〇頃～一五〇〇年）が、喜望峰を回り、アフリカ東海岸に達したのは一四八八年のことであった。その後ヴァスコ・ダ・ガマの一団は、一四九七年リスボンを出航、インドのカリカットに着いたのは一四九八年である。セウタ攻略の一四一五年からすでに八〇年以上経っていた。遅々とした歩みだったのである。

ガマはイスラムやインド商人たちのインド洋貿易の華やかさに度肝を抜かれたようだ。つまり、この時ようやくヨーロッパが、本格的に世界の交易ネットワークを目の当たりにしたのである。当時のヨーロッパの貿易は、交易品の質、量ともアジアに比べたら雲泥の差があった。古代ローマと同じように、ヨーロッパには他文明と対等に交易できる奢侈品や工芸品はほとんどなかった。

ガマがカリカットの王に布地、赤頭巾、手水鉢、珊瑚、砂糖、油、蜂蜜を贈呈した時、王はばかにして大笑いしたという。だから、アフリカの金銀を大量に必要とした。

「おんぼろ船」でも

古来からの世界交易の舞台であったインド洋において、ポルトガルは多様に行き交う交易民族の一つにすぎなかった。しかも「新参者」であった。ポルトガルが強大な軍事力をもってインド洋貿易に参入し、他民族の交易圏を奪っていったというのは、西欧中心の間違った見方である。先のカリカット王のように、ガマの一行は行く先々で貢物が貧弱だといわれ、相当の屈辱的扱いを受けた。アフリカ、インド、イスラムの諸王国や交易商人にとってみればヨーロッパ人など、まともに相手にするような存在でもなかった。

当時、海洋技術の最先進国は中国であった。船舶建造技術、航海術、海図製作、航海の経験など、中国は当時の世界の最強国であった。アラビア船は「ダウ」と総称された。ジャンクより劣ってはいたが、次第に改良され大型化していった。ポルトガルやスペインの「カラヴェル」と呼ばれた三角帆船は、地中海で貿易していたアラビア人のダウ船を模倣したものである。エンリケ王子はポルトガル南西の港町サグレシュに多くの職人を集め、五〇トン級カラヴェル船を造らせたというが、当時の中国ジャンク船、いやアラビアのダウ船と比べても「おんぼろ船」にすぎなかった。

しかしその後十六・十七世紀に、ヨーロッパの帆船設計法は飛躍的に進歩した。そして十八世紀（一七六一年）、木工職人ジョン・ハリソン（一六九三〜一七七六年）によるマリンクロノメーター（気温・湿度の変動や船の揺れに対処できる船舶用精密時計）の発明で経度測定が断然正確になり、先行諸文明の海洋技術力を追い抜くことになる。ただ軍事力で圧倒するのは十九世紀以降のことである。

交易を許されたヨーロッパ人

アンサーリーによれば、ポルトガル人他、インド洋を訪れたヨーロッパ人は貿易商人で、決して武力でイスラム側と衝突することはなかったという。松井透『世界市場の形成』も、ヨーロッパ人は侵略者としてではなく、貢物を捧げて、交易を願うよい商人、よい臣下としてアジア側にみられていたと述べる。カリカットのヒンドゥー教の王は、ガマ一行に、イスラム商人にも配慮しつつ、商売することを温情で許した。ポルトガルが何もなかったゴアに居留地（交易拠点）を建設できたのはヒンドゥー教地元民の協力のうえでのことであった。それでも喜望峰周りの航海は危険であった。インドや東南アジアの産物を積んで無事にポルトガルに帰還できる割合は低かった。

もちろん、現実にはイスラムやインドなどとの軋轢がなかったわけではない。それでもポルトガル人が居留地を築けた場所は、現地王の承諾のもとにおこなわれたか、武力で制圧したとしても現地の王国の弱小地帯であり、もしポルトガル人が内陸部まで進出すれば敗れていた。たとえば、ポルトガルは東南アフリカ沿岸にいくつかの交易拠点を築いていた。十七世紀末、ポルトガルは内陸部への侵入を試みるが、現地のムタパ国とチャンガミレ国によって打ち負かされてしまったばかりか、沿岸の交易拠点まで失ってしまった。その後事態が落ち着くと、現地の王国は、ポルトガルに再度交易を許した。

遅れて進出したヨーロッパ各国も同様であった。イギリス東インド会社幹部は、インド・ムガル帝国皇帝に「上記会社支配人、いと卑しき埃のごとき存在ジョン・ラッセルは、大地にひれ伏す」（ブローデル『交換のはたらき』1、二七二頁）と書簡を送った。インドの「マラーター同盟」（ムガル帝国に対抗した）は、一六八〇年ボンベイ沖でイギリス海軍を破っている。一七二二年にもインド海賊にイギリス・ポルトガル連合軍は大敗した。一七三九年には、オランダがインド南西端のトラヴァンコール王国に上陸を試みたが失敗した。一七四一年にフランス東インド会社はムガル帝国からジャギール（給与地）を与えられた。戦闘で奪ったのではない。十八世紀、オマーンのアラビア人が東アフリカ沿岸最大の勢力で、ヨーロッパ人は手が出せなかった。

植民地化は長い過程であった

十九世紀以前では、諸文明間の軍事力に大差はなかった。むしろ非ヨーロッパ圏の軍事力が優位であった。よい例が中国である。一五一三年ポルトガルは広東に到着したが、上陸は許されなかった。一五一七年には上陸は許されたが、皇帝に謁見すら許されなかった。一五二一・二二年に中国に海戦を挑んだ際は徹底的に打ち負かされた。マカオは北京から遠く離れていたので、地方役人に鼻薬を嗅がせてなんとか暗黙の居住権を認められたにすぎなかった。それから約三二〇年後の一八四二年、中国の木造ジャンク船は、イギリスの鋼鉄製の砲艦に全く歯が立たなかった。アヘン戦争である。この三世紀の間に逆転してしまったのである。

繰り返すが、ヨーロッパ文明が圧倒的軍事力をもつのは、産業革命後の十九世紀、とくに高性能銃器が大量生産されるようになった同世紀後半以降である。それ以前は、ヨーロッパ各国は落とせそうな弱い地域を占拠したに過ぎない。あるいは交易を許されたに過ぎない。われわれにとって一番わかりやすい例が江戸時代の長崎である。長崎はオランダの軍事力によって占拠されたわけではない。徳川幕府が交易拠点として認可しただけである。

ヨーロッパがアジア、とくにアフリカ全土を植民地化したのは一八八〇年以降のことであった。それでも、十六世紀以降、ヨーロッパ各国は海外進出を競い合った。「東方の宝」を獲得するためである。東方の宝を獲得する交易権の奪い合いが戦争という形で表れたことは、すでに説明した。

ヨーロッパが世界を植民地化できた理由

ヨーロッパが世界を植民地化できた直接の要因は十九世紀以降の圧倒的軍事力である。しかし、難破しようが、戦争で負けようが、ヨーロッパ人を貪欲に、執拗に海外に進出させたのは、他の文明圏とは決定的に異なった要因が存在した。「欲求不満」である。

すでに述べたようにヨーロッパには何もなかった。自文明内や近隣に「宝」はなかった。何もなければ欲求不満になる。欲求不満を解消するには海外に出て行くしかなかった。それに対して、イスラム圏、インド、中国の諸文明は宝を獲得しやすい地理的位置にあった。自己充足できたから、あえて危険を冒してまで遠くへ行く必要はなかった。

とくに欲求不満を募らせていたのは商人階級であった。海外進出はこの商人の利害と直接結びついていた。北イタリアの諸都市ばかりではない。たとえば南ドイツ・アウクスブルクのフッガー家とヴェルザー家は、ガマの後にインドを目指したポルトガルのカブラル（一四六七頃〜一五二〇年頃）やアルメイダ（一四五〇頃〜一五一〇年）に資金援助した。フッガー家は鉱山業で財をなし金融業者に成長し、スペインの後ろ盾で「世界一周」したマゼラン（一四八〇頃〜一五二一年）にも融資した。「商人の欲求不満」なしでは海外進出はありえなかった。

そして、これは第六章で詳しく述べるが、ヨーロッパは、他の諸文明圏と異なって、「民衆でも富の分配に与《あずか》るチャンスのある市場システム」、つまり、「富の棲み分け」が存在した。これは「自生的・生態学的棲み分け」と捉えてほしい。誰もが一攫千金のチャンスがあった分、皆が欲求不満を募らせていた。だから一介の職人コロンブスでさえ、あえて危険を冒してまで海外に挑もうとした。そして、そういった探検家に大商人のみならず国家（王室）までが援助する文明であった。諸国家が競合するヨーロッパでは、他国との交易争いに勝利すれば、王室に富がはいってくるからである。これは権力の棲み分けが基盤にある。ある国・商人・探検家が海外進出に成功すれば、それを羨んで、他のそれらが追随する。皆、「東方の宝」を獲得するためであった。

とはいっても、ヨーロッパが「宝」を買うための金銀は十八世紀末まで東へ流れ続けた。逆にヨーロッパの製造品が本格的に東へ流れるようになったのは十九世紀以降のことであった。インド製の綿織物が、一八〇〇年以降、国際貿易のなかでイギリス綿織物に駆逐されたのはその先駆けであった。これは俗にいうイギリス産業革命の成果である。だから、一八〇〇年頃までの世界の経済の中心はインドや中国であったと、パーササラティは断言する。ヨーロッパが国際経済の中心になるのは十九世紀以降なのである。それならば、なぜ資本主義社会がインドや中国でいち早く成立しなかったのか。これも第六章まで待ってほしい。

結局、ヨーロッパが世界を最終的に植民地化した基盤にあったものは、自生的・生態学的棲み分けとしての富の棲み分けと権力の棲み分けである。それが「万人の欲求不満」を生んだ。だから「東」へ執拗に進出した。それが海洋技術、ひいては科学技術全体の発展に寄与した可能性は大きい。これについては次章で説明したい。

第五章

科学技術が爆発的に発展した本当の理由

1　ルネサンスとは何か（十二〜十六世紀）

文明のコピー

私が十二世紀前後をヨーロッパ文明の開始期とした一つの理由は、この時期以降、ヨーロッパで、ようやく、学問・技術改革といった知的活動がおこなわれるようになったからである。研究者によっては、これを「十二世紀ルネサンス」という用語で呼ぶ場合もある。ルネサンスとは、一般的には十四世紀から十六世紀にかけて展開された古代ギリシア・ローマの学芸復興運動をいう。キリスト教に縛られていた精神を解放し人間中心の世界観を確立したということで、かつては、ヨーロッパ近代の開始とされていた。十二世紀ルネサンスとは、その運動が一部始まっていたという意味でこう呼ばれている。

ただ、ここではルネサンスの厳密な定義や、その詳しい運動について話すつもりはない。私は、ルネサンスを、ヨーロッパが、先行諸文明の学問・技術を「コピー」するのに懸命になった時代とだけ言っておきたい。学問や技術は伝播していくものである。要するに物まね、コピーから入るのは、どこでも誰でも同じである。文明間でもそうである。ヨーロッパはとくにコピー上手な文明であった。ヨーロッパは、先行諸文明の学問・技術を上手にコピーし、それを飛躍的に発展させていった文明であった。

アラビア・イスラム文明が最先端

古代ギリシア・ローマの学問、技術、芸術は、直接ゲルマン人の世界には伝わらなかった。確かに、ゲルマン人は戦闘能力にすぐれ、八世紀後半にはカール大帝によってゲルマン諸部族の統一はなされた。また、キリスト教、ラテン文字、暦など、古代ギリシア・ローマあるいはそれに先行したオリエント文明の知識も一部は取り入れたが、それを十分に受容する段階にはなかった。

古代文明の知識は、まずビザンツ帝国に保存された。そしてビザンツと交易していたアラビア・イスラム世界へと伝えられた。アラビア（中近東一帯に広がったイスラム教世界として広義に使用）は、古代ギリシアの知識を受容しただけではなく、古代オリエントやペルシアの諸文明の知識を保存していた。アラビアはインドや中国とも交易していたから、これらの文明の知識も取り入れた。アラビア・イスラム文明は、知識を受容するだけではなく、それを独自に発達させた。

アラビア・イスラム世界に、八世紀に中国から製紙法が伝えられた。これが大きかった。従来のパピルスや羊皮紙に比べて安価で書きやすい紙のおかげで大量の書物が書かれるようになったからである。九世紀のバグダードには書物を写本し販売する店が軒を連ねていたという。こうして八〇〇～一五〇〇年頃は、アラビア・イスラム文明が、世界の知（学問）の最先端を走っていた。

アラビア・イスラム圏からの知識の移入が「十二世紀ルネサンス」であったことを強調したのが伊東俊太郎『十二世紀ルネサンス』である。彼は「文明移転」という言葉で表現する。私流に言えば「コピー」である。

伊東によれば、十七世紀の近代科学は突然始まったものではない。ガリレオ（一五六四～一六四二年）、デカルト（一五九六～一六五〇年）、ニュートン（一六四二～一七二七年）などの発想の元は十四世紀の文献にある。さらに遡っていくと、十二世紀にアラビアとビザンツから学問・技術を取り入れたことが出発点になっている。それまで西欧はユークリッド（紀元前三〇〇年頃の数学者）、アルキメデス（紀元前二八七頃～前二一二年頃の天文学者、数学者、物理学者）、ヒポクラテス（紀元前四六〇頃～前三七五年頃の医学者）、プトレマイオス（二世紀の天文学者、地理学者）といった古代ギリシアの有名な学者を知らなかった。アリストテレス（紀元前三八四～前三二二年）さえ知らなかった。

知識のコピーは三つのルートでおこなわれた。まず、イベリア半島は、長らくアラビア・イスラム勢力のもとに置かれていたが、「レコンキスタ」によって一〇八五年にトレドがヨーロッパに戻ってくる。ここがアラビア語文献の「コピー基地」となった。次に、シチリアはもともとビザンツ帝国領であったのが、八七八年以来イスラムの領土になっていた。そして一〇六〇年以降はノルマン人によって征服された。ノルマン人は南イタリアも合わせて、十二世紀前半に両シチリア王国をつくった。この王朝は従来の文化を非常に大切にし、ギリシア語、アラビア語、ラテン語の三つが同等に使用された。ここへギリシア語やアラビア語の文献を求めにヨーロッパ人がやって来た。三つ目は、北イタリアの都市の商人や役人が、コンスタンティノープルと通商・政治関係をもっており、コンスタンティノープルに保存されているギリシア語文献に出会う機会をもった。

要するに、ヨーロッパの知識人は、こういった「コピー基地」に赴き、ギリシア語やアラビア語の学術文献をラテン語に翻訳したり、それらを蒐集して故国に持ち帰った。十二世紀に、ヨーロッパで大学が成立するが、これはギリシア・アラビアの知の翻訳・伝達機関として成立した。ラテン語に翻訳した先進文明の知識を学生に読み聴かせたのである。

知も「東」にあり

時代は下って一四九一年、イタリア・フィレンツェのロレンツォ・メディチ（一四四九〜九二年）は、ジャン・ラスカリスという人物をギリシア・アトスの修道院に遣わし、翌年二〇〇冊以上の古文書を持ち帰らせた。ラスカリスは、オスマン帝国の手中に落ちたコンスタンティノープルからの亡命学者であった。当時のフィレンツェはメディチ家が支配する商人国家であった。商人がパトロンとなって「芸術家」を支援したことはよく知られている。ギリシア・アラビアの学問・技術のコピーも、こういった商人の力に負うところが大きかった。商人の役割については後述するが、上の例のように十四〜十六世紀のルネサンスも、ギリシア・アラビアの科学技術をコピーすることが中心であった。

となると十二世紀から十六世紀までの四〇〇年あるいは五〇〇年は、ビザンツ・アラビアを経由して先行諸文明圏の科学技術をヨーロッパ文明がコピーするのに懸命になった時代と定義できる。極論すればこの間ヨーロッパ文明が自ら創造したものはほとんどない。キリスト教神学を完成させたといわれるトマス・アクィナス（一二二五頃〜七四年）に代表されるスコラ学（スコラとは学校の意味。中世の大学でおこなわれた神学と哲学の総称。とくに事物の論理的整合性を追求する思考）もアリストテレスとイスラム神学・哲学の影響なしには成立しなかった。ヨーロッパ文明は、その誕生期からの数百年間、「東」の先行諸文明の科学技術を上手にコピーし続けた。前章の「宝」と同じく、知識も「東」からやって来た。

大学を中心としたコピー活動は、まるで明治維新以降の日本のごとくであった。現在でも、日本は、人文・社会科学系についていえばコピーし続けている。あるいは、現在、世界はヨーロッパ文明の所産をコピーしていると言ってもよい。

先行諸文明は偉大であった

先行諸文明の知識の実例を挙げてみよう。医学理論はギリシアのヒポクラテス、ガレノス（一二九頃〜一九九年頃）、アラビア・イスラム圏では、ペルシアのアル・ラーズィー（ヨーロッパではラーゼスと呼ばれた）（八六五〜九二五年）、イブン・シーナー（アヴィケンナ）（九八〇頃〜一〇三七年）、イベリアのイブン・ルシュド（アヴェロエス）（一一二六〜九八年）から多くを学んだ。アル・ラーズィーは医学事典で有名である。イブン・シーナーは神学、数学、思想、文学にも秀でていた。イブン・ルシュドはアリストテレス研究でも卓越し、これがヨーロッパにもたらされた。

天文学は古代バビロニア、インド、ペルシアで発達してアラビア・イスラム圏に移入された。

ギリシアの天文学は古代バビロニアの天体観測を基礎に発達し、これもアラビア・イスラム圏に移入された。地球が球体であるとしたのはギリシアのヒッパルコス（紀元前一九〇頃～前一二五年頃）といわれるが、その天文学理論は二世紀ギリシアのプトレマイオスによって発展させられた。彼は地理学にも貢献した。そのギリシアの学問は多くはエジプト由来であった。天文学は中国でも古くから発達していた。

数学はインドであった。数学計算を容易にする十進法（零の概念）はインドからアラビア・イスラム圏に移入された。ただ一から九までの十進法の原型は中国発という説もある。フランスの修道士ジェルベール（九四〇頃～一〇〇三年）は、十世紀後半に、アラビア・イスラム文明下のスペインで学び、十進法、インド＝アラビア数字、計算盤を持ち帰った。彼は十二世紀ルネサンスの先駆けであった。十六世紀までにはインド＝アラビア数字（現在の字形はヨーロッパで完成）と計算盤は全ヨーロッパに普及する。簿記の起源もアラビアである。これは十四世紀初頭にイタリアに複式簿記を誕生させた。

法学と神学は、ローマ法とともにアラビア・イスラム圏の影響が大きかった。イブン・ハルドゥーン（一三三二～一四〇六年）は理論的歴史学の祖であった。イブン・アルハイサム（九六五頃～一〇三九年頃）は光学の分野で卓越し、レンズ作用で眼の網膜上に像が結ばれることを発見した。眼鏡の発明は十三世紀後半のイタリアといわれるが、これもアラビアの影響があるようだ。化学（錬金術）もアラビアで発達した。

学問だけでない。技術、発明品なども先行諸文明に多くを負った。アルファベット、暦、印章、六十進法、十二進法、灌漑農耕、鋳鉄、犂、都市水道、帆船、二輪・四輪戦車（馬車）、煉瓦とタイル、鎧《よろい》などは古代オリエント由来のものである。

運河は古代エジプト、中国でも紀元前にはつくられていた。風車は六・七世紀のペルシアとアフガニスタン、九世紀には中国でも使用されていた。水車はどの文明圏ももっていた。灯台はギリシア人の発明だがアラビア・イスラム圏で発展した。一五五〇年頃、オスマン帝国のボスポラス海峡に設置されていた灯台は、ヨーロッパのどれよりも優れていたという。蒸留酒、香水、薬品をつくる蒸留技術はアラビア・イスラム圏で開発された（その元はすでにメソポタミア文明期にある）。ヨーロッパの海外進出期に使われたアストロラーベ（天体観測儀）、四分儀、アーバリスタ（十字形測量ざお）といった星を観測し、船の位置を測る道具もアラビア由来であった。

技術力・発明は中国が一番

技術の分野では中国文明が圧倒していた。火薬、火砲、羅針盤の初期的形態はすでに七世紀あるいは八世紀頃に発明されたが、宋代（九六〇～一二七九年）に発達した。紙の発明は蔡倫（?～一〇七年頃）によるが起源はそれ以前といわれる。張衡（七八～一三九年）による世界最初の天球儀や地震計、祖冲之（四二九～五〇〇年）による指南車（歯車を使って車の上の人形の腕が常に南を指すような仕掛けを備えた車だが、原理詳細は不明。おそらく天然磁石を使ったものと思われる。実際はそれ以前からあったものを改良）の発明も有名である。祖冲之は円周率の精度も高めた数学者でもあった。張衡は地球が球体であると推測した天文学の大家であった。ちなみに、天球儀の原型はギリシアのヒッパルコスも使用したといわれるが、東西でほぼ同時期に発明されたのは興味深い。

馬上戦で重要な役割を果たした騎乗者の足を乗せる「あぶみ」（五世紀）、武器としての弩《おおゆみ》（紀元前三世紀）も中国の発明であった。弩はヨーロッパに入ると、その殺傷能力の恐ろしさから、第二ラテラノ公会議（一一三九年）が使用を禁止したほどである。

木版印刷術は七世紀ないし八世紀に始められ、宋代には泥を固めて焼いた活字がつくられ活字印刷術が発明された。印刷術も宋代が全盛期であった。朝鮮では十三世紀に金属活字がはじめて用いられた。これらがグーテンベルク（一四〇〇頃〜六八年）の活版印刷の元になった。地図作りに印刷を初めて用いたのも中国人で一一五五年のことであった。これがアラビア・イスラム圏経由でヨーロッパに導入されたのが一四五〇年前後であった。一四七七年にプトレマイオスの地図つき書物の大量印刷が可能となった。これは羅針盤とともにコロンブスの「新大陸発見」につながった。

製鉄に木炭のほかに石炭を使う方法は古くからおこなわれていたが、石炭から出る硫黄によって鉄がもろくなってしまう弱点があった。そこで石炭を精錬してつくったのがコークスである。コークスを使った製鉄業は宋代の十一世紀初頭に始められ、製鉄量は激増した。コークスは、料理や暖房の燃料としては、八・九世紀頃より使用されていた。十一世紀末の中国の鉄の総生産量にヨーロッパが追いつくのは、一七〇〇年頃（産業革命直前）であった。麻織物用の水力紡績機が発明されたのも宋代であった。第一章で述べたように、機械時計は一三〇〇年頃にヨーロッパに初めて登場したが、中国ではすでに一〇九〇年に巨大な水力式機械時計を製作していた。

私の手元に『陶磁の東西交流』という冊子があるが、それをみると、ドイツの「マイセン」などヨーロッパの陶磁器の絵柄に明らかに中国風、日本風のものが数多く描かれている。中国の陶磁器製作はすでに七世紀に唐三彩を完成させた。一方ドイツの「マイセン」は十七世紀に成立した。一〇〇〇年の差があるのだ。東西交流ではなく東から西への伝播(コピー)である。

外科学・免疫学・薬学

理論的学問ではなく、技術のように実際に役立つ学問を「実学」と呼ぼう。実学のなかで人命に関わった外科学、免疫学および薬学は先行諸文明のどこでも発達した。

すでにメソポタミア文明で外科手術は一般的におこなわれていた。外科手術は切開をともなうから解剖学の発展に寄与した。また、メソポタミアでは哺乳動物を使った解剖占いがおこなわれたから、そこから人体構造が推測された。歯科治療も盛んであった。

エジプト人はミイラづくりによって解剖の知識を持っていたと思われる。紀元前十五世紀のパピルスには、心臓と血管の関係についての記述がある。心臓と血液の循環システムを発見したイギリスのウィリアム・ハーヴェイ(一五七八〜一六五七年)より三〇〇〇年以上も先行していた。

古代オリエント文明の解剖・外科的知識はギリシアに移入された。アルクマイオン(紀元前五六〇年頃生まれ)やヘロフィロス(紀元前三三五頃〜前二八〇年頃)は、動物だけでなく人体の解剖をおこなったといわれるが、実際の執刀は身分の低い外科職人(あるいは奴隷)におこなわせたと思われる。後者は解剖学書を著し、後のアラビア医学に影響を与えた。ヒポクラテスは宗教で禁じられていたから死体解剖はおこなわなかった。彼は動物の解剖の観察から人体構造を推論した。イスラム教でも人間の解剖は禁じられていたので、イブン・シーナー（アヴィケンナ）もおこなっていない。

インドではチャラカ（二世紀頃の人物。紀元前という説もある）とススシュルタ（四世紀頃）が人体構造の権威で、サンスクリット語で医学書を残している。しかし『マヌ法典』は死体解剖を禁じていたので、両者とも自ら解剖はおこなっていない。インドでも外科手術は頻繁におこなわれた。

中国では、つぼ押し法、お灸、鍼治療などが発達した。それらは正確な人体構造の知識を前提にしている。中国人は、血液が血管を循環していることも、鍼治療が発達した周代、紀元前五〇〇年頃には気づいていたし、心臓と血管（血液）の循環理論もハーヴェイ以前に認識していたことは確実であると、中国科学技術史研究の大家ニーダム『中国科学の流れ』は述べる。中国では、戦国時代（紀元前四〇三～前二二一年）に死体解剖がおこなわれた記録がある。二世紀頃には、麻酔を使った外科手術がおこなわれた。唐代には眼の手術や義歯技術の記録がある。複数の中国人研究者によって著された『中国科学技術史』によれば、死体解剖は宋代に頻繁におこなわれ、十一・十二世紀に描かれた人体構造図は相当正確であったという。とはいっても、死体解剖や外科手術は身分の低い外科職人によっておこなわれた。また人体の解剖図は道徳に反するという考えも強く、死体解剖が宋代以降おこなわれた形跡はない。後に清の康熙帝（在位一六六一～一七二二年）の時代にヨーロッパの解剖図が翻訳されたが、道徳上の理由で印刷・出版されることはなかった。

基本的に先行諸文明では、人体構造は、哺乳動物の解剖から推測したか、あるいは外科的治療がある種の解剖を伴うので人体の仕組みが徐々に理解されるようになった。そして戦争も図らずも解剖学に寄与しただろう。ただ、どの文明圏でも、解剖や外科手術を執刀したのは、低い身分の外科職人であった。

免疫学と薬学も実学の典型である。とくに中国とインドで発展した。古代インドでは、天然痘の膿を皮下注射する方法がおこなわれていた。人痘接種法である。天然痘予防法は、古代中国にも存在した。乾いた粉状の天然痘の外皮を鼻孔に注入するものだった。これらの地域では疫病が多発したから、早くからその予防法が試みられていた。インドの人痘接種法はアラビア・イスラム圏へと伝えられた。人痘接種法は一説ではオスマン帝国経由で十八世紀にイギリスへ伝わったとされるが、もっと以前にヨーロッパに知られていたはずである。なぜならヨーロッパでも人痘接種法がおこなわれていたからである。

エドワード・ジェンナー（一七四九〜一八二三年）の牛痘接種法（種痘法）の開発（一七九六年）は、人痘接種法を改良したものであった。ジェンナーのワクチンは、人間の膿ではなく、感染している牡牛から採取した膿からつくった。少し改良しただけであったが、効果は絶大であった。余談であるが、現在、種痘法にノーベル賞を与えるとしたら、ジェンナーではなく、間違いなく名も知らぬインド人であろう。

中国人は薬学にひときわ熱心であった。鉱物薬剤を初めて使ったのは中国人であった。漢方薬を発達させたことは誰でも知っている。すでに二世紀頃には、メソポタミア、シリア、エジプト方面に「医者」を派遣し、中国では知られていない薬品の情報を蒐集した。逆に七世紀頃からはアラビア人やインド人が中国に渡り、漢語、サンスクリット語、アラビア語の諸文献が相互に翻訳された。

アラビア・イスラム文明が先行諸文明の知の集結地

すでに紀元前後より、東西交易品の一つは知識や技術であった。先行諸文明は、産物だけではなく、科学技術を互いに交易・交換、つまりコピーしあっていた。ここでも、アラビア・イスラム文明は地理的に有利であった。「東西の科学技術」（中国からビザンツ帝国あるいはアフリカまで）がアラビア・イスラム文明に集結した。少なくとも十五世紀までは、経済的交易活動も科学技術も世界のトップであったといって良いだろう。今のアメリカのごとくである。交易同様、科学技術に関しても十二世紀までのヨーロッパ人は蚊帳の外であった。

これが十二世紀以降、ヨーロッパ文明に徐々にコピーされ改良されていくこととなる。ルネサンスとは「東」の先行諸文明のコピーであったと解釈するのが最も説得的である。

2　なぜ「産業革命」が中国で起こらなかったのか

蔑まれていた職人技術者

学問と技術は古来別物であった。古代では技術（手仕事）は奴隷や職人など下層階級がするものであった。プラトンは『ゴルギアス』のなかで、兵器の製造職人について、「しかし、それでもやはり君は、彼をも、また彼の技術をも軽蔑して、そして侮蔑の意味をこめながら、彼のことを『兵器屋』という名で呼ぶだろうし、また、彼の息子に自分の娘を嫁がせるつもりもなければ、逆に自分のほうで彼の娘を貰うつもりもないだろう」とソクラテスに語らせている（『ゴルギアス』岩波文庫、二〇六〜二〇七頁）。

職人は、どの文明圏でもその社会的地位は低かった。前述した外科学・解剖でみたように、先行諸文明においては、死体解剖は宗教的・道徳的に原則禁止されていた。だから動物を代わりに解剖して人体構造を推測することが一般的であった。その動物の解剖も下層階級が手を汚しただけで、知識人学者は手仕事（外科的・解剖的行為）には関わらないのが普通であった。解剖や外科手術の執刀は、身分の低い外科職人の仕事であった。もちろん例外もある。たとえばガレノスはサルと豚の解剖に熟達していた。だから当時の知識人から軽視されていた。彼は外科職人の先駆者であった。外科医が蔑まれていた先行諸文明では、医学の進歩がある段階で止まってしまった。ニーダム『文明の滴定』によれば、中国文明でも、一般に職人の社会的地位は低かったという。たとえば天球儀を発明した張衡は官僚で天文学者であったが、彼は天球儀を考案しただけで、実際に組み立てたのは名もなき職人であった。

一方、学問は、学者（哲学者、思想家、宗教家など）が頭で考え抽象的理論を構築・討論することであった。これが十七世紀の近代科学登場以前の学問、つまり「科学」であった。これはそのまま、ヨーロッパ文明に長い間当てはまった。ヨーロッパでも外科医は職人で、大学の医学部では内科が教えられた。内科医は、ギリシア語やアラビア語の医学理論を翻訳、暗記するだけで、実際の治療にはほとんど役に立たなかった。人々の治療を担ったのは外科職人であった。彼らは床屋でもあり風呂屋でもあり、中には放浪芸人を兼ねる者もいた。都市の外科職人はギルドに組織されていた。

外科職人と大学の医者

キリスト教会も死体解剖は許可していなかった。解剖された死体や死刑になった死体をキリスト教墓地に埋葬することが許されるようになるのは、啓蒙主義の影響下、十八世紀後半のことであった。

とはいっても死体解剖は、すでに十四世紀初頭、イタリア・パドヴァ大学やボローニャ大学で公開でおこなわれている。一四九九年、パリ大学でも公開でおこなわれた。実際に執刀したのは外科職人であった。外科（手仕事）は蔑まれていた。大学の内科医は手を汚さなかった。十六世紀になると死体解剖が盛んにおこなわれた。大学の内科医もイブン・シーナー（アヴィケンナ）やガレノスの文献を読むだけでなく、解剖台で人体（死体）を使って講義するようになった。しかし、依然として内科医は講義壇から文献を読むだけで、その前で外科職人が実際の解剖をおこなった。学生は外科職人の執刀を見ながら聴講した。

したがって、アンドレアス・ヴェサリウス（一五一四～六四年）という内科医が、初めて大学で自ら死体解剖をおこなったのは画期的なことであった。ヴェサリウスの死体解剖は宗教裁判所の譴責対象となったほどである。もちろん、実際の医療現場に内科医が立ち会わなかったということではない。ペストなどの疫病禍の際には、種々の治療法を助言した。しかし、多くの治療行為を担ったのは外科職人であった。外科職人と大学の内科医との隔てがいかに大きかったかがわかる。レンブラント（一六〇六～六九年）の「トゥルプ教授の解剖学講義」（一六三二年）では内科医が自ら解剖しながら講義する様子が描かれている。大学の内科医も徐々に自ら執刀するようになったようだが、外科が大学の内科と完全に同等になるのは十九世紀に入ってからであった。

とはいっても、先行諸文明と異なって、ヨーロッパで解剖が十六世紀以降盛んにおこなわれるようになったのはどうしてなのか。結論を先取りすれば、（外科）職人の地位が徐々に上がってきたからであった。ならば、どうして職人の地位が上がってきたのだろうか。

ダ・ヴィンチも軽蔑されていた

医学以外の分野でも、大学はもっぱら、ギリシア・アラビア学問の翻訳機関であった。だから技術＝実学を牽引したのは職人であった。十四世紀に大砲や機械時計を造ったのは鍛冶屋・金属細工職人であった。一四三四年にグーテンベルクが活版印刷機をつくった。彼は木版印刷職人であった。彼の父親は鍛冶屋であった。

印刷用の紙はアラビアから伝えられた。製紙工場は十三世紀末にイタリアに出現し、その後ヨーロッパにひろまった。紙に印刷する木版画がヨーロッパで登場したのが十四世紀末であった（一説によればドイツ・ライン地方で一三七五年頃始まった）。製紙、木版画、活版印刷、どれもみな職人の仕事であった。

ルネサンスの有名人は職人が多い。ラファエロ（一四八三～一五二〇年）やミケランジェロ（一四七五～一五六四年）は今では偉大な芸術家（アーティスト）として認知されているが、当時は単なる「絵描き職人」であった。認められれば王侯貴族や教会の仕事を任せられた。これは一部であった。多くの絵描き職人は市場で絵を売ったり、客の肖像画を描いたりした。ミケランジェロとレオナルド・ダ・ヴィンチ（一四五二～一五一九年）は自ら死体解剖もおこなった。

ダ・ヴィンチの人体器官のデッサンはかなり精確に描かれた。ダ・ヴィンチも絵描き職人であった。水車、水平車輪付製粉機、吸い上げポンプ、クレーン、飛行機、パラシュート、ヘリコプターなどの発想で有名である。今では万能人、天才といわれるが、同時代の知識人からは軽蔑されていた。変人扱いであった。水車や製粉機のデッサンは粉挽き親方、ポンプやクレーンは土木親方に売りつけるためであったろうが、飛行機やパラシュートは何のためだったのか。実は、彼のアイデアの大部分もアラビアからの知識が元になっていた。

職人は魔術師や芸人と同一視されていた。曲芸師、動物使い、手品師などである。しかし手品師は経験的に物体の動きの法則を把握していた。動物を使った内臓占い師は、外科職人同様、哺乳類や人体の構造を把握していた。彼らの身分は低かったが、「科学的」知識や技術に熟達していたのである。

鍛冶屋と総称される職人、時計師・金物師・刃物師・鋳物師・金属細工師・錠前師・農具製作工・武器製作工などが「魔術師」と同一視されたのは頷ける。金属や火を操る術を持ち、歯車や各種部品をつくりだす技術は、当時の人々からみれば、奇術か魔術としか映らなかったからである。

その意味で、近代科学の祖とされるガリレオも、当時からみれば「上級職人」、極端にいえば「上級魔術師」、「上級芸人」であった。ガリレオの父親はリュート弾き芸人であった。今でいう実験は同時代人からみれば、魔術的・奇術的な「見世物」でしかなかった。

職人（手工業者）が活躍したのがヨーロッパ文明の特徴であった。なぜ、ヨーロッパでは、蔑まれていた職人が主役にまでなることができたのだろうか。逆に、なぜ非ヨーロッパ圏では職人の技術がある段階でストップしてしまったのか。

なぜ先行諸文明は進歩することをやめたのか

ギリシア、アラビア・イスラム圏、インド、中国は机上の学問で卓越していた。理論を発達させ自然の法則も「発見」(推測)した。宗教や法も発達させた。技術(実学)も同様に発展したが、それがある段階でストップしてしまった。つまり、ヨーロッパ文明に先行した諸文明圏では、技術は一定の水準を乗り越えることはできなかった。なぜ、中国やアラビア・イスラム圏では、技術の進歩がある一定の水準で止まり、逆に、ヨーロッパが「コピー」からそれを発展させることができたのだろうか。

技術=実学の発達は、とくに中国で顕著であった。前述したように、コークスは、すでに十一世紀に中国で製鉄に利用されている。コークスを使っての製鉄業はイギリス「産業革命」の原動力の一つである。七〇〇年の開きがある。なぜ十一世紀の中国で「産業革命」が起きなかったのだろうか。中国・宋代の製鉄業と東南アジアとの香辛料貿易の合体は、鉄製中華鍋とそれを使った中華料理を生んだだけであった。大型機械時計は一〇九〇年に中国で製作された。しかし以後中国で時計づくりが発展することはなかった。オスマン帝国には中国の印刷術が伝わったが、印刷技術が発展することはなかった。コークス製鉄法と並ぶ原動力であった蒸気機関は、オスマン帝国で、イギリスより三〇〇年も前に発明されていた(蒸気機関の原型も中国由来という説がある)。しかし、それは上流階級の宴会で羊を効率的に丸焼きにするだけにしか利用されなかった。なぜなのか。

まず、ヨーロッパの諸権力競合体制(権力の棲み分け)、中国、アラビア・イスラム圏の帝国(権力の一極集中)から答えてみよう。中国やイスラム圏では、権力が中央に一極集中していた。へたに優れた武器などつくろうものなら、それを使って中央権力に反抗を試みる者として危険視された。オスマン帝国で印刷所が閉鎖されたのは、危険思想を流布する可能性があるという理由であった。中国では鄭和の航海が中止され造船所も閉鎖された。道具や機械の改良は、権力にとって、ある意味危険であった。権力の一極集中が、技術の発展を止めたのである。また、アンサーリーは以下のように述べている。オスマン帝国も中国も帝国内に大量の労働力があったので機械に頼る必要がなかった。だから機械の改良を試みる必要がなかった。大量の労働力を動員できたのは中央集権化された政治システムであった。それに対して、ヨーロッパは政治的に分裂していた。権力あるいは私企業（大商人）の動員できる労働力は限られていた。だから機械を改良する必要があった。権力の棲み分けが基盤にあったということだ。

ただ、私はもう一つ重要な基盤を付け加えたい。ヨーロッパでは、職人の仕事が商売と結びつくシステム、簡単にいえば、職人が良いものをつくって儲かる社会・市場システムが構築されていた。富を獲得できなければ（儲からなければ）、誰も良い道具をつくろうと工夫しないであろう。職人の物づくりを利用して一儲けをたくらむ商人、あるいは職人の製造した武器を使って戦争に勝とうとする権力者も存在した。職人に富が分配されるチャンスがヨーロッパにはあった。先の外科職人も同様である。治療に成功すれば、あるいは大学で死体を見事に解剖できれば富が入ってきた。大学の内科医も見事な解剖のもとで講義すれば学生が集まり聴講料が多くなった。「職人を含めた万民が富の分配に与るチャンスのある市場システム」は、私のいう富の棲み分け（自生的・生態学的棲み分け）である。だから他人より良いものをつくろうと努力した。富の分配に与るためである。物づくり競争が道具・機械の進歩につながり、それによって大量生産が可能になった。これが産業革命であった。

それに対して、中国やイスラム圏では、権力と富が皇帝と官僚に集中するシステムであった。富の棲み分けが存在しなかったのだ。職人が良い道具・機械を作ったり、改良したりして一儲けできる市場システムがなかった。だから職人が競争してまで良い物を作ろうとはしなかった。職人が良い道具・機械を作っても、それを利用する商人や複数の権力者がいなかった。中国やイスラム圏では、あえて図式的にいえば、職人や商人は中央集権化した皇帝と官僚にのみ奉仕すればよかった。

職人と商人が主人公

職人（手工業者）は今でいう技術者（エンジニア）である。ここに貨幣経済が関わった。技術に商人が介在するのがヨーロッパの特徴であった。ルネサンス期の大商人が、腕の良い職人のパトロンになったのは、職人の仕事が儲かる社会システムが構築されていたからである。マンフォールド『技術と文明』は、商業利潤の誘因が技術革新に最も大きな役目を担ったと述べている。織物製造職人と商人の団体が、一四八六年、算術学校をジェノヴァに開設したのは、そのことを象徴している。実学（羅針盤、海図製作など）を用いた航海術、海外の探検活動も商業的競争のためであった。技術の担い手は職人であった。羅針方位線を引ける航海図であるポルトラノ海図の最古は一二九六年であるが、これも職人船乗りの仕事である。水車、風車、農具、馬具、帆船、紡車、製鉄高炉、機械時計などの改良も、ルネサンス期の職人の業績であった。アラビア数字を最初にとりいれたのも商人や職人であった。彼らは農民と異なり字の読み書きに長けていた。

アタリ『１４９２　西欧文明の世界支配』によれば、ルネサンス期の絵画のなかに商人と船乗りと学者が港で砂時計と地図の周りに集まっている絵がよくあるという。つまり、大学の学者、職人の実学（船乗り職人）、それに商人（金儲け）が一体となったとき、ヨーロッパ文明の飛翔が約束された。十五世紀末には、加えて五つの顔が支配し、その未来を予想していたという。商人、数学者（大学の学者）、外交官（国家）、芸術家（職人）、そして探検家であった。大学の学者、職人の実学、商業に国家が加わったとき、ヨーロッパの海外進出（探検家）の成功が決定づけられたと、今度は解釈しておこう。

ヨーロッパの海外進出はこういった前提のうえに始まったのである。だから実学（職人）、経済（商人）、国家権力の合体は、十五世紀にその端緒を見出せる。ただ、大学の学問はまだコピー機関であった。蚊帳の外ではなかったが脇役であった。主人公は職人と商人であった。

権力の棲み分けと富の棲み分けが、ヨーロッパ科学技術の発展の基盤であった。これは「東方の宝」を目指した海外進出の基盤と同じである。ただ富の棲み分けについては疑問をもっている読者がいるだろう。まだ説明不足である。これは第六章で明らかにする。ともあれ、もし先行諸文明が職人の技術（実学）をもっと発展させ軍事技術もあったなら、なぜローマが蛮族ゲルマン人に敗れたのか、中国が北方遊牧民に屈したのか説明がつかないであろう。大砲の設計図はもっていても実際につくらなければ意味がない。

3　理系に舵をきれ（十七〜十九世紀）

近代合理主義的思考は職人から生まれた

十七世紀の「科学革命」と十八世紀の「産業革命」は後代の研究者が命名したもので同時代人が使ったわけではない。本当に「革命」に値したかといった面倒な疑問はここでは省略する。とにかく、知的発見や技術革新があったことは間違いない。そして、これらの「革命」は職人による実学的発想から起こったものであった。

ジョン・ヘンリー『十七世紀科学革命』によれば、科学的方法論は、「第一に数学と測定を使って世界とその諸部分がどのように働くかを正確に規定するということ、そして第二に観察や経験、そして必要とあれば人工的に組み立てられた実験を通して自然についての知識を得ようとすること」（一九頁）と定義される。要するに、頭の中で抽象的に哲学するのではなく、測定・実験・観察にもとづく学問を「科学」といっているのである。これは古代ギリシアやヨーロッパ中世の大学でおこなっていた抽象的解釈や理論のことではない。むしろ職人がおこなっていた実学的発想である。測定・実験・観察にもとづく思考は「合理主義的」思考ともいえる。だから、今日的意味での科学や合理主義的概念は職人の実学的発想から生まれたといっても過言ではない。

「科学革命」以前においては、職人の実学は大学の学問に統合されることはなかった。しかしヨーロッパの海外進出以降、職人の社会的知的地位が徐々に向上し、十七世紀「科学革命」期、大学の学問と融合し始めた。いわゆる「大航海時代」の到来で、羅針盤などの航海器具や海図を製作できる専門職人が必要となった。船をつくる大工（建築職人）もそうである。貨幣鋳造の需要が大きくなるのもこの時期であった。貨幣をつくったのも職人である。戦争が増加し武器製作職人も重要になった。これらの原料となる金属需要の拡大が、鉱山業や冶金業に携わる専門職人の需要を生んだ。解剖学に寄与したのも職人であった。こうして大学の知識人もそれまで軽蔑していた職人の力を評価せざるをえなくなってきた。

理系職人を重視せよ

大学の学問は、具体的には教養（哲）学部としての古典七科目（文法、修辞、弁証術、算術、幾何、天文学、音楽）と神学部、法学部、医学部（内科）であった。これらはすべて、ギリシアとアラビアのコピーであった。しかも、これはいわば今流にいえば「文系」の学問であった。測定や実験は必要なかった。ギリシア・アラビアの知識の暗記が中心であった。

しかし、測定・実験・観察の有効性をエリートが認識するようになっていく。いわゆる「理系」が重視されるようになっていく。職人技術者への高い評価は、フランシス・ベーコン（一五六一〜一六二六年）に顕著にみられる。実験と観察を重視する（帰納法）彼なら当然のことであった。ベーコンはイギリス王室の政治家でもあったから、この姿勢はやがて国家にも認識されるようになる。職人の実学に頼る海外の富への国家の経済的関心が、「科学革命」の推進力となったことは間違いない。戦争に勝利し国家に富をもたらすからである。

「科学革命」を担ったケプラー（一五七一～一六三〇年）、ガリレオ（一五六四～一六四二年）、デカルト（一五九六～一六五〇年）、ライプニッツ（一六四六～一七一六年）、ニュートン（一六四二～一七二七年）なども、その意味で「職人」であった。ただ、ライプニッツやニュートンの時代になると、「職人」の地位は断然向上し、ニュートンは「ナイト」（貴族の称号）を授与された。ともあれ、測定・実験・観察によって「真理」をみつけだすという方法（実証）、あるいは、それによって物を改良したり発明したり人を治療したりするという考え方が、新たに生まれた近代科学の定義となっていく。知識人や権力者たちが、ようやく職人の実学の有用性に気づき、それと合体を開始し始めた時、近代科学が生まれた。

職人が近代科学の発展にいかに貢献したか、一つおもしろい例がある。近代的病理解剖学の創始者モルガーニ（一六八二～一七七一年）は、肝硬変に伴う腹水（腹膜のなかの水）の溢出の仕組みを研究したことでも知られる。ある日、田舎道で羊を買いに来た肉屋が値段の安い羊と高い羊をすぐに見分けられるのを不思議に思って尋ねた。肉屋たちがいうには、安い羊は肝臓が硬くて腹に水があり、羊の左まぶたを押し上げるだけで「診断」できると答えたという。赤ければ正常で青ければ病気だという。そこから、モルガーニは肝硬変と腹水との関係を理論づけた。職人（肉屋）は経験的に病気の因果関係を知っていたのである。

十二世紀のアラビアの学問と技術の移入に始まって、そのコピーに甘んじていたヨーロッパが、そこから脱し、他の文明圏を凌駕し始めたのはいつ頃なのか。少なくとも十六世紀までは、改良は企てたが基本的にはコピーの域を出ていなかったと、私は思っている。しかし十七世紀に理系を主役に置いたことで、ヨーロッパが他文明圏に一歩先んじた。

ただ大学が、その中心として機能していたわけではなかった。ヨーロッパの大学は先行諸文明のコピーから抜け出せなかった。つまり文系のままであった。たとえば医学を例にとれば、大学では十八世紀の啓蒙主義の時代においてもなお、観察や実験よりも従来の文献重視の研究がおこなわれていた。むしろ革新的進歩は大学の外でおこなわれた。ガリレオもニュートンも大学を去った後で画期的発見をしている。ヨーロッパ文明は理系職人を中心に据えたことによって、その後の成功が約束された。ある意味、非ヨーロッパ諸文明は「文系社会」から抜け出すことができなかった。だから、職人の実学がある段階で止まってしまった。ヨーロッパだけが理系に舵をきった。

「産業革命」も職人の仕事

十八世紀イギリス「産業革命」も、「科学革命」同様、職人の業績であった。十八世紀前半から始まったイギリス産業革命の成果、つまり織機、紡績機、化学工業、製鉄、動力機関、交通運輸機関などあらゆる分野の改良は職人層によっておこなわれた。こうなると十四世紀ルネサンスから十八世紀のイギリス産業革命にいたるまで、主役は一貫として職人であったことになる。

マンフォールドは、産業革命を作り出したのは「鉱山、工場、機械の仕事場、時計工房、錠前工場などにいた実地の人間か、または材料をいじくりまわしたり新しい方法を思いつくことの好きな好奇心のつよい素人であった」（『技術と文明』二六八頁）と書いている。

産業革命がイギリスで始まったのは、インド産の綿布に替わって国内綿布を大量生産しなければならないマーケットがあったからである。だからイギリス産業革命は綿工業で始まった。飛び杼《ひ》（一七三三年）を発明したジョン・ケイ、多軸紡績機（一七六四年）のハーグリーヴズ、水力紡績機（一七六九年）のアークライト、ミュール紡績機（一七七九年）のクロンプトン、力織機（一七八五年）のカートライトは、皆職人出自であった。

画期的であったのはダービーによる石炭を精錬したコークスを使った製鉄方法の確立（一七〇九年）とニューコメンによる蒸気機関の発明（一七一二年）、ワットによるその改良（一七六九年）であろう。ワットの蒸気機関は紡績機や織機の動力源のみならず、コークスを燃やす際の送風用動力に使用されて製鉄産業を一変させた。さらに蒸気機関車（一八一四年）をつくったスティーヴンソン、蒸気船（一八〇七年）のアメリカ人フルトンなど、いずれも職人出の発明家であった。コークスの原料である石炭は、製鉄と蒸気機関のエネルギー源として、石油に取って代わられるまで社会に大変革をもたらしたことはいうまでもない。

大学と理系の制度化

ヨーロッパが、「コピー文明」の汚名を完全に払拭するためには、大学の学問（文系）と大学の外の理系が統一されて制度化されることが不可欠であった。

実学、職人の技術、近代科学、どう呼んでもよい。つまり理系が大学に組み入れられ制度化したのは十九世紀であった。十九世紀に理系とその教育が制度化された。いや、大学そのものが、ようやく制度化されたといってもよい。こういうと、中世以来の大学（一般教養部、神学部、法学部、医学部）は制度化されていなかったのかと疑問を感じる読者も多いであろう。そう。制度化されてはいなかった。大学が、ドイツのように領邦君主や都市によって設立される場合もあった。しかし、その場合ですら、大学自体は、教師と学生とが「知識」を媒介に成り立っていただけであった。大学教授という職業（身分）はなかった。大学教授の多くは都市在住の聖職者身分であった。教会収入のない教授は、学生から聴講料（大学からの給料ではない）をとって生活した。それもたかが知れていた。アラビアの知のコピーに専心した大学知識人も、経済的には恵まれていなかったのである。だから副業もおこなった。

　制度化を具体的に概観すれば、フランスでは、すでに一七九四年「エコール・ポリテクニク」（総合技術学校）が創設された。ドイツでは、大学改革によって文系と理系を一体化する総合大学の他に、理系の技術者《エンジニア》養成機関としての高等技術大学《テーハー》が、一八二一年のベルリンを皮切りに創設された。産業革命で先行したイギリスはこの分野では遅れをとった。教養大学（文系大学）の色彩が強かった。一方、イギリスでは大学の外で、各専門の学会が牽引役となった。専門学会はヨーロッパ、ついでアメリカに数多く誕生し、近代科学の発展に大いに貢献することとなる。

　こうして、いわゆる科学と科学者が社会のなかに制度化された。「サイエンス」は、ラテン語の「スキエンティア」に由来するが、スキエンティアは「知識」という意味で、哲学と同義であった。私流にいえば文系の用語であった。十九世紀以前にも「サイエンス」という英語はあったが、それは右のような意味で使われた。

それとは逆に、十九世紀以降の「サイエンス」は理系の用語となった。科学者（サイエンティスト）という造語が、イギリス人によってつくられ定着した。それは制度化された自然科学系専門家の総称として使われるようになった。

富の棲み分けが理系を主役に押し上げた

ヨーロッパ文明は、十二世紀から十六世紀にかけて先行諸文明の翻訳・コピーに躍起になった。知識（学問）も技術（実学）もそうである。この過程で職人の実学が徐々にコピーの域を超えて近代科学というヨーロッパ文明の輝かしい成果を生み出す原動力となった。ヨーロッパ文明は抽象的文系的思考法から視覚的理系へと舵をきった。理系の特徴は、測定・実験・観察から、あらゆるものを数量化・数値化する。物体の長さ、面積、速度などなど。あらゆるものを視覚化、つまり数量化・数値化しようとする「理系的思考法」が、近代社会形成の原動力となっていくことになる。

職人の実学（理系）は、十七世紀に近代科学（サイエンス）を生み、十八世紀の「産業革命」で機械の画期的発明、開発を果たした。そして十九世紀には大学のなかで制度化された（三段階方式とでも呼ぼうか）。こうして十七〜十九世紀にかけてヨーロッパ文明の勝利が決定的となった。ヨーロッパが理系に舵をきる主役となったのは、アラビアの知の翻訳に従事した大学の文系学者ではなく、多くの名もなき職人たちであった。

もちろん測定・実験・観察が、先行諸文明でおこなわれていなかったわけではない。天体観測、解剖などはおこなわれていた。新しい技術も生み出した。ただ、それはある地点でストップしてしまった。ヨーロッパだけが、その地点を超えることができた。なぜか。権力の棲み分けとともに、とくに富の棲み分けが、職人の力を向上させたからである。実学・技術・理系が発展した基盤は富の棲み分けである。万民に儲かるチャンスがあったから技術改良が模索された。自分に富をもたらさない仕事は誰もしない。儲かる市場システムが構築されていた。だから、そこには必ず商人の存在があった。理系に舵をきれた基盤は富の棲み分けであった。逆に言えば、富の棲み分けが理系を主役に押し上げ、近代科学を生み出した。

なぜヨーロッパにだけ、「万人が富の分配に与るチャンスのある市場システム」（富の棲み分け）が形成されたのだろうか。いよいよ本質に近づいてきた。なぜなら、理系に舵をきった時期が資本主義へ舵をきった時期と同時期であったからだ。その答えは最終章で解こう。

第六章

なぜヨーロッパに資本主義が生まれたのか

1　市場システムと「貨幣関係のネットワーク」

資本主義って何？

私は経済学者ではないので資本主義の研究史について正確に語ることはできないし、そのつもりもない。ここではとりあえず、資本主義を「ある社会あるいはある文明下のあらゆる人間が貨幣を媒介として日常的に売買関係を結ぶシステム」と定義しておく。そうすると、こういった社会は、フランス革命によって封建制・身分制的諸拘束が廃棄されて、誰でも自由に起業・営業活動（営業の自由という）ができるようになり「自由な金儲け競争」が社会全般にくまなく浸透し、また、産業革命による大量生産・大量消費がおこなわれるようになった結果実現されたと理解されるのが一般的である。

ただ、それ以前に資本主義的なものがなかったわけではない。アブー＝ルゴド『ヨーロッパ覇権以前』は、イタリアの諸都市国家は、多少の差はあれすべて十三世紀には「資本主義国家」であったと述べている。商人がお金を集めて東方からの品を輸入、販売して、またお金を増やしていくのである。彼は「商人資本主義」と呼んでいる。

イタリア・フィレンツェのメディチ家、ドイツ・アウクスブルクのフッガー家など特定の家系が都市政治を牛耳る場合もあったほど、ヨーロッパでは商人の力が強かった。フッガー家は、一五一四年、当時のマグデブルク大司教アルブレヒト・フォン・ブランデンブルクがマインツ大司教位を獲得するために多額の貸付をおこなった。当時の司教クラスの高位聖職者はすべて貴族で、自らの領地も持っていた。それでも商人に借金せざるを得なかった。あらたにマインツ大司教となったブランデンブルクに、ローマ教皇庁は、贖宥状の販売を許可し、売り上げの半分を要求した。これがルターの宗教改革の発端となった。

富の棲み分け

ジョーンズによれば、アジア（中国やイスラム圏を指している）の皇帝（および官僚層）は、大量の人民（農民）からの税収入があったので、ヨーロッパの貧乏な国王のように商人を当てにする必要はなかった。だから商人が独立の階級として成長し、貨幣を蓄積し、やがて資本主義経済を生むこともなかったというようなことを言っている。ヨーロッパは早い時期から（彼の対象とするのは一四〇〇年から一八〇〇年までの時期）、大量の日用生活品取引がおこなわれていた。人々の市場参加も他文明圏に比べて大きかったとも述べる。ジョーンズはヨーロッパ中心史観の部分もあるが（たとえば第二章で紹介したヨーロッパの地理的優位性の主張）、富が一極に集中せず、しかも人々の市場参加が相対的に大きかったという点に関してだけは大方同意できる。前述のように、ヨーロッパでは王家から貴族領主にいたるまで、商人などに借金しているケースが多々あったのもそれを裏付ける。もちろん、ジョーンズが強調するほどヨーロッパだけに商人階級の成長があったわけではない。どの文明圏でも、奢侈品を扱う商人の交易活動は活発であったし、日用生活品の売買も都市では盛んであった。商人階級は、程度の差はあれどの文明圏でも力を持っていた。「商人資本主義」は先行諸文明でも確実に存在した。

ともあれ、経済力を、ある文明あるいはある国家（王朝国家）の富の総体と捉えると、非ヨーロッパ文明圏では、それは一部の上流階級に独占されていた。上流階級とは、中国でもインドでもイスラム圏でも皇帝（一族）、官僚あるいは大商人である。こういった社会では、富の流動性は少ない。

富の流動性を大きくするには、農村の近郊にも小さくてもよいから市場都市が隣接していて、農民も日常的に市場経済に参加していることである。そしてこういった局地的市場都市が多数、しかも広く均等に分布していることである。これによって、官僚や大商人のみならず、小売商、職人（手工業者）、農民など民衆が蓄財できるチャンスが大きくなり、富の流動性が大きくなる。この条件が充分に存在したのはヨーロッパだけであった。ヨーロッパでは国王といえども、アジアの皇帝のように富を独占できなかった。逆に言えば、ヨーロッパでは、「万民が富の分配に与るチャンス」があったのである。これが、私が「富の棲み分け」と呼ぶものである。富の棲み分けは、局地的市場が多数、均等に分布していることが前提にある。これは「市場の棲み分け」と呼べるものである。さらに市場の棲み分けは、ヨーロッパに人口が均等に散在していることが前提になっている。人口が均等に散在していれば、市場も均等に散在して形成されるからである。つまり、人口の棲み分けが市場の棲み分けを生み、さらに市場の棲み分けが富の棲み分けを生んだと考えられる。この三つはいずれも自生的・生態学的棲み分けであるが、人口の棲み分け↓市場の棲み分け↓富の棲み分けというように連結させることができる。ただ、それだけではない。ヨーロッパの諸権力競合体制が富の一極集中を阻害したと考えるならば、富の棲み分けは権力の棲み分けからも促されることになる。

貨幣関係のネットワークとは何か

以下「貨幣関係のネットワーク」という言葉が頻繁に出てくる。これは貨幣を媒介にして人々が日常的に人間関係を結んでいる状態をいう。これは、都市では、先行諸文明でも存在したが、農村部まで一律に浸透したのはヨーロッパだけであった。ヨーロッパは、農民も含めて、「万民が富の分配に与るチャンス」のある社会、つまり富の棲み分けのあった社会であった。その結果として、都市だけでなく農村にまで「貨幣関係のネットワーク」が浸透し、農村でも貨幣が「必需品」となった。もちろんヨーロッパでも、農村に「貨幣関係のネットワーク」が早くから成立していたわけではない。これがいつ頃から成立したかが問題となるが、その前に「貨幣関係のネットワーク」について、詳しく説明しておこう。

私が定義する「貨幣関係のネットワーク」が農村に浸透するとは以下のようなことである。まず、商品・貨幣経済の初期段階は、都市内あるいは都市間を結ぶ街道沿いの宿駅で貨幣が使用される程度である。農村は自給自足と物々交換の世界に生きている。しかし農民が貨幣と全く無関係であったわけではない。彼らに余剰生産物があれば、それを都市市場へもっていき貨幣を手に入れることができる。さらに手に入れた貨幣を使って都市市場で買い物することもできよう。しかし農村に戻れば、貨幣は「不要」となる。近隣都市市場では価値があった貨幣は、農村内では完全に価値を失う。農村内部に「貨幣関係のネットワーク」が成立・浸透していないからである。

農村にまで「貨幣関係のネットワーク」が浸透した社会は、単に農民が近郊の市場で時折貨幣を使用するといった程度のものではない。それは「農村で皆が日用生活品を貨幣で売買（交換）をするようになった段階」である。

そのためには農村に農業に従事しない職業、たとえば鍛冶屋や織物屋などの職人（手工業者）や商人が居住していることがポイントとなる。農民は、たとえば鍛冶屋、織物屋あるいはパン屋が作った農具、衣服、食料品を、商品として貨幣で買う関係が成立しやすいからである。また、農村商人は、農民の生産物を都市市場に運び、それを貨幣に換え、農村に貨幣をもたらす役割をもつ。このように、農村で農業従事者と各種手工業者や商人が分化して、彼ら相互の売買（交換）関係の成立した状態（最初は現物交換でもよい）を「農村内分業」あるいは農村での「職の棲み分け」と呼んでおこう。職の棲み分けは、ここでは、とりあえず「自生的・生態学的棲み分け」の一つとしておこう（ただ、これについては後で問題にする）。

ちなみに、農村における「貨幣関係のネットワーク」の浸透をみる指標に、貢租の貨幣納（金納化）がある。現物でなく貨幣で租税を納められるということは、農民が租税に必要とする相当の貨幣を持っていることが前提となる。しかし租税の金納化にはからくりがあった。それは後述する。

「貨幣関係のネットワーク」成立の条件

農村にまで「貨幣関係のネットワーク」が成立する前提条件は、局地的市場が多く（市場の棲み分け）、それに関わる多くの人々が存在し（富の棲み分け）、さらに農村内分業（職の棲み分け）が進展することである。

まず、非ヨーロッパ文明圏では局地的市場の数は限られていた。もちろん各地をめぐる交易商人は、どの文明圏にも存在した。農村と都市を往復する行商人も存在した。とくにアラビア・イスラム圏は都市の文明で公正な商取引を推奨したから商人階級も成長した。アッバース朝時代のバグダードを中心とした商業ネットワークは相当の規模であった。金貨や銀貨の鋳造も盛んにおこなわれた。それでもその広大な領土に比して市場としての都市の数は限られていた。

ブローデル『交換のはたらき』によれば、アラビア・イスラム文明圏では都市の巨大さが、ヨーロッパのどんな都市よりも多くの市場の機能を果たした。十四世紀に人口五〇万を擁したカイロはその市内に三五もの市場があった。九世紀に人口一〇〇万を誇ったアッバース朝のバグダードでも、街区ごとに小市場があり、これに加えて各地の商人が集まる大市場もいくつかあった。十三世紀、中国南宋の首都杭州は当時世界最大の都市で、人口は一〇〇万を数えた。ここには少なくとも都市内部に一〇の市場があった。しかし都市の数は限られていた。これが非ヨーロッパ圏型市場システムである。

ヨーロッパは都市の数が多かった。たとえばフランスでは一四九二年に、司教座教会のある「大都市」だけでも一六〇以上あった。十六・十七世紀にイングランドとウェールズ合わせて市場都市は八〇〇を超えていた。しかし、一つの都市の人口は少なかった。ヨーロッパの都市人口については前述したが、再度確認すれば、十四世紀前半で、パリ、ヴェネツィア、フィレンツェ、ジェノヴァが約八万、ロンドンが三万五〇〇〇であった。これらはヨーロッパでは「大都市」であったが、人口一〇万にも満たないのである。それに対して、オスマン帝国のイスタンブールは、一六〇〇年頃には五〇万以上の人口を数えた。当時、そのような大都市はヨーロッパには存在しなかった。最大のパリでさえ、一五〇〇年頃には一五万（多く見積もっても二五万）に過ぎなかった。パリが五〇万に達したのは早くとも一七〇〇年頃である。イスタンブールは大規模市場であった。もちろん唯一の市場であったわけではない。たとえば、定期的に開催される大市はヨーロッパ全土でおこなわれたが、イスラム圏でも、そしてインド、中国でも定期市は開かれた。イスラム圏では大市は祭りの際に開かれた。巡礼地メッカはイスラム最大の大市である。しかし、いずれにせよヨーロッパに比べれば、局地的市場の数は格段に少なかった。

「貨幣関係のネットワーク」と資本主義

農村に「貨幣関係のネットワーク」が成立・浸透したのは、ヨーロッパに十二世紀前後以降、無数の大中小の都市が乱立したことが大前提となっている。それに対して、また図式的にいえば、非ヨーロッパ文明圏では少数の大都市に経済（商品や貨幣）が集中し、残りは市場に隣接していない農村部という構造であった。どうしてなのか。

まず、ヨーロッパに人口が均等に散在していたことが有利に作用した。人口の棲み分けである。それが局地的市場を多く生んだ。イスラム圏は砂漠が多く、中国やインドでは山地が多いので、人口が均等に分散するのに不利であった。中国では東部（黄河中・下流域から長江中・下流域）の限定された平野部に人口が偏っていた。インドでは北部の限定された平野部（および西海岸の平野部）に集中していた。人口が均等に散在していれば市場も散在して形成されやすい。

次に、ヨーロッパの場合、どこかの局地的市場が消滅しても、それに代わる市場はいくらでも存在した。市場を完全にコントロールできる権力はなかったからである。仮にあったとしても、別の権力者の下で市場経済は存続できた。つまり諸権力競合体制（権力の棲み分け）が局地的市場が多数成立するのに有利に作用した。非ヨーロッパ文明圏の市場システムは一極集中で、しかも絶対的権力のほぼ完全なコントロール化にあったから、持続的に商品・貨幣経済が進展するチャンスが少なかった。中国やイスラムのように大都市に市場機能が集中し、それを中央権力が押さえるシステムだと、中央権力の意向しだいで、あるいは、外的に攻められて大都市が破壊されれば、市場経済はストップする。

ヨーロッパでは、人口の棲み分けと権力の棲み分けが市場の棲み分けを促進した。市場の棲み分けは、「万民が富の分配に与るチャンス」つまり富の棲み分けを生んだ。さらに、権力の棲み分けは富の一極集中を防止する体制なので、富の棲み分けに寄与することになった。結局、人口、市場、権力という「自生的・生態学的棲み分け」が富の棲み分けという、農村に「貨幣関係のネットワーク」が成立・浸透する大前提を生みだしたことになる。

「万民が富の分配に与るチャンス」＝富の棲み分けは、ヨーロッパ特有のものである。ここでは王権といえども富を独占できたわけではなかった。王権、貴族、教会、領主、商人、職人、農民など、富は不均等ではあるが一極集中することはなかった。誰でも富を手に入れる可能性（チャンス）があった。だから競争的にならざるを得ない。

こういった競争的文明は何もヨーロッパだけではないと反論する方もいよう。どの文明圏にも、程度の差はあれ大商人と小売商、あるいは富農と貧農は存在した。しかしである。重要なのは富の獲得競争、別の言い方をすれば「貨幣関係のネットワーク」が農村を含めた全地域に一律に浸透したのはヨーロッパだけであった。その結果、ヨーロッパでは農村でも貨幣（マネー）なしでは生活できなくなった。

重要なので繰り返す。ヨーロッパでは人口、市場、権力が棲み分けしていた。これによって農村を含めた民衆が富に接近し、彼らに蓄財のチャンスを与えた。富の棲み分けである。それが農村内分業（職の棲み分け）の進展と相まって、農村に至るまで「貨幣関係のネットワーク」が浸透した。ヨーロッパ文明の職の棲み分けについては後で具体的に見る。

この章の最初に、資本主義を「ある社会あるいはある文明下のあらゆる人間が貨幣を媒介として日常的に売買関係を結ぶシステム」と定義した。これは「貨幣関係のネットワーク」が農村にまで浸透した社会のことである。だから農村に「貨幣関係のネットワーク」が成立・浸透した社会は、もうすでに現在の資本主義社会と同じではないかと疑問に思う人もいよう。それは正しい。

私は実質同じと思っている。ただ、十九世紀以降に完全に展開した資本主義とは以下の点で異なるといえよう。つまり資本主義社会では、領主による強制的貢租徴収や営業の制限などといった封建制的・身分制的諸拘束はもはや存在しなくなったという点である。資本主義社会では「万民が富の分配に与るチャンス」や職業選択の自由は自明の前提である。

さて、ヨーロッパにおいて、農村にまで「貨幣関係のネットワーク」が成立するのはいつの頃なのか。その前に、本当に、先行諸文明において農村に「貨幣関係のネットワーク」が存在しなかったのかについて答えておこう。

2　先行諸文明と「貨幣関係のネットワーク」

古代メソポタミアとエジプト

この時代に、今日でいう貨幣は存在しなかった。銀塊か穀物が「現物貨幣」であった。銀を「貨幣」として使用するようになったのは、メソポタミアで紀元前二三〇〇年頃である。銀といっても、もちろん銀貨ではなく、地金（銀塊）であった。天秤で重さを量って使った。

ウェーバー『古代社会経済史』によれば、古バビロニア王国（紀元前一八九四頃～前一五九五年頃）では、大部分は物々交換、あるいは穀物や銀の「現物貨幣経済」であった。「棗椰子は穀物と、家屋は農地としばしば交換されており、随所において価格上のはみだし部分は銀をもってつりあわされている」とある（同書、一〇三頁）。国家への租税は、穀物その他の農産物であった。現物貢納であった。

有名な「ハンムラビ法典」を読むと、当時の商人は大麦とともに銀を「貨幣」としてかなり使っていたことがわかる。たとえば、ある人が大麦あるいは銀を商人から借金したが、返済すべき大麦あるいは銀がない場合は、その人は手元にある物（動産）は何でも使って、商人に返済せよとの規定がある。別の規定では、もしある商人が別の商人に銀を貸し付け、借金した方の商人が、商売先で利益をあげたなら、彼が借金した銀に見合う利息を、その日数を数えて、貸付した商人に支払う義務があると書かれている。ここではすでに利子の概念が出ている。利子はすでにシュメール文明からあった。シュメールでは大麦が「貨幣」であった。

エジプト文明でも、「臣民の貢納は穀物、家畜、織物およびその他の家の労働の産物」（ウェーバー同書、一二三頁）でもってなされた。役人も現物給与を受けた。紀元前一五〇〇年頃になると、金や卑金属である銅も「貨幣」の機能を果たすようにもなったが、エジプトでも主流は銀塊であった。

いずれにせよ、この時代、都市では金属と穀物を使った商品・「貨幣」経済は存在したが（物々交換との併用）、農村では、ほぼ完全に自給自足と物々交換の世界であった。それは国家への貢租が農産物など現物であったことに象徴されている。

ギリシアとローマ帝国

紀元前七世紀頃、今のトルコにあったリュディア王国で打刻貨幣、つまり貨幣製造が始まった。貨幣製造は、またたくまにオリエントとギリシアに波及した。リュディアの最初の貨幣は金と銀の合金であったが、やがて各地で金貨と銀貨がつくられるようになる。ギリシアでは、都市（ポリス）の日常的取引に貨幣は欠かせないほど流通した。小額取引用の銅貨も登場した。貨幣の誕生は画期的であった。それまで金や銀は、そのたびごとに塊の重さを量ってから使用しなければならなかった。金塊や銀塊の純度を調べるのも手間のかかる作業であった。製造された貨幣はこういった手間をすべてなくした。コインに刻印された図柄・文字・数字によって貨幣価値がわかったからである。この時代から貨幣経済を語ることができる。ポリス市民同士では「貨幣関係のネットワーク」が存在したであろう。問題は農村にどの程度貨幣が流通したかである。ギリシアの農村の土地所有者は市民、耕作は奴隷がおこなった。都市から農場管理人が遣わされた。こういう状況下では、農村へ貨幣経済が浸透し、農村に「貨幣関係のネットワーク」が成立することはありえない。

ローマは三世紀には人口一〇〇万の大都市となった。ローマのみならず帝国内のその他の都市でも「貨幣関係のネットワーク」は発展したであろう。交易用・高額取引には金貨、銀貨、小額取引には銅貨が使用されたのはギリシアのポリスと同じである。ローマ帝国の農村では、門閥貴族が大土地を所有し、奴隷制プランテーションがおこなわれていた。やがてローマ皇帝が最大の直属領をもつようになった。ローマ帝国末期になると、しだいに奴隷耕作人は土地を貸与される小作人（コロヌス）となっていった。コロヌスは土地に緊縛されて移動を禁止され、地主直営地での賦役もおこなうなど、その地位はヨーロッパ中世の農奴のごとくであった。

ウェーバーによれば、コロヌスが皇帝・貴族地主に支払った地代が現物から貨幣に転換していったという。その他多くの研究者も、現物と貨幣納が併用されていたとみている。しかしいずれにせよ、コロヌスはどうやって貨幣を手に入れたのだろうか。彼らが都市で余剰生産物を売って、貨幣を手に入れたのだろうか。コロヌスの労働を監視・監督した地代徴収請負人が存在したことがわかっている。この地代徴収請負人の役割が注目されるが、この問題はその他の文明圏にも共通するので保留しておこう。

ビザンツ帝国

ビザンツ帝国（三九五～一四五三年）では、七世紀頃になると、所領から遠く離れた都市に暮らす地主に対して地代を負担する小作農（コロヌス）が、事実上自由農民化していく。自由農民は土地所有者ということだ。この自由農民が兵役も勤めた。この自由農民の存在は、農村の「貨幣関係のネットワーク」の成立にとって重要な存在である。彼らによる農村共同体と農村内の人間関係が生まれ、農民相互の売買関係が成立しやすいからである。自由農民の他に小作農や農業労働者もいた。

ビザンツ帝国では、大都市コンスタンティノープル（最盛時人口約四〇万～五〇万と推定）の他に、人口数万から一〇万規模の中核都市が沿岸部にあったが、指で数えられる程度であった（テッサロニケ、セレベス、エフェソス、トレビゾンド、アドリアノープル、ニカイアなど）。

問題は農村近郊にどれだけ小都市（人口数千程度でもよい）が成立していたかである。小都市（局地的市場）が多ければ、自由農民が近郊の市場経済に巻き込まれ、蓄財の機会も増える。ビザンツ帝国の小都市は、その初期時代四、五世紀頃には、バルカン半島内陸部やアナトリア半島東部・北部に少なく、アナトリア西部・南部、ギリシア南部・エーゲ海沿岸部に集中していた。渡辺金一『ビザンツ社会経済史研究』は、当時、アナトリア西部だけでも二〇〇以上の小都市があったと推定しているし、尚樹啓太郎『ビザンツ帝国史』では、ビザンツ全土で六世紀に六〇〇以上と推定している。しかし、自由農民が登場する七世紀になるまでに人口とともに小都市もかなり減少した。ペストや戦争が原因といわれる。またバルカン半島には六世紀から七世紀にかけて、スラヴ諸民族が侵入し、古代都市を破壊した。人口減少は九世紀半ばまで続いた。

自由農民の登場に反比例するように都市が減少したのは、農村の「貨幣関係のネットワーク」成立にとってマイナスであった。しかも根津由喜夫『ビザンツの国家と社会』によれば、七世紀後半から九世紀半ばにかけて地方都市での銅貨の出土例が極端に乏しくなるという。銅貨は小額の日常の商取引に用いられたが、それが少なくなるということは地方都市の貨幣経済が衰退していたことになる。また、多くの地方都市は市場的側面よりも軍事・教会の拠点的役割が大きかった。もちろん商人や手工業者も居住していた。それどころか近郊の農民も居住していた。だから都市でも貨幣と物々交換が補完的に併用されていたのではないか。したがって九世紀半ばまでは、農村では現物経済が主流であったことは間違いない。ピグレフスカヤ他著『ビザンツ帝国の都市と農村』も、六〜九世紀のビザンツ農村には、商品・貨幣経済はほとんど浸透していなかったと述べる。したがって農村に「貨幣関係のネットワーク」が成立することもありえない。

十世紀以降人口が増加に転じた。十一世紀に地方都市で銅貨流通が増大に転じる。市壁の外まで、つまり近郊の農村まで銅貨が流通した。十一・十二世紀はビザンツの商品・貨幣経済の全盛期であった。都市近郊の農民は生産物を都市で売却した。こうして、都市近郊農民が貨幣を手に入れ、租税の現物納から金納化が進んだ。同時に、農村部における定期市も現れ始めた。市場都市が増加したということだ。十二世紀には、一部地域に限ってだが、大工、靴製造業、桶製造業、仕立業、織物業、刃物業、陶器業などの農村手工業者の存在も確認される。農村内分業（職の棲み分け）の可能性もあったのだ。

だから、農村における「貨幣関係のネットワーク」成立のチャンスがあったとすれば十一・十二世紀以降であった。

歴史はビザンツ帝国を裏切った

ところが、歴史はビザンツ帝国を裏切った。十一世紀半ば以降、小アジアの東部、さらに中部にトルコ族（セルジューク朝）が侵入し、徐々にその勢力下に置いた。西からは十字軍の侵略が続き、コンスタンティノープルを含めラテン帝国が一時支配した（一二〇四〜六一年）。十三世紀にはモンゴル族が侵入した。バルカン半島では、スラヴ系諸王国の分離運動も始まった。結局十四世紀末には、オスマン朝が、バルカン半島とアナトリアの大部分を奪取する。まさに、農村における「貨幣関係のネットワーク」成立のチャンスが訪れた時、それは外敵によって潰されてしまった。ビザンツ帝国は一四五三年に消滅した。

また、十一世紀以降自由農民は没落し、代わって官僚や聖職者など有力者による大土地所有が支配的となった。彼ら有力者は次第に免税特権を獲得していき、事実上の私有地が増えていった。かつての自由農民は有力者の隷属民となった。だから、これ以降、国庫へ入ってくる租税は減少したはずである。こうしてビザンツ帝国は内部からも崩壊に向かう。

ビザンツ帝国の租税

ビザンツ帝国では、金銀銅の三貨幣が発行されたが、農民から国家への租税は、初期には現物納であった。八世紀以降、国家は金貨による納税を要求した。ビザンツの金貨は、コンスタンティヌス大帝がはじめて発行したソリドゥス（ノミスマ）金貨である。中央権力が全国土の徴税権を握り、国庫から高級軍人と官僚に給金が支払われた。州長官、地方総督、都市参事会が徴税に責任を負い、その下の徴税官が農村にやって来て農民から徴税した。では農民はどうやって金貨を調達したのか。

ビザンツの徴税は村単位で、村の共同責任でおこなわれた。誰かが税を払えない場合、村が肩代わりした。だから、金納化なら、村全体として租税用の貨幣（金貨）を用意しておく必要があったろう。確かに都市近郊の農村の金納化は十一世紀に現れる。しかし、時期的に言えばそれ以前、地理的には、都市から遠く離れた農村では、どうやって農民（農村）は金貨を手に入れたのだろうか。

私は、徴税官が都市の商人のところで現物を貨幣化してから国庫に流れたのではないかと推察している。だから実態は、農民は徴税官に現物で納めたが、国庫に入る段階では金貨になるという仕組みである。徴税官は手数料の他、不正な操作で役得だったようである。しかしローマのコロヌスの例同様、この問題はまだ保留しておく。

金納化のからくり

イスラム文明をみよう。ウマイヤ朝は独自の金貨・銀貨を発行した。すでに八世紀のイスラムでは、官僚や軍人の給金は貨幣で支給された。佐藤次高・鈴木董編『都市の文明イスラーム』によれば、農民からの租税は現物で徴収されたが、その現物税を都市の商人のところで換金するシステムが出来上がっていたという。これが今までの問題を解く鍵である。やはり農民による租税の金納化には、そこに都市の商人の存在があったのだ。

次のアッバース朝時代においても、農民からの土地税（ハラージュ）が国庫の大部分を占めた。土地税は収穫物の三〇〜五〇パーセントであった。地方総督（アミールと呼ばれた）が州都に配置されていた。地方総督が徴税を管轄した。納税は村単位に一括して現物でおこなわれたが、それに責任を負わされたのが村長であった。実際の徴税の仕事にあたったのは地方総督の代理人であった。代理人が村に派遣され、彼の監督のもと、村長と村人が現物租税を州都のアミールの倉庫に運び、それは商人のところで貨幣化されてから国庫へ流れた。

イスラム帝国では全土が皇帝領という建前であったが、アッバース朝では、国有地の他に私有地があった。私有地はカリフ一族の土地が大部分で、その他は官僚、軍人、大商人の土地であった。これら上流階級は免税されていた。上流階級は大都市に居住していた。私有地を耕作していたのは、土地を賃借していたいわば小作農であった。私有地の小作農は地代の他に、国家への土地税も支払わねばならなかった。

ところで、国有地の農民は自由農民といえるのだろうか。土地税を三〇～五〇パーセントも取られていたことを考慮すれば、彼らが余剰生産物を売って蓄財できるような環境にあったとはとても思えない。現実は国家の「小作人」であった。実際、農民は過酷な税を払えず、離村することも多かった。

イクター制とプロノイア制

十世紀に軍事政権としてバグダードを占拠したブワイフ朝の時代になると、徴税官である地方総督の不正が多発し、国庫に入る租税が減った。その結果軍人に俸給を与えることが困難となった。そこで、軍人に俸給の代わりに「イクター」を与えた。イクターとは「分与地」のことであるが、軍人に土地を与えたわけではなく、土地からの徴税権を与える制度であった。イクター保有者は、国家からの俸給に見合う「取り分」を農民から徴収した。このイクター制は、ブワイフ朝を倒したセルジューク朝、十二世紀エジプトに建国したアイユーヴ朝、つづくマルムーク朝でも採用された。ビザンツ帝国でも十二世紀から同様の制度を採り、ここではプロノイア制と呼ばれる。もちろん国土のすべてがイクターやプロノイアの対象になったわけではない。皇帝直轄領が大部分を占めた。

イクター保有者は、その代理人を農村に派遣し租税を徴収した。農民は代理人に現物租税を納め、これが都市の商人のもとで貨幣化されたのは従来と同じ流れである。代理人は租税台帳を作成できるほどの人物、たとえば書記官であった。現物租税は、代理人監督のもと、おそらく農民が、イクター保有者あるいは代理人が居住する都市まで運んで、商人のもとで換金された。イクター保有者はカイロなど首都級の大都市に住むことが多かったから、農民は代理人の住む地方都市まで現物を輸送したのかもしれない。佐藤次高『イスラームの国家と王権』によれば、この制度によって、イクター保有者が不当な徴税をおこなったため、農村が疲弊した。農民は、重税に耐えかねて離村する事例が相次いだ。

国家による直接徴税にせよ、イクター制にせよ、イスラム圏の農民は重税に苦しめられていた。十三世紀中葉から十六世紀初頭まで存続したマムルーク朝の下エジプトでは、農民が余剰生産物を売って直接金納化した事例もあったが、こういった一部の豊かな地域を除けば、村落共同体に商品・貨幣経済が入り込む余地は少なかった。まして農村に「貨幣関係のネットワーク」が成立するなどありえなかった。

オスマン帝国は二十世紀まで存続した。果たしてここの農村に「貨幣関係のネットワーク」が成立したのだろうか。鈴木薫『オスマン帝国』によれば、原則オスマン帝国は、その全国土が皇帝《スルタン》のものであり、皇帝は貨幣を鋳造・流通させることのできる唯一の権力であった。官僚の給金も、国庫への租税も貨幣表示であった。オスマン帝国でも、金銀銅の三貨が発行された。基本的貨幣単位は「アクチェ」、一六八八年からが「グルシュ」であった。こうして貨幣経済がかなり進行していたように思われる。

徴税システムはどうなっていたのだろうか。この帝国に特徴的な土地制度として、十五世紀に始まったティマール制が指摘される。これは、単純にいえばイクター制の模倣である。地方に騎兵部隊を駐屯させ、彼らに軍役と見返りに徴税権を与え、そこから軍人給与を確保するシステムである。もちろん皇帝直轄領の方が多かったが、ティマール分与地もかなり存在した。皇帝直轄領では、徴税官が派遣される場合もあったが、大部分徴税請負人に委託されていた。

十七世紀になると、軍隊が火器をもつ常備軍に編成されるようになり騎兵部隊の必要性は薄れた。それとともに、ティマール制も徐々におこなわれなくなり、直接国家から委託された徴税請負人が、租税の徴収にあたるようになった。皇帝直轄領では、徴税請負がすでにおこなわれていたから、オスマン帝国では、徴税請負制が一貫していたことになる。実際に村で徴税にあたったのは徴税請負人（徴税請負権保有者）の代理人であった。

問題は農民が貨幣で納入したのかである。それとも、先行イスラム諸王朝同様、商人によって貨幣化されたのか。商人を媒介しないのであれば、農民が近隣市場で余剰生産物を売って換金するしか方法はない。

オスマン帝国の租税台帳には、十六世紀から、租税は貨幣単位（アクチェ）で表示されている。林佳世子『オスマン帝国の時代』によれば、土地税、結婚税、罰金なども（イスラム法にもとづく十分の一税を除いて）金納化が原則で、そのために農民は余剰生産物を定期市（都市）で売却したという。

確かに十六世紀のうちに、バルカン半島、アナトリアとも人口が増え、市場都市が増加した。三浦徹『イスラームの都市世界』は、十六世紀後半のアナトリア半島の都市数を一二三と推定している。しかし、そのうち六九都市は、イスタンブールに近い北西部に集中していた。アナトリア半島の面積は約五〇万平方キロメートルである。これは当時の中部ヨーロッパ（ドイツ）の面積とほぼ同じである。一三〇〇年頃のドイツの都市数は約二〇〇〇である。だから一二三の局地的市場（都市）では十分とはいえない。しかも半数以上がアナトリア北西部に集中していたから、ヨーロッパ型市場とも呼べない。清水宏裕『イスラーム農書の世界』によれば、都市近郊では野菜栽培が盛んで、都市から遠くなるほど穀物栽培が中心となるという。都市近郊でのみ商品作物がつくられていたのである。

オスマン帝国が支配したアナトリア、バルカン半島、中東、北アフリカの領域のうち、農地に適した平野部はアナトリア北西部、バルカン半島沿岸部、下エジプトくらいである。その他の領域の多くは砂漠が広がり、農民というよりは遊牧民による牧畜が主体であった。

少なくとも十六世紀の段階では、農民が余剰生産物を近隣都市市場で貨幣化し、金納化できたのは、アナトリア北西部、エーゲ海沿岸部、下エジプトのなかの比較的豊かな農村の現象であった。その他の地域では、徴税請負人の倉庫に現物を運んでいたのが実体であったのではなかろうか。だからといって、貧しい農村部が完全に自給自足の世界であったわけではない。近隣に小都市や定期市がなくても、行商人が村に商品を売りにきた。しかし、その場合でも、商人と農民との売買の多くは物々交換であった。

一六九五年、徴税請負制が任期制から終身請負制となった。これ以降、徴税請負権は、軍人や大商人など富裕層の投資対象となった。不正操作で役得も多かった。彼らは地方の名士階級を形成し都市に居住した。

ルイス『イスラーム世界の二〇〇〇年』によれば、徴税請負権をもった地方名士は、十八世紀に「アーヤーン」と呼ばれた。これは通常は「商人」の意味で使われていた。これは、彼ら徴税請負人が商人的特徴を有していたことを示唆する。アーヤーンは徴税請負を「下請け」に出して広範な地域から現物あるいは貨幣貢租を集めた。徴税請負人は、徴税金の前納と引き換えに徴税権を国家から買っていた。

十七世紀以降になると、余剰生産物を売って貨幣化・金納化できた農村は増加した。これは、商品作物栽培が各地で盛んになり、それを売買する市場都市が増加したからである。だから、農民の租税の金納化は十六〜十八世紀の過程で徐々に進行したと思われる。林佳世子『オスマン帝国五〇〇年の平和』は、十七世紀オスマンの農村は常に貨幣経済のもとにあったと述べる。しかし、問題は、農村に「貨幣関係のネットワーク」が成立・浸透したのかである。

イスラム圏に「職の棲み分け」はなかった？

上述の通り、イスラム圏で、農村に「貨幣関係のネットワーク」が成立・浸透したとすれば、十六世紀以降、とくに十七世紀末以降十八世紀のオスマン帝国以外にはない。一六九〇年には新しい大型銀貨が製造された。しかし、農村に「貨幣関係のネットワーク」が成立したことを示唆する文献はない。そして十九世紀になると、ヨーロッパ経済に巻き込まれて、自生的な資本主義化は不可能となった（一八三八年、イギリス＝オスマン通商条約）。

なぜだろうか。これはオスマン帝国農村部に、農民の日用生活品をつくる手工業者の存在がほとんど確認されないことに関係がある。農村手工業者が存在すれば、農民と彼らとの売買関係が成立し、彼ら相互の「貨幣関係のネットワーク」が成立・浸透する前提となる。つまり農村内分業（職の棲み分け）が見られないのである。エジプト農村には紡績・織物業、砂糖精製業があったが、これらの商品はカイロに集められた輸出品であった。在地農民の日用生活品ではなかった。

ただ、本当にオスマン帝国で農村内分業（職の棲み分け）がなかったかは、資料の関係で私には断言できない。しかし、局地的市場（最初は物々交換でもよい）の成立時期およびその数が、ヨーロッパに比べ格段に劣っていたことは歴然としている。これも農村に「貨幣関係のネットワーク」が成立する障害になった。オスマン帝国も含めてイスラム諸王朝下では、「貨幣関係のネットワーク」の浸透は最後まで都市に限られた現象であった。イスラム圏は商業文明ともいわれるが、都市の文明でもあった。

中国の貨幣システム

中国は子安貝がすでに殷末から貨幣として使用されていたが、鋳造貨幣が紀元前六世紀頃に登場した。西のリュディアの打刻貨幣とほぼ同時期である。中国では青銅を鋳造した銅銭が国内用として主流でありつづけた。金銀も使われたが重さを計量して使用した。金銀は国際交易用であった。金銀は、どの文明圏でもそれ自体に価値があるとみなされたからである。未曾有の経済発展をみた十一世紀の宋代には世界初の紙幣が発行された。十六世紀から十八世紀にかけて外国銀(アメリカ大陸の銀)が大量に入ってきた。

大量の銀の流入によって、明末(十六世紀)、従来の現物による租税や賦役の、銀による代納が許可されるようになった。ただ銀は、依然として秤量貨幣でありつづけた。銀は大部分、官僚や大商人の懐に入った。国家の財政収入、官吏・軍人給与あるいは商人の大口取引には銀が使われた。しかし民間の小口取引は銅銭が主体であった。

しつこいようだが、ここで問題なのは、農村に「貨幣関係のネットワーク」が成立・浸透したのかである。李紅梅「清代における福建省の貨幣使用実態」によれば、福建省(台湾に向かい合う地域)では、市場が十六世紀から徐々に増え十八世紀には七〇〇余りにまで増加したという。省といっても、その面積はイングランドより少し狭いだけである。ただ福建省は山地が多く、市場都市は沿岸平野部に偏在していた。均等に市場都市が分布するヨーロッパ型市場ではなかった。それにしても、そこに比較的多くの局地的市場が成立したということは、農民も日常的に市場経済に関与し蓄財のチャンスが大きくなったことを意味する。これは山地の多い福建省に限ったことではなかった。黒田明伸『貨幣システムの世界史』は、中国伝統農村部における大小さまざまな定期市の存在を指摘する。だから、黄河流域から長江流域にかけての平野部にヨーロッパ型市場（市場の棲み分け）が形成された可能性は大きい。農民の局地的市場での取引は、はじめは現物貨幣（穀物など）であったが、十八世紀から徐々に銅銭に変化していった。

また、同じ村の農民間の不動産（農地、山林、果樹園、家屋敷）売買もおこなわれた。親族間の売買が多かった。売買には、銀、銅銭、穀物が使われた。とはいっても、不動産売買のほとんどは地主富裕層の取引であったと思われる。当時の中国農村の土地の大半は、大地主のもので彼らは都に居住する官僚層であった。だから「同じ村の農民同士」というより「同じ村に土地をもつ地主同士」、しかも親戚同士の売買であった。

土地を有する自作農も存在したが、多くは地主に土地賃借料を支払う小作農であった。小作農は地主に現物で支払っていた。もちろん小作農も余剰生産物を売れば土地を手にする機会はあった。しかしこれは少なかった。岸本美緒『清代中国の物価と経済変動』は、農民（自作農・小作農）が土地に賦課された税のための銀を、妻子を売ってまで調達しなければならなかった話を紹介している。小作賃借料は、十八世紀以降徐々に銅銭に変化した。小作レヴェルまで銅銭を使った（市場での売買、小作料）とすれば、十八世紀中国農村の「貨幣関係のネットワーク」を語れるのだろうか。

十八世紀から、農民相互の銀や銅銭による土地売買（多くは地主・親戚同士）、小作料や市場での銅銭支払いがひろまっていったことは確かであった。しかしこれだけでは、農村に「貨幣関係のネットワーク」が成立・浸透しているとはいえない。農村に「貨幣関係のネットワーク」が浸透しているとは、「農村で皆が日用生活品を貨幣で売買するようになった段階」だからである。

十九世紀以前、いや十九世紀においても、農村の「貨幣関係のネットワーク」の痕跡は、オスマン帝国同様見つけることができなかった。内山雅正『現代中国農村と「共同体」』を参考にすれば、一九四〇年代の北京近郊の農村で、ようやく銅銭による消費生活が拡大していく側面がみられるに過ぎない。中国農村では、十九世紀になっても、農村では自給自足と物々交換が主体であり、時折、定期市で銅銭を使って日用生活品を購入した程度であった。そして同世紀末には、列強の半植民地状態となり、ヨーロッパ資本主義に吞み込まれていった。

なぜ中国農村に「貨幣関係のネットワーク」が成立しなかったのか

中国では、十六世紀以降、徐々にではあったにせよ、多数の局地的市場が成立（市場の棲み分け）していったことは確かである。農民の商品作物が流通していた。とくに十八世紀になると、農民は定期市で銅銭を使って日用生活品を調達する機会も増えた。

なぜ中国農村に「貨幣関係のネットワーク」が成立しなかったのか。オスマン帝国の場合と同じ論理でいえば、農村部に、日用生活品を扱う手工業者が存在しなかったからである。中国でも農村内分業（職の棲み分け）がなかったのである。

中国の農村手工業は伝統的な絹糸・絹布業に加えて、明代に一部の地域で綿布が生産されるようになった。しかしこれらは自家用を除けば在地農民の日用生活品ではなく、海外・国内都市輸出用であった。農村綿布業が本格的に展開されるのは十九世紀末からであったが、これも在地農民の日用生活品ではなく輸出用であった。市場での買い付け人は商人であった。

三品英憲「近代中国農村における零細兼業農家の展開」によれば、一九三〇年代に、ようやくさまざまな農村手工業（綿紡績、犂作り、鎖作り、剃刀作り、酒醸造、酢醸造、豆板醤作り、製粉業など）が現れるが、これは家計を何とかやりくりしようとする零細農民の副業的規模であった。しかも彼らは、商品を定期市や都市で売りさばいていた。彼らは、そこで銅銭を獲得し、日用生活品の購入もしたであろう。しかし自分の農村に戻れば、銅銭は、小作料支払いなどを除いてほとんど「不要」となった。「農村で皆が日用生活品を貨幣で売買をするようになった段階」に至ることはなかった。日用生活品をつくる農村手工業者の存在が「貨幣関係のネットワーク」形成に大きな役割を果たす。それはヨーロッパのところで見よう。

もう一つは、中国農村の在りようの問題である。足立啓二『専制国家史論』によれば、中国農村は、日本やヨーロッパとは違い、自治的機能を有する共同体としては存在しなかった。ヨーロッパや日本の村では、農作業から年中行事に至るまで村の共同性が前提となっていた。中国農村では、いわば各個人・各家庭・とくに各親族間の二者間関係が基本であった。村落共同体を語れないのである。先にみた不動産売買が親族間で多かったのは、こういった農村構造が背景にある。

こういう社会では、各種手工業者と専業（場合によっては兼業）農家による村落内での農村内分業（職の棲み分け）が生まれにくい。したがって、彼ら相互による売買関係、ひいては「貨幣関係のネットワーク」が成立しない。中国では、自給できない手工業者のつくる日用生活品は近隣の定期市なり、村にやってくる行商人から調達すれば済んだのである（最初は物々交換、十八世紀からは銭を使用）。

ヨーロッパ文明以外では、重税による離村は別としても、貨幣なしでも農村でなんとか生活していけたのである。ヨーロッパでは事情が異なった。

3　ヨーロッパと「貨幣関係のネットワーク」

ゲルマン人と貨幣

ローマ時代の金貨、銀貨は、ゲルマン人にとって宝飾品にすぎなかった。ヨーロッパは金の埋蔵量がほとんどなかったので、八世紀に、カロリング朝フランク王国で銀貨が製造された。銀鉱は始め西フランスのメル銀山、後にドイツのゴスラール銀山が加わった。イングランドでも銀貨が製造されたが、原料の銀欠乏でほとんど流通しなかった。大陸では、十世紀からはフランス王や神聖ローマ皇帝は、諸侯たちに貨幣製造の権利を授封するようになった。しかし十一世紀中葉には銀鉱が枯渇し、ヨーロッパ中の銀不足は明らかとなった。ブロック『封建社会』もこの時代の「貨幣の枯渇」を述べる。

研究者のなかには、中世初期の市場経済、さらには貨幣の流通を主張する人もいる。確かに市場としての都市はあった。貨幣もつくったからある程度は流通したであろう。しかし、本格的市場経済、まして貨幣経済の開始を語るようなものではなかった。主流は農奴の現物貢租にもとづく自給自足の社会であった。

貨幣の流通は十二世紀頃から

ヨーロッパ文明が始動する十二・十三世紀に相次いで銀鉱が発見された。ドイツ、イタリア、チェコ、アルプスなどの銀鉱である。十四世紀には新たな銀鉱は発見されなかったが、十五世紀後半からと十六世紀初頭にかけて、銀鉱の発見がドイツやチェコ等で相次いだ。とくに、一五一二年に発見されたチェコの聖ヨアヒムスタールの銀山は採掘量が大きかった。

金貨の製造はジェノヴァとフィレンツェで一二五二年、フランスで一二六六年、ヴェネツィアで一二八四年であった。ただある程度の埋蔵量があった金鉱はハンガリー王国のスロヴァキア地方だけであった。だからイタリア商人は、金をイスラム商人を経由してアフリカから手に入れたが、多くは東方貿易用であった。

最も重要なのは「大航海時代」の到来で、まずアフリカから、ついでアメリカ大陸から大量の金銀、とくにアメリカ銀が流入し始めたことである。これによって貨幣の「原料不足」は解消されることになった。それは、一五四〇年から一世紀の間に物価が六倍に跳ね上がったいわゆる「価格革命」に象徴されている。

小額貨幣としての銅貨の製造は十五世紀後半から十七世紀前半にかけて、ポルトガル、ヴェネツィア、ナポリから始まって、イタリア半島、スペイン、オランダ、イギリスへと徐々に拡がった。しかし小額貨幣としても貴金属、しかもしだいに銀貨が優勢となった。

私は、ヨーロッパにおいては、局地的都市市場が多く均等に存在し（市場の棲み分け）、農村住民が近隣市場に関与し、そこから貨幣を農村内に蓄財し（富の棲み分け）、農村内分業（職の棲み分け）から、彼ら相互の日用生活品取引が始まり、最終的に農村に「貨幣関係のネットワーク」が浸透、つまり皆が日用生活品を貨幣で売買（交換）をするようになっていったと考えている。この時、貨幣は農村内でも「必需品」となった。言い換えれば、農村でも貨幣が「絶対的価値」を有するようになった。

農村に「貨幣関係のネットワーク」が成立するためには、もうひとつ重要な条件がある。貨幣が農村にまで浸透できるほど、人口に見合う貨幣の絶対量が必要不可欠であるということである。この観点から見れば、アメリカ銀の大量流入や小額通貨としての銅貨が流通し始める十六世紀以降の現象と捉えるのが自然である。加えて、ある程度信用性をもった紙幣がイングランド銀行（一六九四年設立）によって十七世紀末はじめて発行され、十八世紀末までにはヨーロッパ中で流通するようになったことも重要である。

近隣都市市場の多さ

「貨幣関係のネットワーク」構築の前提の一つは、近郊の都市市場から、農村住民が貨幣を農村内に貯蓄することである。だから農村近郊に市場都市がなくてはならない。

伊藤栄『ヨーロッパの荘園制』によれば、十四・十五世紀には、ドイツの西南部で平均二～二・五平方マイルごと、中部と西北部では三～四平方マイルごと、北東部では五～八平方マイルごとに一都市があり、これはイギリスを含めた西欧全域に当てはまった。イギリスやフランスはドイツ西部に近いと想定すれば、平均二～三平方マイルごとに都市が西欧中に散らばっていたことになる。ドイツの一マイルは約七・五キロメートルだから、一平方マイルは約五六平方キロメートル、二平方マイルで約一一二平方キロメートル、三平方マイルで約一六八平方キロメートル。こういった計算は得意ではない。文系的にいえば、東京二三区の総面積が約六二二平方キロメートルだから、この範囲に約四～六個の都市があったことになる。これなら農村から日帰りできる距離である。

先に、ドイツ（中部ヨーロッパ）だけでも一〇〇〇年から一三〇〇年までに約二〇〇〇の都市が成立し、その後一四〇〇年までにも増え続けたと述べた。歴史地図から計算すると、一三〇〇年頃のイタリアを除く神聖ローマ帝国（ドイツ王国）の面積は約五〇万平方キロメートルである。ここに二〇〇〇の都市とすれば、二五〇平方キロメートルに一都市となる。十四・十五世紀には、都市数はそれ以上であったから、だいたい右の伊藤の叙述と合っている。ただ、当時の都市は、人口数千規模の小都市が多く、万単位の大都市は指で数えるほどしかなかった。ちなみに五〇万平方キロメートルは、先のアナトリア半島の面積とほぼ同じである。

農村における職の棲み分けの端緒

「貨幣関係のネットワーク」構築の前提でもう一つ重要なのは、農村に商人も含めた手工業者が存在し、農民との間で日用生活品の取引がおこなわれることである。

ポスタン『中世の経済と社会』は、すでに十三世紀イングランドで、農村に各種の手工業者、商人の存在を指摘している。これはイングランドのみならず、西欧全般に当てはまる現象であったという。伊藤栄も、十三世紀から十四世紀にかけて、数箇所の村々をふくむ圏内の中心的村落には各種の手工業者が定住し、農民と日用生活品を売買する「農村市場」となっていたと述べる。仮に、ヨーロッパ文明初期におけるこの現象を、農村内分業・農村における職の棲み分けの端緒と見るならば、この棲み分けは、明らかに「自生的・生態学的棲み分け」である。能動的に「棲み分けさせた」ものではない。ちなみにこういった農村手工業者や農村商人は都市のギルド規制の外にあり、一見自由な商売を展開していたかに思われようが、多くは、領主の許可のもとで営業していた。

もちろん、これらのすべての都市、まして農村での売買行為が貨幣を媒介におこなわれていたと考えるのは間違いである。物々交換と貨幣が補完的に使われていた都市が多かった。ちなみに日本では、十二世紀頃には各地の交通の要衝に多くの都市が成立していたが、そこでの取引は貨幣ではなく米、絹、布などの現物貨幣の段階であった。

十二世紀から十六世紀にわたって、十四世紀を例外に、ヨーロッパ内の銀鉱が相次いで発見された。貨幣の流通量は多くはなった。しかし十六世紀以前、すべての都市を覆うほどの貨幣の絶対量はなかった。まして農村部に蓄積できるほどの貨幣絶対量はなかった。当時の農村は自給自足と物々交換の世界が主流であったと、ブロックも示唆する。確かに農民は現物地代から金納化の方向に向かったし、罰金や消費財購入に貨幣を使うようになった。これは、近郊の都市市場から貨幣を入手した結果であった。しかし、ウィリアムズ編『図説お金の歴史全書』は、十六・十七世紀になってようやく小額取引としての貨幣の日常的使用が、徐々に物々交換や現物払いに取って代わったとみている。

いずれにせよ、ヨーロッパの農村で（都市でさえ）「貨幣関係のネットワーク」がすぐに展開したわけではなかった。ただ局地的市場の多さ（市場の棲み分け）が、それを準備しつつあったことは確実である。もう少し具体的にみてみよう。

「貨幣関係のネットワーク」が早くから存在していたわけではない

瀬原義生『ドイツ中世農民史の研究』によれば、十三・十四世紀のドイツでは、領主間の土地売買はもとより、領主の認可にもとづく土地保有農民間の土地取引も貨幣（ポンド、マルク、ペニヒ）を媒介にしておこなわれていた。年貢の一部金納化もおこなわれた。領主が年貢未納などを理由に農民に課す罰金も貨幣表示となっている。領主は、現物年貢、穀物、ぶどう酒など商品として売却し、貨幣を手に入れた。農民は余剰穀物を市場で売って貨幣を手にした。あるいは都市民が直接農村に出向いて穀物を買っていた。十五世紀に入ると、農民が余剰生産物を都市で売るのは当たり前になっていた。とはいっても、年貢の金納化についていえば、十五世紀半ばから十六世紀半ばで、現物対貨幣比はまだ一〇対八であった。

フランス農村を分析した斎藤絅子『西欧中世慣習法文書の研究』によれば、十二世紀後半から十三世紀にかけては、年貢は現物主流であるが、年貢の一部、罰金や離村税などに貨幣表示（ドゥニエ）がみられる。十三世紀後半から十四世紀前半にかけては、年貢の金納表示は多くなる。ただ、この貨幣表示（リーヴル、スー）はあくまで表示記号であって、実際は現物で納めたという見解は成り立つ。しかし、文書に「貨幣」という言葉が出てくることから判断して、一部は貨幣で納めていたことは確実である。

十三世紀のイングランドの農村を描いたギース『中世ヨーロッパの農村の生活』によれば、十三世紀後半のイギリス農民は作物を売りに市場に通い、年貢はポンド貨幣と現物双方で納めた。十三世紀に、エールをつくる家（これが後の居酒屋に発展）に人々は日が落ちると飲みに来たが、ここでも貨幣で酒を買った。兄弟で二分の一ペニーを貸し借りしたという記録もある。結婚の際の持参金は貨幣と品物両方であった。領主に支払う相続税を貨幣で支払う一方、死亡税は現物で納めたという記録もある。罰金はすべて貨幣表示でおこなわれた。

多くの研究が、西欧全般において、地代のみならず、相続税、死亡税、結婚税、賦役などの十三世紀、とくに十四世紀以降の貨幣納への傾斜を明言している。富農間の土地取引も貨幣であった。中・下層の農民も貨幣を必要とする時は富農から借りた。

このように、アメリカ銀の流入以前にも、農村と農民にある程度貨幣が流通していたことは明らかである。しかし日用生活品を農村内で貨幣を使って売買していたという記録はない。農村での取引は物々交換が主流であった。まだ「貨幣関係のネットワーク」を語る段階ではなかった。

「貨幣関係のネットワーク」の成立は十六世紀？

農業以外に従事する、あるいは農業と兼業をおこなう手工業者（商人も含む）の存在は、農村の「貨幣関係のネットワーク」成立の大前提である。彼らと農民間で、最初は物々交換、後には貨幣を媒介とした関係が成立するからである。農村内分業（職の棲み分け）である。ヨーロッパには、前述したように十三・十四世紀より地域の中心村では手工業者・商人の存在が確認される。十六世紀以降になると、多種の農村手工業の存在が「明確な姿」となって登場してくる。

メンデルスとブラウン他『西欧近代と農村工業』によれば、西ヨーロッパの農村手工業は十七・十八世紀までに多様な形態で著しく発展したという。訳者の一人篠塚信義は、十七・十八世紀のイングランドの農村では、豊かな資金（貨幣）蓄積が相当進んでいて、農民間の貨幣の貸借関係の網の目が広くいきわたっていたという。多様な農村内手工業者の存在ゆえである。ファン・デル・ウェーも『西欧中世における都市と農村』のなかで、十七・十八世紀のベルギーからフランスにわたる広範な地域での農村手工業を論じた。

しかし、その際重要なのは、手工業製品が国際あるいは国内あるいは近隣の都市市場への輸出品ではなく、農村（最初は一農村でなくて中心村と枝村から成る一農村圏でよい）での日用生活品であることだ。これには農村内分業が前提となる。

マックス・ウェーバーは、ドイツ中部・西部における農村部の売買関係（貨幣関係）の発展を述べているが、農村内分業という視点をはじめて提示したのは大塚久雄であった。彼は、イギリス農村工業を論じた折、数箇村を含む局地圏内に、諸種の手工業者が農民と混在し、彼ら相互の売買関係があったと述べている。すでに十四世紀後半に、村によっては織布工、仕立屋、鍛冶屋、大工、肉屋、粉挽き屋、靴屋、パン屋、毛織物商人などの存在が確認される。農村手工業は、十五〜十八世紀、イギリスのみならず、西欧一般に拡大し、それによって「中産的生産者層」が形成されていったと、大塚は語る。松村幸一『十六世紀イングランド農村の資本主義的発展構造』は、毛織物関係の手工業者の他、村によっては石工、大工、タイル張り工、靴屋、馬具工、桶屋、鍛冶屋、仕立屋、皮なめし工、パン屋、肉屋、粉挽き屋、運送屋、ビール醸造業、外科職人、床屋などの存在を確認している。もちろんこれらの手工業者はすべての村落に均等にいたわけではなく、十六世紀段階では中心村と枝村から成る一農村圏に散らばっていた。

寺尾誠「近世初頭中部ドイツの農村都市、市場町について」は、十六〜十八世紀中部および西部ドイツにおいて、農村市場が発達し、農村内部で「社会的分業」が成立していったと述べた。「社会的分業」は私のいう「農村内分業」のことである。農村内分業は、初めは一村落共同体内というよりも、村落間の分業として成立する場合が一般的であった。繰り返すが中心村と枝村との一農村圏での分業である。寺尾によれば、近世ドイツ西部の農村に確認される手工業は、皮なめし工、鍛冶屋、織物工、醸造工、靴屋、帽子製造工、レンガ工、パン屋、仕立屋、肉屋、漁師、大工、木材関係業者、染色工、船舶業者、家具製造師、木製品工、錠前工、運搬屋、石切工と多様である。十六世紀前半の中部ドイツのある中心村（人口約四〇〇人）には、靴屋九人、仕立屋五人、大工四人、鍛冶屋三人、パン屋三人、桶屋三人、車大工二人、肉屋二人、運搬屋二人、粉挽き屋二人、麻織工二人、陶工二人、醸造業者一人、小売商人一人、蠟燭製造人一人、居酒屋一人とある。もちろん、これらすべての業種が農村内生活需要品を作っていたわけではない。対外輸出品もある（麻織物など）。しかし、多くの業種、とくに衣食住に関する生産物（商品）は、農村内日用生活品でもあった。こうなると、農民と手工業者間、ひいては農民相互の「貨幣関係のネットワーク」が成立・浸透しやすくなる。

馬場哲『ドイツ農村工業史』は、十六〜十八世紀ドイツ・シュレージエン地方（現在はポーランド）を対象にした。ここは、西欧やドイツ西部・中部と異なって、領主権力によって手工業・営業の自由がより厳しく制限され、農村共同体の自治的機能も弱かった。その意味でもヨーロッパの辺境であった。それにもかかわらず、一七六五年、ある農村にいた手工業者は以下の通りであった。居酒屋、浴場主、桶屋、肉屋、粉挽き屋、車大工、鍛冶屋、仕立屋、靴屋、家具製造師、大工、筬《おさ》製造人、漂白工、織布工、麻糸商人、商人（行商人）である。ここは麻織物の生産地であったので、織布工の数が圧倒的に多い。麻織物は対外的輸出品であった。筬（機の縦糸を整える道具）製造人、麻布あるいは麻糸の漂白工、麻糸商人もこの商売に関係している。行商人が麻織物を都市市場に運んだのであろう。行商人は都市市場から農村に貨幣や他の商品をもたらすことに貢献した。しかしここで注目したいのは、麻織物関係以外にも、一一種の手工業者の名前が挙げられていることである。彼らの生産物は、行商人を媒介に都市市場で販売されたとしても、農村住民も購入した日用生活品であった。別の村にはパン屋、火酒醸造業、ビール醸造業、壁工、搾油工などもいた。馬場は、この地方では農村手工業者は少ないとし、実際、中心村を除けば、商人（行商人）、居酒屋、粉挽き屋くらいしか存在しない村が多かった。ここで注目すべきは居酒屋がほとんどの村、つまり枝村にも存在しているということである。

私は、かつて十八世紀中葉ドイツ・バイエルン地方の農村粉挽き屋の遺言書の分析をおこなったことがある。この粉挽き屋は、農民はもとより、農村内のパン屋、居酒屋、家具製造師、風呂屋（床屋）、織工、仕立屋、大工といった手工業者との間に貨幣の貸借関係をもっていた。彼は領主にも貸し付けていた。「貨幣関係のネットワーク」が成立すると、農村住民間の貨幣の貸借関係も日常的になった。農村の教会や居酒屋が銀行代わりとなることも多かった。十八世紀には農村内に多様な手工業者が存在し、農村住民間相互に「貨幣関係のネットワーク」が浸透していたことは確実である。この頃には、領主裁判所の罰金から農作業の労賃にいたるまで、貨幣そのものが使われた。同様のことは、少なくとも十七世紀中葉から確認される。それでは十六世紀はどうなのだろうか。

農村の居酒屋雑貨店の登場

ヨーロッパでは、農民が日用生活品を購入する場を居酒屋が担う場合が多かった。いわば居酒屋雑貨店である。十八世紀ドイツのある農村居酒屋では、年に三〇ライヒスターラー（銀貨）を領主に払って居酒屋開設権、ビール醸造権、ブランディ蒸留権を得ていた。居酒屋は、村の結婚式、洗礼式、葬式の必需品、ビール、ブランディ、パイプ、たばこなどの独占販売権を与えられていた。パン、タール（黒油）、鯨油（灯りに使う）、石鹼、シャベル、犂、鉄製・鋼鉄製器具、その他諸々の販売独占権も持っていた。これらの品物は、村内手工業者から直接買うことも可能であるのに、領主から居酒屋だけに許可されていた。そこで農民は必要な日用生活品を貨幣で入手した。

こういった日用生活品を扱う居酒屋雑貨店はいつ頃から農村に普及したのだろうか。それがわかれば、農村における「貨幣関係のネットワーク」の成立時期を特定できる可能性がある。ティロル農村は辺境の山間部でもあるにもかかわらず、すでに十六世紀、農村居酒屋で穀物、家畜、材木、食料品を売っていたという記録がある。

佐藤清隆「エリザベス朝・初期スチュアート朝イングランド酒場の世界」によれば、十六世紀後半以降居酒屋は、パン、ケーキ、チーズ、アップルパイ、ベーコン、猟鳥、卵、ポタージュ、あなご、にしん、塩魚、肉などの食料品の他、古着、塩、蠟燭、たばこなどを売っていた。つまり雑貨店であった。質屋の機能もあった。農村では、居酒屋雑貨店をパン屋、鍛冶屋、毛織物屋、靴屋、肉屋などが副業でおこなう場合もあった。ドイツでは、農村居酒屋を富農が経営する場合が多く、領主にも貸付するほどであった。繰り返すが居酒屋は村の銀行でもあった。貨幣も「売った」ということである。

居酒屋雑貨店の登場の経緯はこうである。たとえば、農民は穀物を粉挽き屋にもっていき、そこで挽いてもらった粉をパン屋で焼いてもらって食料としていたとしよう。それがパンを居酒屋が売るようになる。農民は居酒屋で貨幣を使ってパンを買う。粉挽き屋は粉をパン屋に売る。パン屋は焼いたパンを居酒屋に売る（あるいは居酒屋がパンを焼く）。農民の穀物は、一部は農村内粉挽き屋に売られ、一部は農村商人（行商人）に売られ行商人は都市市場でそれを販売し、貨幣を農村にもたらす。また行商人は、居酒屋に、その農村にない商品を持ち込む。これは一例にすぎない。また、領主の規制があるので、このように図式的にもいかない（ここが封建制的・身分制的規制が廃棄された資本主義社会と違う）が、こうして居酒屋雑貨店を中心に「貨幣関係のネットワーク」が農村中に浸透する。

居酒屋の枝村への普及

居酒屋は十三・十四世紀頃からヨーロッパに成立し始めた。それが激増したのは十六世紀、宗教改革以降であったことは第一章で述べた。都市や街道沿いだけでなく、教区教会のあった中心村には必ず存在するようになった。

イングランドの居酒屋はエールハウスと呼ばれた。佐藤清隆によれば、イングランドとウェールズで一五七七年に一万軒以上、一六三六年には二万軒以上であった。無許可も加えれば五万軒以上であったという。この五万という数字は居酒屋の激増を物語ると同時に、都市で複数の居酒屋が存在したばかりでなく、十七世紀の農村部、しかも中心村のみならず枝村にも居酒屋が成立していったことを物語る。こうして、十八世紀になると、枝村にも「貨幣関係のネットワーク」がかなり浸透していくこととなる。

また十六世紀以降、こういった農村居酒屋の風景は絵に多く描かれるようになった。ヒエロニムス・ボス（一四五〇頃〜一五一六年）、ハンス・ゼバルト・ベーハム（一五〇〇〜五〇年）といった絵描き職人である。有名なピーテル・ブリューゲル（一五二五頃〜六九年）も農村居酒屋を描いている。居酒屋研究に精力的に取り組むキュミンは、農村居酒屋は、在地のマーケット、金貸し、両替の機能をもち、十八世紀後半までには辺境の農村（辺境の枝村）にまで広がったと結論する。現在でいえば「スーパーマーケット」と銀行を兼ね備えたような存在である。材木まで売るなら「ホームセンター」といってもよいかもしれない。農村部に「スーパーマーケット」ができた文明はヨーロッパだけであった。居酒屋雑貨店の広がりは、農村における「貨幣関係のネットワーク」の浸透を強力に促進した。

反対証言もある。黒田明伸によれば、ピレネー山脈カタラン地方では少なくとも一七六〇年ごろまで、農民は穀物をもって市場に買い物に出かけた。十六・十七世紀のフランスでは「新大陸」からの銀流入がおこっているにもかかわらず、農村での貨幣使用は稀で、取引は貨幣単位でおこなわれるが、決済は塩のような現物でおこなわれた。十六・十七世紀のポーランドの農民の貨幣使用はなかった。イギリスは十八世紀末になっても、とくに農村では小額通貨は恒常的に供給不足で、スコットランドのある農村では、職人が釘を持参してパン屋や居酒屋に行った。

黒田はヨーロッパにおける「計算単位としての貨幣」を過大視しているように思える。確かに部分的にはそうだろう。しかし、実体としての貨幣使用は、少なくとも私が調べた十七・十八世紀農村部において主流であったことは間違いない。しかも黒田の例は、ヨーロッパ辺境部の事例である（ピレネー、ポーランド、スコットランド）。

農村の「貨幣関係のネットワーク」と職の棲み分け

おそらく、ヨーロッパにアメリカ銀が流入しても、すぐに農村部に「貨幣関係のネットワーク」が成立・浸透したわけではなかった。しかし、ヨーロッパの場合、オスマン帝国や中国と異なり、十六世紀以降、一農村圏（中心村と枝村）に、農村商人を含む多種の手工業者が存在していた。彼らと農民との売買関係が成立する条件があった。最初は物々交換も併用したであろうが、徐々に「貨幣関係のネットワーク」が成立・浸透していった。これは、農民相互の「貨幣関係のネットワーク」も促進することになった。農村の「貨幣関係のネットワーク」は、居酒屋雑貨店を中心に展開していく場合が多かった。十七世紀以降になると、中心村のみならず枝村でまで居酒屋雑貨店が成立し始めた。こうして十八世紀には農村部にまで一律に「貨幣関係のネットワーク」が浸透していたことは間違いない。

なぜ農村内の「貨幣関係のネットワーク」が、十九世紀以降の資本主義社会（お金に苦労する社会）を生んだのか。私は、しつこく農村手工業者の存在が重要と述べた。しかし、これは一部の研究者が主張するような農村手工業から資本主義的生産が始まったということでは全くない。農民が副業でおこなっていた農村手工業が発展して、資本（貨幣）が蓄積され、一方に資本家が登場し、他方で、土地を失った大量の農業労働者が出現する。この農民層の両極分解によって資本家・賃金労働者関係を生んだという議論（かつては大塚史学と呼ばれた）ではない。資本家・

賃金労働者関係は、都市から出てくる場合もあったはずである。どちらでも可能性はあろうし、私にとってそれは重要ではない。

農村手工業の存在が直接に資本主義に直結したわけではない。農村内分業（職の棲み分け）、つまり多様な農村手工業者と農民間の売買関係の成立、ひいては居酒屋雑貨店の成立が、農村における「貨幣関係のネットワーク」の成立・浸透を招いたという意味で重要なのである。

何が資本主義を生んだのか

資本主義社会の成立は、まず、封建制的・身分制的諸規制が廃棄されて、誰でも自由に起業・営業活動ができるようになったことが一つ。これはフランス革命（イギリスでは現実にはそれ以前から）で実現された。次に、産業革命によって機械を使った大量生産・大量消費が可能となったことが二つ目である。しかし、この二つの実態は、あくまで資本主義成立の直接の原因ではなく、資本主義制度が効率よく運動するのを促進したに過ぎない。資本主義が軌道に乗るのを調整したに過ぎない。

資本主義は、社会全般における「貨幣関係のネットワーク」の成立・浸透から生まれた。この章の最初に、資本主義を「ある社会あるいはある文明下のあらゆる人間が貨幣を媒介として日常的に売買関係を結ぶシステム」と定義した。それならば、農村にまで「貨幣関係のネットワーク」が浸透した状態は、すでに「資本主義社会」なのである。封建制的・身分制的規制が廃棄されていず、まだ産業革命が起こっていないだけである。この二つが実現された時、本格的に資本主義が運動し始めたと理解しよう。

農村に「貨幣関係のネットワーク」が成立する基盤の一つは、「万人が富の分配に与るチャンスのある市場システム」つまり、富の棲み分けである。基盤の二つめは農村内分業、つまり、農業従事者と日用生活品を扱う手工業者との棲み分けである。富の棲み分けと職の棲み分けが、農村に「貨幣関係のネットワーク」を成立・浸透させた。「貨幣関係のネットワーク」が成立・浸透すれば、当然、富（貨幣）の獲得競争が起きる。この結果、一方で金持ち（資本家）、他方で金なし（賃金労働者）を生み出すことになる。重要なのは、これが都市だけの現象ではなく、農村にまで一律におこったことである。都市の商人の富の獲得競争なら、多かれ少なかれ、どの文明圏でも存在した。しかし、農村住民による富（貨幣）の獲得競争が展開されたのはヨーロッパ文明だけであった。こうして農村部でも「貨幣が廻る」社会構造が形成された。

次に「貨幣関係のネットワーク」は、貨幣の絶対量を前提にして（十六世紀以降大量のアメリカ銀の流入。十八世紀の紙幣の流通）、都市はもちろん農村、しかも中心村だけでなく枝村にいたるまで、徐々にではあるが、貨幣なしには生活できない状況を創出したことである。これがより重要である。いわゆる「お金、お金、お金」である。農村はもともと自給自足で完結できる社会であった。しかし、農村に商品・貨幣経済が入り込めば、自給自足は崩れ、日用生活品を調達しなければならない。そこで、近郊の都市に、農民が直接生産物を売りに行ったり、行商人を介して、日用生活品を物々交換あるいは貨幣を使って調達するようになる。しかしこの段階では、貨幣は必ずしも農村内では「必需品」ではないのである。物々交換でも可能というのもあろう。

それ以上に、この場合は、貨幣は近隣の都市市場でのみ、あるいは行商人との一対一の関係でのみ価値を有する。農村内では貨幣は「共有必需品」ではない。価値をほとんどもたない。

しかし、「貨幣関係のネットワーク」が浸透すると、農村でも貨幣は「共有必需品」となった。農村部でも物々交換は成立し難くなった（現在、コンビニに米をもっていってビールを買おうとしたらバカと思われる）。商品は貨幣でなければ獲得できなくなった。貨幣が「絶対的価値」をもつようになった。こうして農村にいても、人は皆貨幣なしでは暮らせなくなった。農民も貨幣なしでは生活できない社会構造が生み出された。現在でも、やろうと思えば自給自足生活は可能かもしれない。しかし、ひとたび「貨幣関係のネットワーク」に巻き込まれると、日常生活が貨幣なしでは動かなくなる。十七・十八世紀以降のヨーロッパ人と貨幣との関係がまさにそれであったのではないか。繰り返すが、これはすでに「資本主義社会」である。封建制的・身分制的規制がまだ廃棄されていないというだけにすぎない。

なぜヨーロッパ農村にだけ職の棲み分けが起こったか

私は、「貨幣関係のネットワーク」成立の前提として、農村内に日用生活品を扱う多様な手工業者が存在したことが重要だと繰り返した。それならば、なぜヨーロッパにだけ、農村部に農業従事者と非農業従事者の農村内分業（職の棲み分け）が起こったのだろうか。なぜ、オスマン帝国や中国には起こらなかったのか。

まず、パーササラティが、農村内分業という観点からではないが、反証を提示しているので紹介しよう。一七七五年のインド東北部ベンガル地方のランガマティ村（世帯数二五六）（現在はバングラデシュ）では、農業専従者一〇一世帯、役人三三世帯、養蚕業二二世帯、下層労働者二一世帯、畜乳業一七世帯、托鉢僧一三世帯、その他綿布職人、絹織物職人、鍛冶屋、搾油工、小売商、食料品商、魚売り、竹職人、床屋がいたという。また、一七九一年同地方のシブプール村（四一九世帯）（現在インド西ベンガル州）では、農業専従者の比率が二五パーセントしかなく、手工業者一五パーセント、漁師二二パーセント、上流カースト地主二一パーセントだという。この二例がどこまで十八世紀ベンガル地方一般に当てはまるか不明と著者はいうが、これが一般化していたなら、少なくとも十八世紀末のインド・ベンガル地方では農村内分業（職の棲み分け）が存在した可能性を語れるのだろうか。そうなると農村内分業をヨーロッパだけに限定するのは危険なのだろうか。中国でもオスマン帝国でも農村内分業があったのだろうか。

しかし明快に反論しよう。まず、前者の例からである。ランガマティは現在のバングラデシュのチッタゴン州の県名でランガマティが県都でもある。ランガマティは、ベンガル地方では例外的な丘陵地帯でカプタイ湖に面した仏教系少数民族（多数派はベンガル族）が住む地域でもあった。だから辺境の貧しい地域を例に出すこと自体問題が多いが、それはともかく、ランガマティは、十八世紀には周辺地域の市場的存在であった。村というより町（市場）なのである。さらにベンガル湾大貿易港チッタゴンにも近い。だから、役人（イスラム教徒）、手工業者（養蚕、綿布、絹布は輸出用である）、商人、労働者、床屋まで居住していても不思議ではなかった。托鉢僧は仏教僧であろう。そもそも、ベンガル地方は当時イギリス東インド会社の支配下にあった

（一七六五年以降）。平野部が広がる同地方は人口稠密で米とジュート（インド麻織物）の大生産地であった。後者のシブプール村の例でみると、東インド会社との関係が見えてくる。まず、シブプールは現在インド西ベンガル州の工業都市ハウラー近郊にあり、現在では同市に合併されている。また、同地はガンジス支流フーグリー川をはさんで州都の大都市コルカタ（カルカッタ）の対岸に位置する。漁師は川魚をハウラーやコルカタの市場で売った。そしてとくに東インド会社時代、シブプールはジュートで栄えた。東インド会社がジュートを輸出用に生産させたからである。だから手工業者一五パーセントはおそらくすべてジュート関係の職人であったことは間違いない。結局、インドでも農村内分業は全く問題にならないのである。

私は、あくまで農村内分業（職の棲み分け）が多様な形で発達したのはヨーロッパだけと思っている。なぜなのか。ヨーロッパでは、農村に近接する都市が多かったから、はじめは都市にいた日用生活品を扱う各種手工業者および商人が近隣農村に移住したという考え方はどうか。しかし、前述したように、時期的には遅れるが、オスマン帝国にも中国にも、農村に近接する都市は増加していったのである。また、ヨーロッパで都市のギルドに編成されていた各種手工業者および商人が、突然十六世紀頃に、しかも多数農村に移住したとは考えられないし、そういった事実も資料上見いだせない。そうなると、農村内部で、農業専従者と手工業者の棲み分けがおこなわれたと考えるほかない。私は、中世後期の職の棲み分けの端緒を「自生的・生態学的棲み分け」と捉えた。十六世紀以降、より鮮明に登場した農村内の職の棲み分けも同様に捉えてよいのだろうか。「能動的棲み分け」とは言えないだろうか？　職の棲み分け＝農村内分業は、ある程度の自治的機能をもった「農村共同体」内の住民同士の「役割分担」である。農村内分業は農村共同体内の「経済的役割分担」なのである。政治的にみれば、村長、村役、水番等々がいるのと同じである（政治的役割分担）。「役割分担」は「機能的棲み分け」である。この機能的棲み分けは、最初は「自生的・生態学的」なものだったかもしれないが、十六〜十八世紀の過程で「能動的」なものへと変化したと考えるのは極論であろうか。十六世紀から本格化する聖俗の棲み分け、時間の棲み分けと連動して、農村内機能（政治的にも経済的にも）を農村共同体住民（領主と教区聖職者を含めて）が自ら「能動的」に棲み分けをおこなったと考えることも可能である。だから、農村共同体を語れない中国のようなところでは、職の棲み分けも語れないのである。私の調べた限り、農村内分業（職の棲み分け）から、農村に「貨幣関係のネットワーク」を創出できたのはヨーロッパだけである。職の棲み分けは、始めは自生的・生態学的棲み分けであったものが、十六世紀以降、能動的棲み分けへと変化したものと理解したい。十六世紀以降、多種多様な手工業者の存在が農村に鮮明に確認され始めたが、それが、聖俗の棲み分けや時間の棲み分けの始まる時期と一致しているのは偶然ではない。

「棲み分け」論で解くヨーロッパ文明

私は、ヨーロッパは、「農民も含めた民衆にも富の分配に与るチャンスがある市場システム」、つまり富の棲み分けがあったと繰り返し述べた。一介の職人であったコロンブスが、国王の援助を得て海外渡航をおこなった文明は他には考えられない。鄭和は皇帝の命令で海外に航海した官僚・知識人であった。

富の棲み分けは、職人間の競争を生み、やがて科学革命や産業革命を起こした。また、農村への「貨幣関係のネットワーク」の浸透を促し資本主義につながった。さらに、富の獲得を求めて、万人がタイムスケジュールに沿った生活行動をとらせるようになった。時間の棲み分けである。これは機械時計の発達を強力に促した。

富の棲み分けは、本書を通じた一つのキーワードとなっている。これは通俗的にいえば、誰でも一儲けのチャンスがあったということである。それでは、なぜ誰でも一儲けのチャンスがあったのか。これは、ヨーロッパに人口と諸権力が均等に散在し、そのため市場も棲み分けしていたからである。市場の棲み分けは農民も日常的に市場に関与し、そこから富を引き出すことを可能にした。市場の棲み分けと権力の棲み分けが富の棲み分けを生んだといえる。人口、市場、権力そして富、いずれの棲み分けも、私の定義で言えば、自生的・生態学的棲み分けである。

ヨーロッパ文明を解く最大のキーワードは、「棲み分け」である。棲み分けには自生的・生態学的棲み分けと能動的棲み分けの二種類あることは強調した。前者に属するのは人口、市場、富、権力。後者の代表が空間と時間である。機能の棲み分けなど二つの種類に重複するものもある。たとえば、身分（王権・聖職者・貴族・都市民）の棲み分けは自生的・生態学的棲み分け。聖と俗の棲み分けは能動的なものである。

富の棲み分けはヨーロッパに特有の自生的・生態学的棲み分けであり、そこから資本主義が生まれた。農村に「貨幣関係のネットワーク」を成立させたもう一つの基盤、職の棲み分けは、最初自生的・生態学的棲み分けだったものが能動的棲み分けに変化していったものと思われる。また、資本主義を効率的に運転するには時間・空間の能動的棲み分けが適合的であった。だから、これらの棲み分けは十九世紀以降加速する。

聖俗の棲み分けは、聖なる空間・時間と俗なる空間・時間の棲み分けであり、また聖と俗との機能の棲み分けでもあった。これは、とくに十六世紀以降、能動的に棲み分けさせていったものである。時計の発達と普及の時期と重なっているのは単なる偶然ではない。

時間・空間の棲み分けは能動的棲み分けで、これは、ある空間内や時間内を均一にしようとする発想である。だから時として、排除を生む。均一化とそれに伴う排除の発想はキリスト教の発想から来ている。知識人聖職者のキリスト教は均一的である。だから知識人キリスト教は聖俗の混淆を許さなかった。聖と俗を棲み分けさせたのはキリスト教だけである。棲み分けされた空間や時間に、「不純物」が混じるのを許さない。棲み分けされた空間や時間は均一でなければならない。祈りの定式も儀式もどこでも、いつでも同じでなければならない。ドイツと日本でグレゴリオ聖歌の旋律が異なることは基本的に許されない。棲み分けされた儀式空間（教会）でおこなわれる儀式や音楽は均一でなければならない。儀式の時間的順序も均一でなければならない。特定の領土内は均一の宗派でなければならない。「アーリア」人の空間として棲み分けされた「ドイツ」にユダヤ人が存在するのは許さない。ある意味、能動的棲み分けは「負の基盤」であるのかもしれない。

本書の結論を述べる。ヨーロッパに特徴的な自生的・生態学的棲み分けとしての人口の棲み分けが、これも自生的・生態学的棲み分けとしての権力の棲み分けと相まって市場の棲み分けを生み、そこから「万民が富の分配に与るチャンス」つまり、富の棲み分けが生まれた。富の棲み分けは、十七世紀にヨーロッパを「理系」に舵を取らせ、「理系」は十九世紀に近現代文明の中心に確固として制度化された。他方、十六〜十八世紀の過程で、富の棲み分けは、能動的職の棲み分けと合体し、農村に「貨幣関係のネットワーク」を成立・浸透させた。これが十九世紀に資本主義社会として制度化された。また時間・空間の棲み分けが十九世紀以降加速化したのは、これが資本主義に適合的だからであった。資本主義も「理系」同様、十九世紀に社会に制度化されたから、私は、これ以降を「理系型資本主義社会」と呼びたい。「理系」の特徴は、あらゆるものを測定・実験・観察あるいは分類して、計量化・数値化することにある。そして資本主義の特徴も、すべてを数値化することにある。時間給、生産高、経済成長率、株価など、すべて数値化される。だから資本主義は「理系」なのである。現在、われわれは、この「理系型資本主義社会」のなかで生きている。

ヨーロッパ文明を解く「鍵」は「棲み分け」である。十五世紀に始まるヨーロッパの海外進出、「科学革命」、「産業革命」、フランス革命、ナショナリズム、ヨーロッパ列強による世界の植民地化、「白人至上主義」による「人種差別」、ナチスによるユダヤ人等の虐殺、あるいはクラシック音楽の誕生、時計の改良、隔離検疫と公衆衛生の発達、田園都市計画等々、本書で述べたヨーロッパのあらゆる歴史的事象すべてが「棲み分け」論で説明できるのである。

付論

なぜ日本は資本主義化に成功したのか

福澤諭吉と梁啓超

まず、明治時代の二人の論客の議論から紹介しよう。一人は日本人であり、もう一人は中国人である。

ヨーロッパこそ「文明」であり、歴史の先頭を走っているという考えは、明治維新以来の日本に定着した。十八世紀フランスで生み出された「文明」概念が世界中の知識人を悩ませた。

福澤諭吉の『文明論之概略』(一八七五年)は、欧米を文明、アジアを半開、アフリカを野蛮とする当時の日本の知識人の通説を批判した。彼は、日本古来の歴史を「日本文明」と表現する一方で、日本文明は西洋文明よりも遅れているとも明言する。福澤の論は、日本も「文明国家」である。ただヨーロッパより遅れていることは確実だから、早く追いつきたいという思いの産物であった。ここに、ヨーロッパを模倣(コピー)していく日本近代の思考体系が据えられた。

福澤以上に痛恨の思いで、ヨーロッパ以外にも文明が存在すると主張したのは、列強の半植民地状態となっていた中国の梁啓超(一八七三〜一九二九年)である。梁は、一八九九年の大晦日、渡米途上の太平洋上で創った「二十世紀太平洋歌」のなかで、古代文明の祖国は四つであり、中国、インド、エジプト、小アジア（メソポタミア）としている（一九〇二年にはメキシコも追加）。梁啓超の古代四文明（あるいは五文明）は、現在では欧米でも定着している。世界史の教科書でもおなじみであろう。彼は、これらを文明の第一期「河流文明時代」（黄河、インダス川、ナイル川、ティグリス・ユーフラテス川）と呼ぶ。文明の第二期は「内海文明時代」で、地中海、ペルシア湾、アラビア海、インド洋、黄海、渤海がそれに相当する。これは、ヨーロッパ、イスラム圏、インド、中国を指している。そしてコロンブスによるアメリカ大陸「発見」によって「大洋文明時代」が始まった。大西洋と太平洋である。ここの文明圏はどこを指すのだろうか。梁啓超は、先行諸文明はすべて滅亡し、いまやあるのは欧米（ヨーロッパ）文明と中国文明のみであると述べているから、この二つを意味しているのだろう。つまり、中国文明をヨーロッパ文明に比肩しうる存在として主張したのである。

福澤にせよ梁にせよ、ヨーロッパ文明の絶対的存在に何とかして抵抗しようとする思いが感じられる。しかし、この両者の論は微妙な違いをみせる。日本にも文明があるといいながら、ヨーロッパより遅れているがゆえ、その模倣を優先すべきとしたのが福澤であった。それに対して、梁は、単にヨーロッパの模倣に専念することを拒んだ。これが、日本と中国のその後の「近代化」の違いに影響したと言えるかもしれないが、それはそれほど意味ある議論に発展しない。私は、日本には、すでに江戸時代からヨーロッパと類似した発展の基盤があったのではないのかと思っている。類似した基盤とは、もちろん「棲み分け」のことである。

権力の棲み分けと鎖国

地球儀を見ていると、いかに日本列島が小さいかがよくわかる。私は、規模は小さいが、日本も諸権力競合体制（権力の棲み分け）の歴史（明治維新まで）であったと考えている。それが明確になるのは戦国時代である。ところが徳川政権によるある意味の「帝国化」と鎖国状態で、諸権力競合体制は弱まった（後述のように江戸時代も諸権力競合体制である）。戦国時代が続けば、日本史はまた違った方向に流れていたであろうという仮説は成り立つ。

鎖国が日本文明の力を弱めたという主張は昔からあった。少なくとも科学技術という面に限れば遅れをとったことは間違いない。十六世紀前半に伝来した鉄砲を、なぜ、また幕末に、再度ヨーロッパから買わなくてはいけなかったのか。鎖国政策は秀吉の宣教師追放令（一五八七年）からはじまって、家康の禁教令（一六一二年）、一六三五年の日本人の海外渡航の禁止令を経て、一六三九年、貿易を長崎でオランダと中国のみに限定することで完成される。近年では鎖国ではなく、当時の東アジアに共通した外交方針であった「海禁」（海外渡航の禁止や外国貿易の制限）という言葉で捉えなおす傾向にあるようだ。確かに長崎のみならず対馬藩による朝鮮貿易、薩摩藩による琉球貿易、密貿易なども考慮すれば鎖国という言葉は使えないだろう。ちなみに中国では清朝が、一六八四年に海禁を解除したが、十八世紀半ばには再びヨーロッパ船の来航を広東のみに制限した。

ここは鎖国の是非を問う場所ではない。ただ、日本の諸権力競合体制（権力の棲み分け）は、戦国時代から存在し、江戸時代の鎖国下でも存続した。以下、日本史を「棲み分け」から考えてみよう。

古代・中世

日本が律令（法律）国家として成立した八世紀には、原則土地は天皇のものであり土地の私的所有は認められなかった。しかし現実には、畿内を中心に、中央貴族、寺社などが土地を「私有」しており、彼らが荘園領主となっていく。荘園の拡大は十一世紀から十二世紀にかけてかなり進行した。とくに鎌倉幕府成立後は、土地の私有化の拡大は止まることがなかった。武家勢力が参加してくるからである。彼らは在地の豪族で、実質荘園領主となった。荘園制下の農民は、中世初期ヨーロッパの農奴に近く、彼らは荘園領主のもとで生産物活動と労役を強いられた隷属民であった。生産物および労役年貢のほとんどは荘園領主（守護）へ、一部は地方官吏を通して朝廷に納められた。権力の棲み分けの端緒が見える。

貨幣は、すでに国内で鋳造されていたが、それが全国の諸都市で広く流通するようになるのは十五世紀前後であった。それに伴い、荘園年貢の金納化が現れた。貨幣量が足りなかったので、中国の宋銭・明銭を輸入した。しかし農民が貨幣経済のなかにいたわけではない。速水融『近世日本の経済社会』によれば、貨幣をもっている商人が年貢収納を代行したという。つまり農民は商人に生産物を納め、商人が貨幣に換金して納税したのである。これはビザンツやイスラムの納税法と類似している。

十六世紀になると、荘園領主下の隷属的農民は土地を与えられ、荘園領主や朝廷に年貢を支払うだけの「自由農民」化していく。つまり一種の「土地保有農」になったことになる。これはヨーロッパの十二世紀以降の「荘園制」と類似している。こうなると、「自由農民」からなる村落共同体が形成される。だから都市近郊の農民は余剰生産物を売って貨幣を蓄積できるチャンスが訪れたことになる。

戦国時代

同時に十六世紀以降になると従来型の荘園制は機能しなくなる。つまり朝廷が全国土を所有するという原則は崩壊する。各地の在地領主が、独立支配領域をもつ戦国時代となったからである。戦国大名の登場である。大名の家臣も一種の「封土」を受けた。この時期から、日本は、完全に諸権力競合体制（権力の棲み分け）となった。

戦国大名は、富国強兵のため農民保護政策をとり農業生産性を向上させ、自由貿易をおこなえる楽市令をだし、商品経済の発達に貢献した。市場としての都市の数も飛躍的に多くなった。戦国時代に、商品経済が発達したことは通説になっている。市場としての都市の数も増加した。門前町、寺内町、港町、宿場町などと呼ばれるものである。だから、都市近郊農民が余剰生産物を貨幣に換金する機会も増えたはずである。

こういった状況をさらに推進したのが織田信長であった。彼の唯一の「功績」は、家臣が農村に住むことを禁止し、いわゆる城下町をつくったことである。信長を継いだ豊臣秀吉と徳川家康によって全国が一応「統一」され、その過程で大名の権力は弱体化した。しかし、彼らも兵農分離政策を推し進めたため、各大名領内に城下町が形成された。この城下町の形成が重要であった。城下町に隣接する農村住民に貨幣獲得のチャンスが訪れた。

鎖国下でも諸権力競合体制

私は、ヨーロッパ以外で「資本主義化」のための前提条件を揃えていたのが日本であると考えている。その核となったのが、城下町を中心とする局地的都市市場の発達である。そこには武士の他、商人、職人が集住した。十七世紀初頭には全国で二〇〇以上の城下町が建設された。宿場町などを加えれば、都市の数はさらに多い（市場の棲み分け）。その都市市場に農村住民が関与する機会が多いこと（富の棲み分け）が、農村に「貨幣関係のネットワーク」が成立する条件の一つであることは繰り返し述べた。

日本の場合、確かに徳川政権は、鎖国政策を全国一律に強制できるように、ヨーロッパの国王に比べれば相当強い権力をもっていた。強度な「絶対主義」であった。しかし、各藩は潰されることなく残った。というより、徳川は藩を潰すほどの権力はもっていなかった。藩は自らの領土を支配する権力であった。つまり、徳川権力と諸大名権力の間で、権力が棲み分けされ均衡していたのだ。江戸時代は、疑似中央集権化した諸権力競合体制であった。これが多くの局地的都市市場の形成を促進した一要因であった。

江戸時代の富の棲み分け

江戸時代は、農民から個別に年貢を徴収するのではなく、村への一括課税であった。田は米で納め、畑、屋敷などは貨幣で納めた。村全体の責任で納税しなければならなかったから、村落共同体の結束は強化された。貨幣の備蓄も必要だった。

農民間にはすでに階層分化が始まっていた。大別すれば地主と小作である。大名領主は年貢を米で受け取ったが、それを商人に売って貨幣に替え、消費財を購入した。家臣も俸給としての米を貨幣に替えた。また商人は農民から直接米などの農産物を買い付けしたから、農民は手にした貨幣を使って、都市市場で消費財を購入することができた。

しかし、現実に江戸時代の農村に「貨幣関係のネットワーク」が成立・浸透していたのだろうか。イギリス、インド、日本の支配者、工商人、農民の個人所得分布を調査した斎藤修『比較経済発展論』によれば、農民所得を一〇〇とした場合、日本の工商人は一六〇、支配者は一七七。イギリスの工商人は二〇五、支配者は四六八。インドの工商人は三七二、支配者はなんと二五六三であるという。日本の支配者には大名配下の家臣もはいっているのだろう。そのため、江戸時代の農民と支配者の個人所得の差がイギリスよりも小さくなっている。インドは支配者の所得が圧倒的であったのはすぐに想像がつく。

ともあれ、この数字は、日本の諸権力層が、ヨーロッパと同様弱体貧乏で、農民を含めた民衆も富の分配に与るチャンスにあったことを意味している。これは、幕府を例外として各藩は貧乏で、大商人などから借金していることに表れている。ヨーロッパ同様、日本は富も棲み分けしていたのだ。ただ斎藤の調査は、イギリスとインドは一六〇〇年代に対して、日本は一八四〇年代となっているのが弱点である。もう幕末である。

不動産売買と借金

北関東、現在の栃木県の鹿沼地方の村落文書によれば、十七世紀中頃から農民同士による家屋敷、田畑、山林といった不動産売買・賃貸から、酒株（酒造の権利）売買、年季奉公の身代金（抵当・担保）、借金にいたるまで貨幣でおこなわれた記録が多くなってくる。

たとえば一六六一年の事例では夫が女房を身代に金三両二分を、一六八一年には、ある農民が山札（入会地を利用するための札）を質草に金二分の借金をしている。ただ、これらの事例はすべて金貨（日本では銅銭、金貨と秤量貨幣としての銀が使われた）による高額の取引であって、小口取引の銭（寛永通宝）の使用ではない。

十七世紀の信州農村の金融（貸付）を調査した牧原成征『近世の土地制度と在地社会』によれば、ある富農の家が、領主、武士、商人のみならず、村内の全階層に貸付をおこなっている（一両未満が最も多いが銭は少ない）。つまり中・下層の農民も借金しているのである。農民は、それで馬、布、塩、たばこ、板などを購入している。塩、布、たばこなどは日用生活品である。

問題は、そういった農民が日用生活品をどこで購入したかである。隣接する都市市場で年に数回程度（節句など年中行事で）購入し、農村に戻れば貨幣が不要となるなら農村の「貨幣関係のネットワーク」は語れない。

富の棲み分けの進展

木村礎『近世の村』によれば一七六〇年代以降目立ってくるのが農村市場の発達である。平均一〇〇村（郡レヴェル）には二、三箇所の「市村」あるいは「市町」が存在していた。近世約六万以上の村があったから、一二〇〇～一八〇〇箇所、あるいはそれ以上の農村市場があったことになる。半径四キロ四方の市場圏をもっていた。この時期市場の数が増加したことは、富の棲み分けにとって有利となったことはいうまでもない。

大口勇次郎『幕末農村構造の展開』によれば、農民の生産物は「市村」の商人によって商品化された。つまり、十八世紀中葉以降、農民は、市村商人に自らの生産物を売って貨幣を手にいれていたということである。

もう一つ重要なことがある。江戸時代の日本は、貨幣の材料となる金銀銅など鉱山大国でもあった。金貨、銭、銀の供給には不自由しなかった。これも富の棲み分け、ひいては「貨幣関係のネットワーク」を農村にもたらすのに有利であろう。

農村での職の棲み分け

「貨幣関係のネットワーク」を証明するには、銭による農村での日用生活品取引を確認しなければならない。それには、農業に従事しない手工業者と農業従事者との農村内分業（職の棲み分け）がおこなわれていなければならない。

日本の農村に塩、醬油、食物、たばこ、菓子、衣類、履物、蠟燭、灯油、農具などの日用生活品を扱う各種商店が、数多く史料に記録されるようになるのは十九世紀初頭からの幕末期である。

木村礎によれば、一八四三年相模のある村内商店は以下の通りである。「質物、茶屋旅籠屋、釜鍋、春麦、穀物、下菓子打、下駄足駄こしらえ、豆腐、くだもの、青物類、酒造、酒枡売、薬種、荒物、茶、太物類、水油、竹木、瀬戸物、木綿小切、油手絞り、足袋、紙漉、すし売、まんじゅう、白米小売、にごり酒、茶店茶漬」（一八〇頁）。これらは農民の兼業であったようだが、これら商店経営者を手工業者と呼んで差し支えない。豆腐や足袋などを自らつくって売っていたのだから。同様な農村商店（手工業者）の一部は遅くとも十八世紀末からは確認される。その他、農村手工業者は、村にもよるが大工、桶屋、木挽、綿打、鍛冶屋、経師屋、建具屋、屋根屋、仕立屋、下駄作り、塗物師、箒木作りなど多様に存在した。この時期、農村で職の棲み分けが展開されていたことは明らかである。

児玉幸多『近世農民生活史』によれば、十八世紀前半の時代では、まだ衣類、髪結い用の油、醬油などは手作りか、油などは使わず水で髪を結ったが、十八世紀後半になると農村内で銭で購入するようになった。手作りの蓑、笠、わらじに替わって傘、下駄、足袋を購入する。手作りの葉タバコに替わって完成品を買う。松明または焚き火で夜なべしていたのが、購入した油灯または蠟燭を用いる等々。

日本では、戦国時代権力の棲み分けが成立し、江戸時代になると市場の棲み分けと富の棲み分けが展開し、十八世紀後半以降は農村における職の棲み分けが明確になり「貨幣関係のネットワーク」が成立したと理解するのはあまりに単純化しているだろうか。

私には、日本の十八世紀後半以降の農村で、ヨーロッパ十七・十八世紀のように貨幣が「生活必需品」となり、それなしには生活できない環境にまでなったと断言する資格はない。だから、ここでは、十八世紀後半以降の日本の農村では「貨幣関係のネットワーク」への「端緒」があった。あるいはそれが開始され始めたくらいの表現にとどめておく。しかしこの状況が、明治以降の資本主義化をスムーズに推し進める力となったと思っている。

時間の棲み分けもおこなわれていた日本

このように、権力、市場、富、そして農村の職の棲み分けが存在し、農村における「貨幣関係のネットワーク」の端緒があった。もう一つある。時間の棲み分けも江戸時代におこなわれていた。

ヨーロッパ製の機械時計は、日本には一五五一年にフランシスコ・ザビエルが大内義隆に献上した。日本では当時、昼夜の時間をそれぞれ六等分する不定時法がとられていた。日本人は、ヨーロッパの機械時計をそのまま模倣するのではなく、昼用と夜用併用の二重脱進機のついた和時計を十七世紀前半につくり出した。昼用と夜用は自動的に入れ替わる仕組みであった。昼用には、明け六つ（卯）から始まって、五つ（辰）、四つ（巳）、九つ（午）、八つ（未）、七つ（申）、夜用は暮れ六つ（酉）から始まり、同じく五つ（戌）、四つ（亥）、九つ（子）、八つ（丑）、七つ

（寅）と数えた。上記のように十二支に対応させたものもある。「草木も眠る丑三つ時」は丑の時を四刻に分けその第三の時を指す（現在の午前二時〜二時半）。だから、一時を四分割していたことになる。ただ、和時計は時針のみで分針はなかった。

和時計は単に将軍や大名の玩具ではなかった。ここが中国と決定的に違った。城下町には、和時計が自動的に時を告げる「時の鐘」が設置された。都市のみならず、十七世紀中頃から十八世紀にかけて地方の農村の寺院の梵鐘用にも利用されるまでになった。夜中にも鳴らされていたらしい。この時期、人々は皆、時を正確に知る必要性が出てきたのだ。

私は、日本の江戸時代、十八世紀に時間の棲み分けが開始されたと思っている。だから、明治以降西洋時計による時間管理にすばやく順応できたのだ。また、日本の時計産業の発展も、そのことを物語っている。

日本とヨーロッパの類似と相違

日本がヨーロッパと類似した基盤（棲み分け）を有していたから資本主義化に成功したという議論は、日本を特別扱いしていると思われるかもしれない。しかし、私は、資本主義化に成功したことが良いことだとは一言もいっていない。ともかく日本が、非ヨーロッパ圏以外で、いち早く資本主義化、工業化、俗にいう近代化に、良きにつけ、悪しきにつけ成功した唯一の国であるのは、紛れもない歴史的事実である。それには理由があるはずである。

一つは、明治維新以降ヨーロッパのコピーに専心したことである。ただ、それだけで短期間で欧米列強に並ぶ近代化をおこなえるはずがない。近代以前における権力、市場、富、農村における職の棲み分けと「貨幣関係のネットワーク」の端緒、そして時間の能動的棲み分けの開始から説明するしか、私には考えられない。ただ日本における「棲み分け」、なかでも「能動的棲み分け」については、ヨーロッパほど徹底したものではなかったと言わなくてはならない。空間・時間の能動的棲み分けが徹底していたなら聖俗混淆は残らなかっただろうし、現在でも、ヨーロッパに比べれば、日本の都市は乱雑である（都市計画の不徹底）。

なぜ日本でなぜ棲み分けが起こったのか

棲み分けには二種類ある。自生的・生態学的棲み分けと能動的棲み分けである。日本で存在したのは時間の棲み分け（和時計の発達）以外は、すべて基本的には自生的・生態学的棲み分けとして定義できるものである。権力、市場、富、そして農村の職の棲み分け（ヨーロッパではこれを能動的棲み分けに変化したと捉えたが、日本ではそこまで言うつもりはない）である。ヨーロッパにおける自生的・生態学的棲み分けは、まず人口の棲み分けがあり、そこから市場の棲み分け、さらに富の棲み分けが生まれた。権力の棲み分けも、市場の棲み分けひいては富の棲み分けを促進したといったような関係性のうえに説明した。日本の場合、説明していないのは人口の棲み分けである。これが存在したのか。少し考えてみよう。

江戸時代の人口は、鬼頭宏『人口から読む日本の歴史』によれば、十七世紀初頭には一二〇〇万強だったものが、十八世紀前半には三〇〇〇万人を超え、それが幕末、明治初期までの三〇〇〇万強台で推移した。この三〇〇〇万強という数字は、一八〇〇年頃までのオスマン帝国とほぼ同じ規模の数字である。だから日本の江戸時代は面積に比して多人口だった。この時代に農業生産性が大きく増加したことを意味する。

しかし日本は山地が七割以上を占め、ヨーロッパの自然環境基盤とは明らかに異なる。平野部に人口が偏在していたのは中国やインドと同じである。これでは、人口が均等に散在し、そこからヨーロッパ型市場（市場の棲み分け）につながらないではないか。

そこで考えられるのは、日本の場合は、平野が日本列島各所に小さいながらも分散していたことが影響したのではないか。日本の平野は最大の関東平野の他、全国に散在している。今では関東に日本の人口の三分の一（約四〇〇〇万人）が集中している。三大都市圏で約七〇〇〇万人、約六割が集中している。江戸時代はそうではなかった。関東（上野、下野、常陸、武蔵、相模、上総、下総、安房）の人口は、十八世紀初頭で約六〇〇万、十九世紀前半の幕末には北関東の人口減が影響して約五〇〇万である。一〇〇万都市江戸を擁するにもかかわらず、全人口の一割半程度である。これは確かに他の平野部に比べれば、当時としても最大の人口を抱えていたが、たとえば北陸（佐渡、越後、越中、能登、加賀、越前、若狭）や山陽（美坂、備前、備中、備後、安芸、周防、長門）の平野部には幕末には約三〇〇万人が住んでいた。これは、畿内（山城、大和、和泉、河内、摂津）の人口に匹敵する。人口が全国にそれ相応に「棲み分け」していたのである。だから、人口の棲み分け↓市場の棲み分けというヨーロッパ的図式を描くことは可能であるように思われるかもしれない。しかし事情はそう単純ではない。日本の場合は、諸権力がおのおの意図的（能動的）に城下町（市場）を建設した。しかも、武家、商人、職人など身分や職種による居住空間の棲み分けも、意図的におこなった。だから、諸権力競合体制（権力の棲み分け）が市場の棲み分けを促進したと考えた方が良さそうである。日本では、人口の棲み分けが市場の棲み分けの引き金になったわけではない。諸権力が能動的に市場を棲み分けさせたのだ。そうなると、日本における市場の棲み分けは、自生的・生態学的棲み分けというよりは、能動的棲み分けと考えた方が良いのではなかろうか。先ほど、日本における能動的棲み分けはヨーロッパほど徹底しなかったと述べたが、市場については逆転現象が起こっているといえる。これは、棲み分けの日本的特徴である。

日本の場合、ヨーロッパほど徹底したものではなかったが、各種棲み分けが進行し、十八世紀後半から幕末にかけて、農村にまで「貨幣関係のネットワーク」が成立・浸透する一歩手前まで到達していたという結論にしたい。

現代は理系型資本主義社会

ヨーロッパは、富の棲み分けが中心的基盤となって十七世紀に「理系」を主役に置いた（近代科学の登場）。それは十九世紀に社会に確固として制度化された。同時期（十六～十八世紀）、これも富の棲み分けの基盤の上に資本主義の原型（「貨幣関係のネットワーク」の社会全般への浸透）が生まれた。これも、封建制的・身分制的規制が廃棄された一九世紀に社会に確固として制度化された。「理系」と資本主義が同時に制度化されたことにより、現在われわれが縛られている「理系型資本主義社会」が成立した。理系型資本主義社会には、空間・時間の棲み分けが適合的であるから、時間・空間の能動的棲み分けが加速化した。空間は特定の目的だけに使用され、時間のスケジュール化は徹底された。理系型資本主義は能動的棲み分けを加速化させる特徴をもっているのだ。さらに、理系型資本主義社会は、あらゆるものを数値化することを強制する。資本主義の最重要ファクター、「時と金」が数値化されることを思えばすぐに理解されるであろう。

数値化のわかりやすい例を挙げよう。たとえば、あなたがセールスマンだとしよう。製品を何個売ったか、いくら儲けを上げたかを上司や会社は、数字で示すであろう。強引に客に売りつけようが、客が喜んで買ったかなどということは基本的には問題とならない（喜んで買えば再度彼から買う気になるだろうが）。存在するのは売り上げの数値だけである。私の話をしよう。私は大学教員である。最近、大学経営陣が業績の点数化というようなことを言い出した。論文一本で一点、三本で三点、英語で書けばプラス二点、有名な学会誌に載ればさらにプラス一点。論文の内容など関係ないのである。ひどいのは芸術系の教員の点数化である。フルートを一人で吹けば三点だが、三人の共演だと一点。有名なコンサートホールで演奏すれば三点であるが、市民センターでは一点。彫刻を一人でつくれば三点、三人の共作だと一点。ある大学では、学生の出欠・遅刻を電子カードで処理している。教室の入り口にそのカードをタッチする機械が設置されており、一五分遅れれば遅刻、三〇分以内にタッチしなければ欠席扱いとなる。彼らが、いかなる事情で遅れたのかは関係なく、少なくとも機械的にはそう処理される。私は、授業などは五分だけでも聴けば、何らかの情報が学生の頭に残るかもしれないと信じているので、遅刻はそれほど気にしない。もしかしたらこの学生にとって、たまたま聴いた五分の授業が、彼（彼女）の人生に大きな影響となるかもしれない。理系型資本主義による数値化はこういった「文系的発想」を潰してしまう。

これは笑い事ではない。実際、こういった「理系バカ」（理系型資本主義の思考法に呪縛された人）のせいで他人が死ぬ場合もある。水道料を三カ月滞納して餓死したなどというニュースがたびたび流れる。その人がどういった理由で滞納したのかは関係ないのである。機械的に三カ月滞納でストップである。だから救済措置が叫ばれているが、理系型資本主義による数値化の思考法で動いている限り再発するであろう。コンビニに行くと、必ずポイントカードはありますかと尋ねられる。何のことかよくわからないので無視しているが、世の中すべてポイント制（数値化）になっているようだ。仕事の業績から健康診断の結果まで、あらゆるものが数値化され、われわれはそれに縛られている。もうやめよう。情けなくなる。世の中には数値化できないもの、してはいけないものがたくさんあるはずなのに。

数値化だけではない。たとえば会社員のあなたの手帳にはスケジュールがびっしり書き込まれているだろう。朝何時かに起きて、何時何分かの電車に乗って出勤するであろう。昼休みに一杯ひっかけて、午後、アルコールを匂わせ仕事をしていたら上司から怒られるかもしれない。スケジュールに沿った生活、マニュアルに沿った仕事など、かつて混淆していたわれわれの生活は「輪切り」にされたかのように「整理整頓」（能動的棲み分け）を強制されている。現在も能動的棲み分けは加速化している。

それならば、理系型資本主義の思考法が、科学技術や資本主義経済の分析といった本来の分野だけに限れば問題はないと思われるかもしれない。しかしそうはいかないのである。なぜならば科学技術と資本主義は社会と無関係に存在しているのではなく、社会に確固として制度化している。いや、科学技術と資本主義が現代社会なのだ。だから理系型資本主義社会と呼んだはずだ。

現代社会、とくに日本は、ますます理系型資本主義で加速化している。これは、いずれ一般社会に致命的ダメージを与える恐れがある。右に見た水道料滞納問題だけではない。理系型資本主義は多くの深刻な問題を孕んでいる。しかも、だれもそこからは逃れられない。あなたはスケジュールをこなそうと必死で頑張っていませんか？　仕事の成果を早く出そうとイライラしていませんか？　時間や仕事に追われ疲れ切っていませんか？　あるいは安定した職（これも今や無きに等しいが）がなく「バイト」でしのいでいませんか？　それでも、一九七〇年頃までの高度経済成長期ならまだまだ耐えられた。働けば働くほど豊かになった。一九八〇年代のバブル経済も崩壊し、現在は働けど働けど収入は増えないどころか減っている。働き口さえない人もいる。日本国家そのものに入る富が減ったからである。しかし、理系型資本主義の思考法だけは一人歩きしている。しかも加速化しているのである。現在、精神疾患や自殺者が増加している。経済的のみならず、精神的にも「きつさ」が加速化している。今、書店では哲学関係の本が売れているそうである。皆、ここから脱出したい気持ちの表れなのだ。

理系型資本主義の限界

ローマ文明は、ギリシア圏を征服してからゲルマン人に滅ぼされるまで約六〇〇年。ビザンツ文明は約一〇〇〇年続いたが、十一世紀以降衰退したので約六〇〇年の繁栄としよう。イスラム文明は現在も存続しているが、隆盛を極めたのは八〇〇〜一五〇〇年頃の七〇〇年間ぐらいである。オスマン帝国は一二九九年から一九二二年の約六〇〇年存続したが、栄華を誇ったのは一四〇〇〜一八〇〇年頃の約四〇〇年。中国文明が世界のトップを走っていたのは唐代八世紀あるいは宋代十一世紀から鄭和時代の十五世紀半ば（明代）までの約五〇〇〜八〇〇年くらいか。

ではヨーロッパ文明はどれくらいか。十二世紀を起点とすれば約八〇〇年経過しているが、文明の最盛期として、「科学革命」での「理系」への転換と資本主義の原型が成立した十七世紀から計算すれば四〇〇年を過ぎている。もう衰退に向かってもよい時期である。

しかし、ヨーロッパという地理上の地域は衰退するかもしれないが（まだ少なくとも半世紀はその優位は動かないだろうが）、理系型資本主義による富の分捕り合戦とその思考法はますます幅をきかせていくだろう。

パイ（世界の富）獲得のチャンスは、資本主義化している現代では、どの国にも、どの個人にもあるはずである。だから、「はじめに」で書いたように、いわゆる「新興国」が出てきている。とは言ってもパイの大きさは限られている。それに比して世界人口は限界になっている。そう、もう限界なのである。しかも一九九〇年代以降の「新自由主義」は、「新興国」の成長とは裏腹に、国家、民族、個人間の経済格差を増大させている。

理系型資本主義はもう限界である。だから共産主義？　問題にならない。失敗したではないか。共産主義にしても国同士のパイの奪い合いは同じである。社会福祉の充実？　これも国自体にパイがある程度配分されていなければ機能しない。いずれにせよ理系型資本主義の呪縛からは逃れられない。

人は、農耕を始め、余剰生産物を生み出し、分業体制（始原的棲み分けとでも呼ぼうか）に入った時から「不完全」となった。一人では何もできない存在となった。その最終的到達点がヨーロッパ文明の創造した理系型資本主義社会である。あなたは、一人でパソコンをつくれますか？

お金で買うことはできるでしょう。自分の手で米をつくれますか。大部分の人は買うことはできてもつくれはしない。

ともあれパイの奪い合いは今後ますます熾烈化することは間違いない。国連が機能しているとも思えない。アメリカの偉い学者が真剣に、人類の火星移住を考えているそうである。ばかにできない話である。

とくに、東日本大震災でやられたわが国は、かなり危険な状態である。今後も大地震が来ることは、専門家の指摘を待つまでもなく歴史的にみれば可能性大である。原発はみな沿岸部にある。原発が稼働し続け（脱原発に動いているが）大地震が来た時、この国はどうなるのか。

日本の未来

ではどうすればよいか。未来は、とくに日本は、理系型資本主義から脱却することから始めなければならない。しかし、資本主義というシステムで世界が運営されている以上、脱却などできるのか。もちろん資本主義からは脱却できない。しかし「理系型」からの脱却は可能である。やや抽象的表現であるが「文系型資本主義」という道もあるのではないか。ここでいう「文系」とは、フランコ・カッサーノ『南の思想』のいう「適度」「遅さ」のようなイメージである。理系型資本主義の「過度」「速さ」に対応するものである。理系型資本主義がもとめる業績主義、効率主義、緻密な時間のスケジュール化など、あるいは経済成長も科学技術の発展も「ゆっくり」「ある程度」「ほどほどに」「余裕をもって」「マイペース」といった方向へと変えていくのだ（経済成長はどちらにせよ無理な話だが）。国家は、現在、科学技術や経済成長に貢献する者（団体）に優先的に金を配分している。産学一体といわれているものである。「役に立たない」学問（研究課題）は無視される傾向にある。しかし、理系型資本主義社会にとって役に立たないだけである。

例を挙げればきりがないが、たとえば、日本の電車は時刻表通りに運行されている。何かの事情で一五分（いや二分でも）でも遅れようなら、「お詫び」のアナウンスが流れる。私はあれが好きではない。一五分くらい遅れてもいいじゃないか。それで遅刻しても事情はたいして変わらない。それで商談が成立しなかったら、それでもよいではないか。一五分遅れたくらいで商談を破談させるのは取引相手が「理系バカ」と思えばよい。私は計画中のリニア中央新幹線に反対である。莫大な国家予算を使って、東京・大阪間を一時間で行ってどうするというのか。生死に関わる事態は別にして、もっと「適度」「ゆっくり」「マイペース」「ほどほどに」でいこう。もちろん、だからいい加減に、適当に生活しろというわけではない。本来の字義通りに「良い加減に」「適当に」すべきなのだ。

また、理系型資本主義からの脱却を、「日本的道徳・伝統」とか「なんとか信仰」とかにもとめようとすると、はやりの「いんちき教団」と同じになってしまうので注意しなければならない。

ここからは、「一中年の主張」である。私は、日本は食料自給自足度を高め、経済大国から降り、柔軟な思考で社会が運営されるような福祉国家の道を模索するしか道はないと思っている。まず、食料を国内で自給自足するシステムをつくる。食料の外国依存度は、先進国中最も高い。

外国が売ってくれなければ、われわれは餓死するか栄養失調で病気になると考えるのは被害妄想的であろうか。いやそうではない。日本の食料問題が、「危険水域」に入りかけているという専門家もいる。国内の農業を復興するなかで、そこに失業者や就職できない若者を投入することができる（もちろん自発的に）。従来型の農家を税金で無条件に保護するのでもない、あるいは企業による農業ビジネスでもない何か新しいシステムを創り出そう。

次に、人口を段階的に減らしていく。これはそうなるであろうが一時的に問題も出てくるから調整が必要であるが。この狭い日本列島に一億二〇〇〇万以上の人口が住んでいるほうがおかしい。北欧が福祉国家として機能できているのは、国の富に見合う人口しかいないからである。もう一度言おう。日本はもう経済成長は望めないのだから「理系バカ」の思考から脱却して、ゆとりのある「文系的思考」の小規模国家・福祉国家に舵をきろう。そうすれば原発をすべてやめ、火力、水力、自然エネルギーに転換しても十分やっていける。

問題は隣国、とくに中国との関係である（ここからは安全保障やナショナリズムに関係してくる）。中国は、おそらく将来今のアメリカのような経済・軍事大国となっていくだろうが、いずれ共産党の一党支配は崩れるだろう（そうなれば北朝鮮の独裁制も崩壊する）。紆余曲折はあっても、今後も中国は資本主義を躍進させていくことは間違いない（ただこの国は一三億という人口問題が最大の障害になる。さらに少子高齢化が拍車をかけるだろう）。中国は理系型資本主義の道を進むであろう。世界一高いビルを建てたとか、オリンピックで何個メダルを取ったとか、なによりもGDPで日本を抜いたというようなことで躍起になっているのがその証拠である。日本は、中国と同じ理系型資本主義国家として対峙（対決）しないで、一歩引いて平和的共存の道をさぐるべきである。同時に、自国民の命を守る軍事力は必要不可欠である。

私は、尖閣諸島あるいは竹島を放棄せよと主張する気はないが、領土問題の解決は難しいだろう。領土問題は天然資源の奪い合い（理系型資本主義）とともにナショナリズムによって生じている。ナショナリズムもヨーロッパ文明の所産である。そもそも「ある国やある民族に固有の領土」など地球上のどこにも存在しない。民族も国家（国民国家）も十九世紀のナショナリズムの産物であることは、歴史学をかじった程度の大学院生でも知っている。それ以前は王朝（王家）や貴族（日本なら武士か）が領土の分捕り合戦をやっていただけである。彼らに年貢を納めていた人々に民族意識、国民意識などありはしなかった。現在の国境は十九世紀以降のナショナリズムのもとでの諸戦争の結果で決まっているに過ぎない。実効支配している国家（ナショナリズムによって人工的につくられた国家）の領土なのである。もちろん戦争しろと言っているわけではない。昔は、尖閣諸島も竹島も、今の国籍に関係なく付近の漁民が混淆して漁をしていたはずである。しかし、そういった曖昧な状況をナショナリズムは許容できないのである。

ともあれ、現代世界の諸問題の多くは、理系型資本主義とナショナリズムに由来している。イスラム過激派の運動も、宗教という覆いをまとった貧困からの脱出とナショナリズムが根本にある。たとえばアフリカ・マリ北部のイスラム過激派の勢力の背景にはこの地の遊牧民トゥアレグ族のナショナリズムがある。ここに軍事介入したフランスへの報復の巻き添えで多数の日本人が死亡したのは記憶に新しい（朝日新聞二〇一三年一月二六日付一五面オピニオン、ジャン＝フランソワ・ダギュザンの文章参照)。われわれ日本人は、この二つの呪縛、とくに理系型資本主義から自らを解き放つことから始めなければならない。理系型資本主義社会からの脱却については機会をあらためて論じるつもりである。

謝辞

本書のような大きいテーマを扱う場合、各分野の先行研究を多用することになるのは当然である。一人の力だけで原史料まで遡って調べることはできない。先行研究を信じて、そこから情報をもってくることになる。疑わしき情報は批判を加えつつ慎重に扱うことはもちろんである。

骨格は私オリジナルなものである。しかしそれはいわば「骸骨」である。肉づけは先行研究の情報を、批判をまじえながら摂取しておこなわれる。骸骨に肉づけし、余計な脂肪を削ぎとって出来上がったのが本書である。格好よい身体（読みやすい作品）になったかどうかは、読者の判断にゆだねる。

それにしても日本人の手による外国史研究の蓄積にはあらためて驚かされた。翻訳の数も相当なものである。日本ほど外国史研究が進んでいる国はない。ただその成果が欧米の研究者にあまり届いていないのが残念でならない。日本語で書かれた人文・社会系の研究書を、欧米人がこぞって自国語に翻訳する時代がやってくるのだろうか（文学作品はそうなりつつある）。なぜこんなことを書いたのかは本書を読み終えた人はおわかりだろう。先にここを読んでいる人のために述べておけば、かつてのヨーロッパ人も、ギリシア語やアラビア語文献の翻訳に躍起になった時代があったからである。自らが書いたラテン語文献は、アラビア・イスラム圏や中国で翻訳されることはなかった。アラビア・イスラム文明や中国文明がずっと先進的であったからである。

情報源とした先行研究や参考とした著作の一部は本文中でも紹介したが、巻末参考文献にすべてを載せた。もちろん参考文献情報の解釈は私の責任である。たとえば本文中に「〜によれば」とあっても、叙述の責任はすべて私にあることを明記しておく。いずれにせよ、参考文献の著者・訳者の方々に、まずもって謝意を表したい。また、各分野の何人かの専門家に意見を頂戴した。ここではあえて名前を出すことを控えるが（かつて当人に名指しの批判があったことがあるので）、御礼を述べる。

筑摩書房の田中尚史氏は、私の「もやもや」の正体をすぐさま見抜いてアドヴァイスをいただいたのみならず、「読ませる本」の書き方を教えてもらった。宇都宮大学は快適な研究環境を提供してくれた。

そして、家庭をかえりみず執筆活動に専念することを許してくれた妻の真奈美と娘の佳之子に心から感謝したい。最後に、本書を年老いた母、㐂美子に捧げる。

Sraatswissenschaft. 108 (1902).
鍾淑河編『走向世界叢書』第10巻、岳麓書社出版、2008年

インターネットウェブサイト

Official Site of Government of West Bengal, India.
東京大学地震研究所

展示その他

国立科学博物館、東京、2012年
セイコーミュージアム、東京、2012年
演劇集団円公演「ガリレイの生涯」ベルトルト・ブレヒト作（千田是也訳、森新太郎演出、2012年7月8日）

年
ル＝ロワ＝ラデュリ、エマニュエル『気候の歴史』稲垣文雄訳、藤原書店、2000年
———『気候と人間の歴史・入門』稲垣文雄訳、藤原書店、2009年
レイン、ウイリアム『エジプト風俗誌』大場正史訳、桃源社、1977年
レーゼナー、ヴェルナー『農民のヨーロッパ』藤田幸一郎訳、平凡社、1995年
ロイン、H・R編『西洋中世史事典』魚住昌良監訳、東洋書林、1999年
ローゼン、ジョージ『公衆衛生の歴史』小栗史朗訳、第一出版株式会社、1974年
ロバーツ、J・M『図説世界の歴史4　ビザンツ帝国とイスラーム文明』後藤明監修、創元社、2003年
———『図説世界の歴史5　東アジアと中世ヨーロッパ』池上俊一監修、創元社、2003年
———『図説世界の歴史6　近代ヨーロッパ文明の成立』鈴木薫監修、創元社、2003年

外国語文献

Abd Al-Rahim/Abd Al-Rahman/Wataru Miki, *Village in Ottoman Egypt and Tokugawa Japan: A Comparative Study*. Tokyo, 1977.

Buckle, H. T., *Civilization in England*. Vol.1, London, 1930.

Dvořák, Max (Eingeleitet), *Pieter Brueghel Flämisches Volksleben: Zehn farbige Tafeln und Dreizehn Abbildungen in Text*. Berlin, 1935.

Etymologisches Wörterbuch des Deutschen. 2.Aufl., Berlin, 1993.

Fagan, Brian, *The Great Warming: Climate Change and the Rise and Fall of Civilization*. New York, 2008.

Hendy, Michael F., *Studies in the Byzantine Monetary Economy c.300-1450*. Cambridge et., 1985.

Handbuch der Historischen Stätten Deutschlands. Bayern. 3.Aufl., Stuttgart, 1961.

Kolovos, Ellias/P. Kotzageorgis/S. Laiou/M. Sariyannis (ed.), *The Ottoman Empire, the Balkans, the Greek Lands: toward a Social and Economic History*. Istanbul, 2007.

Kümin, Beat/ B. Ann Tlusty (ed.), *The World of the Tavern: Public Houses in Early Modern Europe*. Burlington, 2002.

Kümin, Beat, *Drinking Matters: Public Houses and Social Exchange in Early Modern Central Europe*. New York, 2007.

Linfert, Carl, *Hieronymus Bosch: Die Gemälde Gesamtausgabe*. London, 1959.

Livi-Bacci, Massimo, *A Concise History of World Population*. 4th edition. Maldern, MA, USA; Oxford, UK, 2007.

Morris, Ivan, *Why The West Rules-For Now: The Patterns of History, and What They Reveal about the Future*. New York, 2011.

Mirow, Jürgen, *Weltgeschichte*. München, 2009.

Parthasarathi, Prasannan, *Why Europe Grew Rich and Asia Did Not: Global Economic Divergence, 1600-1850*. Cambridge, 2011.

Ritter, Harry, *Dictionary of Concepts in History*. New York et al. 1986.

Schneider, Nobert, *Geschichte der Genremalerei: Die Entdeckung des Alltags in der Kunst der Frühen Neuzeit*. Frnkfurt am Main, 2004.

Weber, Max, "Kapitalismus und Agrarverfassung" in: *Zeitschrift für die Gesamte*

ベック『仏教』上下、渡辺照宏・渡辺重朗訳、岩波文庫、1962年・1977年
ベルセ、イヴ＝マリ『鍋とランセット——民間信仰と予防医学　1798-1830』松平誠・小井高志監訳、新評論、1988年
ベロウ、ゲオルク、フォン『ドイツ中世農業史』堀米庸三訳、創文社、1955年
ヘンリ、ジュディス『ビザンツ　驚くべき中世帝国』井上浩一監訳、白水社、2010年
ヘンリー、ジョン『十七世紀科学革命』東慎一朗訳、岩波書店、2005年
ポスタン、M・M『中世の経済と社会』保坂栄一、伊藤伊久男訳、未來社、1983年
ボデロ、ジャン『バビロンとバイブル』松島英子訳、法政大学出版局、2000年
ホームズ、リチャード『戦闘　ビジュアル博物館第63巻』川成洋監修、同朋舎出版、1997年
ホワイト、ＪＲ・リン『中世の技術と社会変動』内田星美訳、思索社、1985年
マイ、マンフレッド『50のドラマで知る世界の歴史——共生社会の再構築へ』小杉尅次訳、ミネルヴァ書房、2012年
マイヤー、オットー『時計じかけのヨーロッパ——近代初期の技術と社会』忠平美幸訳、平凡社、1997年
マクニール、H・ウィリアム『世界史』増田義郎・佐々木昭夫訳、中公文庫、2008年
————『疫病と世界史』上下、佐々木昭夫訳、中公文庫、2007年
————『戦争の世界史』高橋均訳、刀水書房、2002年
マクレガー、ニール『100のモノが語る世界の歴史1——文明の誕生』東郷えりか訳、筑摩書房、2012年
————『100のモノが語る世界の歴史3——近代への道』東郷えりか訳、筑摩書房、2012年
マンフォールド、ルイス『技術と文明』生田勉訳、美術出版社、1972年
ミュシャンブレッド、ロベール『近代人の誕生——フランス民衆社会と習俗の文明化』石井洋二朗訳、筑摩書房、1992年
メトカーフ、D・バーバラ／トーマス・R・メトカーフ『インドの歴史』河野肇訳、創土社、2006年
メニンガー、K『図説数の文化史——世界の数字と計算法』内林政夫訳、八坂書房、2001年
メンデルス、F／R・ブラウン他『西欧近代と農村工業』篠塚信義他訳、北海道大学出版会、1991年
桃木至朗編『海域アジア史入門』岩波書店、2008年
モンテスキュー『法の精神』上中下、野田良之他訳、岩波文庫、1989年
モントゴメリー、デイビッド『土の文明史』片岡夏実訳、築地書館、2001年
ラメゾン、ピエール編／ピエール・ヴィダル・ナケ歴史監修『図説ヨーロッパ歴史百科——系譜から見たヨーロッパ文明の歴史』樺山紘一監訳、原書房、2007年
リード、アンソニー『大航海時代の東南アジア』平野秀秋・田中優子訳、法政大学出版局、1997年
リヴァシーズ、ルイーズ『中国が海を支配したとき——鄭和とその時代』君野隆久訳、新書館、1996年
ルイス、バーナード『ムスリムのヨーロッパ発見』尾高晋己訳、春風社、2000～2001年
————『イスラーム世界の二千年——文明の十字路　中東全史』白須栄子訳、草思社、2001年
リュスネ、モニク『ペストのフランス史』宮崎揚弘・工藤側光訳、同文舘、1998年
ル・ゴッフ、ジャック『中世の高利貸し——金も命も』渡辺香根夫訳、法政大学出版局、1989

社、1974－1977年
ノース、D・C＆R・P・トマス『西欧世界の勃興――新しい経済史の試み』速水融・穐本洋哉訳、ミネルヴァ書房、1980年
パイヤー、H・C『異人歓待の歴史――中世ヨーロッパにおける客人厚遇、居酒屋そして宿屋』岩井隆夫訳、ハーベスト社、1997年
ハーヴェー、ジョン『中世の職人』全2巻、森岡敬一郎訳、原書房、1986年
バーガー、ピーター・L『聖なる天蓋――神聖世界の社会学』薗田稔訳、新曜社、1979年
ハスキンズC・H『十二世紀ルネサンス』別宮貞徳・朝倉文市訳、みすず書房、1989年
――――『大学の起源』八坂書房、2009年
ハート『レオナルド・ダ・ヴィンチの科学』加茂儀一訳、創元社、1942年
バート、B・H・スリッヘル・ファン『西ヨーロッパ農業発達史』速水融訳、日本評論社、1969年
ハワード、E『明日の田園都市』長素連訳、鹿島研究所出版会、1968年
バーンズ、イアン／ロバート・ハドソン『ヨーロッパ大陸歴史地図』増田義朗監修、東洋書林、2001年
――――『アジア大陸歴史地図』増田義朗監修、東洋書林、2001年
バーンスタイン、ウィリアム『「豊かさ」の誕生――成長と発展の文明史』徳川家広訳、日本経済新聞社、2006年
ハンチントン、エルスワース『気候と文明』間崎万里訳、岩波文庫、1938年
『ハンムラビ「法典」』中田一郎訳、リトン、1999年
ピグレフスカヤ他『ビザンツ帝国の都市と農村』渡辺金一訳、創文社、1968年
ビタール、テレーズ『オスマン帝国の栄光』鈴木董監修・富樫瓔子訳、創元社、1995年
ヒポクラテス『古い医術について他八編』小川政恭訳、岩波文庫、1963年
ファーガソン、ニーアル『文明――西洋が覇権をとれた六つの真因』仙名紀訳、勁草書房、2012年
フェイガン、ブライアン『千年前の人類を襲った大温暖化』東郷えりか訳、河出書房新社、2008年
――――『古代文明と気候大変動』東郷えりか訳、河出書房新社、2008年
――――『歴史を変えた気候大変動』東郷えりか・桃井緑美子訳、河出書房新社、2009年
フォシェ、ロベール『ヨーロッパ中世社会と農民』渡辺節夫訳、杉山書店、1987年
ブートゥール、ガストン／ルネ・キャレール『戦争の社会学――戦争と革命の二世紀 1740～1974』高柳先男訳、中央大学出版部、1980年
ブラックボーン、D／J・イリー『現代歴史叙述の神話』望田幸男訳、昂洋書房、1983年
プラトン『ゴルギアス』加来彰敏訳、岩波文庫、1967年
ブリックレ、ペーター『ドイツの臣民――平民・共同体・国家1300～1800年』服部良久訳、ミネルヴァ書房、1990年
――――『ドイツの宗教改革』田中真造・増本浩子訳、教文館、1991年
ブロック、マルク『封建社会』堀米傭三監訳、岩波書店、1995年
ブローデル、フェルナン『交換のはたらき』1、2、山本淳一訳、みすず書房、1986・1988年
――――『日常性の構造』1、村上光彦訳、みすず書房、1985年
ヘーゲル『歴史哲学』武市健人訳、岩波文庫、1971年
ベシャウシュ、アズディンヌ『カルタゴの興亡』森本哲郎監修、創元社、1994年

監修・木村恵一訳、創元社、1998年
クリブ、ジョー『貨幣』ビジュアル博物館第18巻、同朋舎出版、1991年
クロスビー、アルフレッド・W『数量化革命』小沢千重子訳、紀伊國屋書店、2003年
――――『ヨーロッパ帝国主義の謎――エコロジーから見た10～20世紀』佐々木昭夫訳、岩波書店、1998年
クーン、トーマス『科学革命の構造』中山茂訳、みすず書房、1971年
――――『コペルニクス革命』常石敬一訳、講談社学術文庫、1989年
ゲラン、ロジェ＝アンリ『トイレの文化史』大矢タカヤス訳、筑摩書房、1987年
コミンスキー『イギリス封建地代の展開』秦玄龍訳、未來社、1960年
コルバン、アラン『時間・欲望・恐怖――歴史学と感覚の人類学』藤原書店、1993年
サイクス、ブライアン『イヴの七人の娘たち』大野晶子訳、ソニー・マガジンズ、2001年
ジェームズ、ピーター／ニック・ソープ『事典　古代の発明』矢島文夫監訳、東洋書林、2005年
ジョーンズ、E・L『ヨーロッパの奇跡』安元稔・脇村孝平訳、名古屋大学出版会、2000年
シャボー、フェデリコ『ヨーロッパとは何か』清水純一訳、サイマル出版、1968年
シュティーア、ハンス・エーリヒ他、E・シュウォルム改訂著作『世界歴史地図』成瀬治他訳、帝国書院＝ウェスターマン社、1982年
ステロペローネ、ルチャーノ『医学の歴史』小川熙訳、原書房、2009年
ゼルバベル、エビエタ『かくれたリズム――時間の社会学』木田橋美和子訳、サイマル出版会、1984年
ダイヤモンド・ジャレド『銃・病原菌・鉄』倉骨彰訳、草思社、2000年
――――『文明崩壊』楡井浩一訳、草思社、2005年
チポラ、C・M『時計と文化』常石敬一訳、みすず書房、1976年
チャイルド、G『文明の起源』ねず・まさし訳、岩波新書、1951年
チャンドラ・ビパン『近代インドの歴史』粟屋利江訳、山川出版社、2001年
デレアージュ『フランス農民小史』千葉治男・中村五雄訳、未來社、1957年
デュビィ／ミッテラウアー／デスピイ／シュネーデル／キースリンク／ファン・デル・ウェー『西欧中世における都市と農村』森本芳樹編、九州大学出版会、1987年
杜石然他編『中国科学技術史』上下、川原秀城他訳、東京大学出版会、1997年
ドルーシュ、フレデリック編『ヨーロッパの歴史』第二版、木村尚三郎監修、花上克己訳、東京書籍、1994年
トレヴェリアン、G・M『イギリス史　2』大野真弓監訳、みすず書房、1974年
『トレルチ著作集　8：プロテスタンティズムと近代世界Ⅰ』堀孝彦・佐藤敏夫・半田恭雄訳、ヨルダン社、1984年
『トレルチ著作集　9：プロテスタンティズムと近代世界Ⅱ』芳賀力・河島幸夫訳、ヨルダン社、1985年
ナケ、ピエール・ヴィダル編『世界歴史地図』樺山紘一監訳、三省堂、1995年
ニーダム、ジョゼフ『中国の科学と文明　第1巻』東畑精一・藪内清日本語版監修、思索社、1974年
――――『文明の滴定――科学技術と中国の社会』橋本敬造訳、法政大学出版局、1974年
――――『中国科学の流れ』牛山輝代訳、思索社、1984年
――――『東と西の学者と工匠――中国科学技術史講演集』上下、山田慶児他訳、河出書房新

アーノルド、デイヴィッド『環境と人間の歴史』飯島昇藏・川島耕司訳、新評論、1996年
アブー＝ルゴド、ジャネット・L『ヨーロッパ覇権以前――もうひとつの世界システム』佐藤次高他訳、岩波書店、2001年
アンサーリー、タミム『イスラームから見た「世界史」』小沢千重子訳、紀伊國屋書店、2011年
ウィリアムス、ジョナサン編『図説お金の歴史全書』湯浅赳男訳、東洋書林、1998年
ウィルフォード、ジョン・ノーブル『地図を作った人びと』鈴木主悦訳、河出書房新社、改訂増補版2001年
ウェイド、ニコラス『五万年前――このとき人類の壮大な旅が始まった』安田喜憲監修、沼尻由紀子訳、イースト・プレス、2007年
ウェーバー、マックス『古代社会経済史』弓削達・渡辺金一訳、東洋経済新報社、1959年
ヴェルジェ、ジャック『入門十二世紀ルネサンス』野口洋二訳、創文社、2001年
ウォーラーステイン、I『近代世界システム　I　II』川北稔訳、岩波現代選書、1981年
ヴォルクマン、アーネスト『戦争の科学』茂木健訳、主婦の友社、2003年
ヴォルフ、フィリップ『近代ヨーロッパ経済のあけぼの』山瀬善一他訳、昂洋書房、1993年
エリアス、ノルベルト『時間について』井本晌二・青木誠之訳、法政大学出版局、1996年
――――『文明化の過程』上、赤井慧爾・中村元保・吉田正勝訳、法政大学出版局、1977年
――――『文明化の過程』下、波田節夫・溝辺敬一・羽田洋・藤平浩之訳、法政大学出版局、1978年
オッペンハイマー、スティーヴン『人類の足跡10万年全史』仲村明子訳、草思社、2007年
オマリー、マイケル『時計と人間――アメリカの時間の歴史』高島平吾訳、晶文社、1994年
オリーゴ、イリス『プラートの商人――中世イタリアの日常生活』篠田綾子・徳橋曜訳、白水社、2008年
オルランディ編『レオナルド・ダ・ヴィンチ――ルネサンス万能の天才』杉浦明平編訳、平凡社、1978年
カッサーノ、フランコ『南の思想――地中海的思考への誘い』ファビオ・ランベッリ訳、講談社選書メチエ、2006年
ガスコイン、バンバー『ザ・クリスチャンズ――キリスト教が歩んだ2000年』徳岡孝夫監訳、日本放送出版協会、1983年
カーティン、フィリップ『異文化間交易の世界史』田村愛理他訳、NTT出版、2002年
カンター、ノーマン・F『黒死病――疫病の社会史』久保儀明・楢崎靖人訳、青土社、2002年
カーン、スティーヴン『時間の文化史』浅野敏夫訳、法政大学出版局、1993年
――――『空間の文化史』浅野敏夫／久郷丈夫訳、法政大学出版局、1993年
キーガン、ジョン『戦争と人間の歴史――人間はなぜ戦争をするのか？』井上堯裕訳、刀水書房、2000年
ギース、ジョゼフ／フランシス・ギース『中世ヨーロッパの農村の生活』青島淑子訳、講談社学術文庫、2008年
ギャンペル、J『中世の産業革命』坂本賢三訳、岩波書店、1978年
キング、ラッセル編『図説人類の起源と移住の歴史』蔵持不三也監訳、柊風舎、2008年
クック、マイケル『世界文明一万年の歴史』千葉喜久枝訳、柏書房、2005年
グラント、R・G編著『戦争の世界史大図鑑』樺山紘一総監修、河出書房新社、2008年
クリスタン、オリヴィエ『宗教改革――ルター，カルヴァンとプロテスタントたち』佐伯晴朗

して」『土地制度史学』170（2001年）
水島司『グローバルヒストリー入門』山川出版社、2010年
水野和夫・大澤真幸『資本主義という謎――「成長」なき時代をどう生きるか』NHK出版新書、2013年
三井誠『人類進化の700万年』講談社現代新書、2005年
水越みつ治「近世小氷期の気候環境復元」『皇學館大学社会福祉部紀要』1、1998年
宮崎正勝『イスラムネットワーク――アッバース朝がつなげた世界』講談社、1994年
――――『知っておきたい「お金」の世界史』角川ソフィア文庫、2009年
宮本正興・松田泰二編『新書アフリカ史』講談社現代新書、1997年
三好洋子『イギリス中世村落の研究』東京大学出版会、1981年
森本芳樹『中世農民の世界――甦るプリュム修道院所領明細帳』岩波書店、2003年
――――編『西欧中世における都市＝農村関係の研究』九州大学出版会、1988年
山本英史『現代中国の履歴書』慶應義塾大学出版会、2003年
藪内清『中国の科学文明』岩波新書、1970年
山本太郎『感染症と文明――共生への道』岩波新書、2011年
山本秀行「野蛮なゲルマン人はどうして清潔なドイツ人になったか」『史艸』（日本女子大学）50（2009年）
山本義隆『十六世紀文化革命』全二巻、みすず書房、2007年
湯浅赳男『文明の「血液」』増補新版、新評論、1988年
湯川武『イスラーム社会の知の伝達』山川出版社、2009年
弓削達『ローマ帝国の国家と社会』岩波書店、1964年
養老孟司『超バカの壁』新潮新書、2006年
吉田歓「漏刻と時報・諸門開閉システム」『米沢史学』27（2011年）
吉野正敏・安田喜憲『歴史と気候』（講座・文明と環境・第6巻）新装版、朝倉書店、2008年
與那覇潤『中国化する日本――日中『文明衝突』一千年史』文藝春秋社、2011年
米田治泰「ビザンツ封建制の研究」『西洋史学』LXVI（XVII-2）、1965
――――『ビザンツ帝国』角川書店、1977年
米山隆「ローマ法・ゲルマン法における血族相続権」『経済理論』（和歌山大学）163（1978年）
『歴博　特集東アジアの都城』167号、国立歴史民俗博物館、2011年
李紅梅「清代における福建省の貨幣使用実態：土地売券類を中心として」『松山大学論集』18－3（2006年）
脇村孝平『飢饉・疫病・植民地統治――開発の中の英領インド』名古屋大学出版会、2002年
和田廣『ビザンツ帝国――東ローマ一千年の歴史』教育社、1981年
――――『史料が語るビザンツ世界』山川出版社、2006年
渡辺金一『ビザンツ社会経済史研究』岩波書店、1968年
和辻哲郎『鎖国――日本の悲劇』上下、岩波文庫、1982年

翻訳文献

アシュワース、ウィリアム『イギリス田園都市の社会史――近代都市計画の誕生』下總薫訳、御茶の水書房、1987年
アタリ、ジャック『1492　西欧文明の世界支配』斉藤広信訳、ちくま学芸文庫、2009年
――――『時間の歴史』蔵持不三也訳、原書房、1986年

服部研二「文化と文明の定義を瞥見して」『比較文明学会会報』55（2011年）
羽田正『新しい世界史へ――地球市民のための構想』岩波新書、2011年
馬場哲『ドイツ農村工業史――プロト工業化・地域・世界市場』東京大学出版会、1993年
浜林正夫『増補版　イギリス市民革命史』未來社、1971年
林佳世子『オスマン帝国の時代』山川出版社、1997年
――――『オスマン帝国500年の平和』（興亡の世界史10）講談社、2008年
林健太郎編『ドイツ史』（新版）山川出版社、1977年
速水融『近世日本の経済社会』麗澤大学出版会、2003年
――――『歴史人口学で見た日本』文藝春秋、2001年
――――「徳川後期人口変動の地域的特性」『三田学会雑誌』64－8（1971年）
――――「近世後期地域別人口変動と都市人口比率の関連」『徳川林政史研究所紀要』、1974年
日端康雄『都市計画の世界史』講談社現代新書、2008年
平井澄夫『時計のはなし』ひらい時計店、2001年
福井憲彦編『フランス史』（世界各国史12）山川出版社、2001年
福沢諭吉『文明論之概略』岩波文庫、1995年
藤川隆男編『白人とは何か？』刀水書房、2005年
藤原章生『資本主義の「終わりの始まり」――ギリシャ、イタリアで起きていること』新潮選書、2012年
布施英利『君はレオナルド・ダ・ヴィンチを知っているか』筑摩書房、2005年
古川安『科学の社会史――ルネサンスから現代まで』南窓社、増訂版、2000年
弁納才一『華中農村経済と近代化――近代中国農村経済史像の再構築への試み』汲古書院、2004年
前川貞次郎・望田幸男『ヨーロッパの世紀』（世界の歴史16）講談社、1978年
前島郁雄「歴史時代のヨーロッパの気候」『地理』22－11（1977年）
前嶋信次『イスラムの時代』（世界の歴史10）講談社、1977年
真木悠介『時間の比較社会学』岩波書店、1997年
牧原成征『近世の土地制度と在地社会』東京大学出版会、2004年
増田義郎『図説　大航海時代』河出書房新社、2008年
松井透『世界市場の形成』岩波書店、1991年
松浦高嶺『イギリス現代史』山川出版社、1992年
松下真一「時間についての省察――時間的思考としての音楽を支えているもの」『思想』637（1977年7月）
松村幸一『一六世紀イングランド農村の資本主義発展構造』思文閣出版、2011年
松村赳・富田虎男編著『英米史辞典』研究社、2000年
松本淳「世界各地の小氷期」『地理』37－2（1992年）
松本武彦『列島創世記』小学館、2007年
見市雅俊『コレラの世界史』晶文社、1994年
三浦徹『イスラームの都市世界』山川出版社、1997年
三沢伸生「スレイマン1世治世期の東アナトリア掌握過程」『東洋史研究』68（2010年）
三品英憲「近代中国農村研究における『小ブルジョア的発展論』について」『歴史学研究』735（2000年）
――――「近代中国農村における零細兼業農家の展開――河北省定見の地域経済構造分析を通

田中正俊『中国近代経済史研究序説』東京大学出版会、1973年
谷口淳一『聖なる学問、俗なる人生——中世イスラーム学者』山川出版社、2011年
玉木俊明『近代ヨーロッパの誕生——オランダからイギリスへ』講談社、2009年
————『近代ヨーロッパの形成——商人と国家の近代システム』創元社、2012年
遅塚忠躬『ロベスピエールとトリヴィエ——フランス革命の世界史的位置』東京大学出版会、1986年
————『フランス革命——歴史における劇薬』岩波ジュニア新書、1997年
————『ヨーロッパの革命』(ビジュアル版世界の歴史14) 講談社、1985年
角山栄『時計の社会史』中公新書、1984年
————『時間革命』新書館、1998年
寺尾誠「近世初頭中部ドイツの農村都市、市場町について」(1)(2)(3)『三田学会雑誌』56巻3号、8号、10号(1963年)
————「エルベ以東・上ラウズィッツ地方の農村市場町」(1)(2)『三田学会雑誌』58巻4号、8号(1965年)
東京大学地震研究所「世界の震源分布」2006-2011年
『陶磁の東西交流——景徳鎮・柿右衛門・古伊万里からデルフト・マイセン』出光美術館、2008年
戸上一『イングランド初期貨幣史の研究』刀水書房、1992年
橡川一郎『ドイツの都市と農村』吉川弘文館、1989年
内藤雅夫・中村平治編『南アジアの歴史——複合的社会の歴史と文化』有斐閣、2006年
中岡三益『アラブ近現代史——社会と経済』岩波書店、1991年
永田諒一「ヨーロッパ近世『小氷期』と共生危機——宗教戦争・紛争・不作、魔女狩り、流民の多発は、寒い気候のせいか?」『文化共生学研究』(岡山大学) 6-1 (2007年)
永田諒一「気候は歴史学研究の分析要因となりうるか?——ヨーロッパ近世の小氷期の場合」『史林』92-1 (2009年)
永田雄三・羽田正『成熟のイスラーム社会　世界の歴史15』中央公論社、1998年
仲谷功治「テマからテマ制へ」『待兼山論叢』史学編、21 (1987年)
中野隆生『プラーグ街の住民たち——フランス近代の住宅・民衆・国家』山川出版社、1999年
————編『都市空間と民衆　日本とフランス』山川出版社、2006年
成松佐恵子『庄屋日記にみる江戸の世相と暮らし』ミネルヴァ書房、2000年
成瀬治『近代ヨーロッパへの道』(世界の歴史15) 講談社、1978年
西川長夫『〈新〉植民地主義論—グローバル化時代の植民地主義を問う』平凡社、2006年
西嶋定生『中国経済史研究』東京大学出版会、1966年
西村道也「ビザンツ帝国における土地税徴収と金貨(8世紀中葉～12世紀初頭)」『一橋大学社会科学古典資料センター年報』29 (2009年)
西本郁子『時間意識の近代——「時は金なり」の社会史』法政大学出版局、2006年
西山八重子『イギリス田園都市の社会学』ミネルヴァ書房、2002年
日本銀行金融研究所『貨幣博物館』新版、日本銀行金融研究所、2007年
根津由喜夫『ビザンツの国家と社会』山川出版社、2008年
狭間直樹編『共同研究　梁啓超——西洋近代思想受容と明治日本』みすず書房、1999年
橋爪大三郎×大澤真幸『ふしぎなキリスト教』講談社現代新書、2011年
橋本龍『バングラデシュを撮る』岩波ブックレットNo.333、1994年

――――『イスラームの生活と技術』山川出版社、1999年
佐藤正幸『世界史における時間』山川出版社、2009年
――――「視覚化された時間・教示化された時間――紀年認識の発達を歴史年表に探る」『歴史を問う　2：歴史と時間』岩波書店、2002年
佐藤彰一『修道院と農民――会計文書から見た中世形成期ロワール地方』名古屋大学出版会、1997年
澤井一彰「気候変動とオスマン期」『アジア遊学』136（2010年）
塩野七生『ハンニバル戦記　ローマ人の物語Ⅱ』新潮社、1993年
芝健介『ホロコースト――ナチスによるユダヤ人大量虐殺の全貌』中公新書、2008年
柴田隆行「文化と文明」『哲学・思想翻訳語事典』石塚正英・柴田隆行監修、論創社、2003年
柴田三千雄『フランス革命』岩波現代文庫、2007年
――――『フランス革命はなぜおこったか――革命史再考』山川出版社、2012年
嶋田襄平『初期イスラーム国家の研究』中央大学出版部、1996年
清水宏祐『イスラーム農書の世界』山川出版社、2007年
下田淳『歴史学「外」論――いかに考え、どう書くか』青木書店、2005年
――――「序論：18世紀後半ドイツ・バイエルン農村の人間関係」『宇都宮大学教育学部紀要』57、2007年
――――「18世紀ドイツある粉挽き屋の人間関係と村共同体」『宇都宮大学教育学部紀要』58、2008年
――――『ドイツの民衆文化』昭和堂、2009年
――――『居酒屋の世界史』講談社現代新書、2011年
――――「居酒屋がヨーロッパ文明を創った」『TASC MONTHLY』438、公益財団法人たばこ総合研究センター、2012年
生源寺眞一『日本農業の真実』ちくま新書、2011年
尚樹啓太郎『ビザンツ帝国史』東海大学出版会、1999年
秦兆雄「変化する中国の都市農村関係――収奪文明から還流文明への展望」『地球時代の文明学』2、梅棹忠夫監修、京都通信社、2011年
杉原薫『アジア間貿易の形成と構造』ミネルヴァ書房、1996年
鈴木董『オスマン帝国――イスラム世界の「柔らかい専制」』講談社現代新書、1992年
――――編『オスマン帝国史の諸相』東京大学東洋文化研究所研究報告、2012年
鈴木広和「14世紀ハンガリーの国王収入についての一考察――鉱山と貨幣」『西洋中世像の革新』樺山紘一編、刀水書房、1995年
『世界「戦史」総覧』別冊歴史読本事典シリーズ、新人物往来社、1998年
『小学館世界大地図』小学館、2009年
瀬原義正『ドイツ中世農民史の研究』未來社、1988年
高谷好一『新世界秩序を求めて』中公新書、1993年
高橋彰監修『地図で知る東南・南アジア』平凡社、1994年
田上義夫「小氷期のワインづくり」『歴史と気候』吉野正俊・安田喜憲編、新装版、朝倉書店、2008年
竹下節子『キリスト教の真実――西洋近代をもたらした宗教思想』ちくま新書、2012年
竹田いさみ『世界史をつくった海賊』ちくま新書、2011年
多田羅浩三『公衆衛生の思想――歴史からの教訓』医学書院、1999年

鬼頭宏「[調査] 明治以前の日本の地域人口」『上智経済論集』41－1・2（1996年）
木村礎『近世の村』教育社、1980年
────編著『村落生活の史的研究』八木書店、1994年
木村靖二編『ドイツ史』（世界各国史13）山川出版社、2001年
木村光男編『新版　世界史のための人名事典』山川出版社、2010年
黒田明伸『貨幣システムの世界史』岩波書店、2003年
蔵持不三也『ペストの文化誌──ヨーロッパの民衆文化と疫病』朝日新聞社、1995年
護雅夫・牟田口義朗『アラブの覚醒　世界の歴史22』講談社、1978年
公益財団法人たばこ総合研究センター（TASC）『現代社会再考──これからを生きぬくための23の視座』水曜社、2013年
児玉幸多『近世農民生活史』新版、吉川弘文館、2006年
小林登志子『楔形文字がむすぶ古代オリエント都市の旅』日本放送出版協会、2009年
────『シュメル──人類最古の文明』中公新書、2005年
『コンサイス外国地名事典』改訂版、三省堂、1987年
小山茂樹『中東がわかる古代オリエントの物語』日本放送出版協会、2006年
小松香織『オスマン帝国の近代と海軍』山川出版社、2004年
斎藤修『比較経済発展論──歴史的アプローチ』岩波書店、2008年
斉藤絅子『西欧中世慣習法文書の研究──「自由と自治」をめぐる都市と農村』九州大学出版会、1992年
齋藤久美子「16－17世紀アナトリア南東部のクルド系諸県におけるティマール制」『アジア・アフリカ言語文化研究』78（2009年）
坂口明「二世紀および三世紀初頭のコロヌスの法的・社会的地位」『史学雑誌』86－4（1977年）
佐久間弘展「ドイツ中世都市のペスト対策──ニュルンベルクを中心に」『比較都市史研究』8－1（1989年）
佐倉統監修『知識ゼロからのダーウィン進化論入門』幻冬舎、2010年
佐々木博光「ペスト対話に見える近世ヨーロッパ」(1)『人間科学』（大阪府立大学）5（2009年）、(2)『人文学論集』（大阪府立大学）29（2011年）
────「黒死病の記憶：十四世紀ドイツの年代記の記述」『人間文化学研究集録』（大阪府立大学）13（2004年）
────「ペストの創作：ニュルンベルクのユダヤ人迫害、一三四九年一二月五日」『人文学論集』（大阪府立大学）28（2010年）
────「ペスト観の脱魔術化──近世ヨーロッパの神学的ペスト文書」『人間科学』（大阪府立大学）7（2011年）
佐藤清隆「エリザベス朝・初期スチュアート朝イングランドの酒場の世界」『駿台史学』（明治大学）65（1985年）
佐藤次高・鈴木薫編『都市の文明イスラーム』講談社現代新書、1993年
佐藤次高「世界史QA イクター制とプロノイア制」『地理と歴史、世界史の研究』山川出版社、589（2005年）
────『イスラームの国家と王権』岩波書店、2004年
────『中世イスラム国家とアラブ社会──イクター制の研究』山川出版社、1986年
────『イスラームの世界の興隆　世界の歴史8』中央公論社、1997年

――――『ダーウィン論――土着思想からのレジスタンス』中公新書、1977年
――――『進化とは何か』講談社学術文庫、1976年
『岩波生物学辞典』第四版、岩波書店、1996年
岩井克人『貨幣論』ちくま学芸文庫、1998年
岩井淳『ピューリタン革命と複合国家』山川出版社、2010年
岩村充『貨幣進化論――「成長なき時代」の通貨システム』新潮選書、2010年
内田星美『時計工業の発達』セイコー・ライブラリー、1985年
内山雅生『現代中国農村と「共同体」――転換期中国華北農村における社会構造と農民』御茶の水書房、2003年
――――『日本の中国農村調査と伝統社会』御茶の水書房、2009年
梅棹忠夫『文明の生態史観』中公文庫、1974年
大木昌『病と癒しの文化史』山川出版社、2002年
大口勇次郎『幕末農村構造の展開』名著刊行会、2004年
大澤正道他『戦争の世界史』日本文芸社、1997年
大塚久雄『欧洲経済史』岩波書店、1973年
大月康広「ビザンツ史から見える世界史の地平――帝国・教会・個人」『史友』(青山学院大学) 44 (2012年)
大西一嘉「中国の災害の歴史と法制度」『月刊地球』24－8 (2002年)
大野真弓編『イギリス史』(新版) 山川出版社、1965年
――――(責任編集)『絶対君主と人民』(世界の歴史8) 中央公論社、1961年
大橋正明・村山真由美編著『バングラデシュを知るための60章』第二版、明石書店、2003年
岡崎哲二『江戸の市場経済――歴史制度分析からみた株仲間』講談社、1994年
岡田英弘『中国文明の歴史』講談社現代新書、2004年
海部陽介『人類がたどってきた道』ＮＨＫブックス、2005年
梶田昭『医学の歴史』講談社学術文庫、2003年
『学校教材史料集　授業に使うとちぎの史料』栃木県立文書館、2005年
『鹿沼市史資料編』近世一、近世二、鹿沼市史編さん委員会、2000～2002年
加藤博『イスラーム世界の危機と改革』山川出版社、1997年
樺山紘一「時間の社会史――遊戯の時間へ」『時間と空間の社会学』井上俊他編、岩波書店、1996年
――――他編『クロニック世界全史』講談社、1994年
辛島昇編『南アジア史　新版世界各国史7』山川出版社、2004年
柄谷行人『世界共和国へ――資本＝ネーション＝国家を超えて』岩波新書、2006年
川北稔『イギリス近代史講義』講談社現代新書、2010年
――――責任編集『歴史学事典　第一巻　交換と消費』弘文堂、1994年
――――編『イギリス史』(世界各国史11) 山川出版社、1998年
菊池良生『傭兵の二千年史』講談社現代新書、2002年
岸本美緒『清代中国の物価と経済変動』研文出版、1997年
――――「東アジア・東南アジア伝統社会の形成」『岩波講座世界歴史13：東アジア・東南アジア・伝統社会の形成』岩波書店、1998年
――――・宮嶋博史『明朝と李朝の時代』中央公論社、1998年
鬼頭宏『人口から読む日本の歴史』講談社学術文庫、2000年

参考文献

邦語文献
青木健『アーリア人』講談社選書メチエ、2009年
秋草実『西洋中世大土地所有制度成立史論』法律文化社、1960年
東秀紀『漱石の倫敦、ハワードのロンドン』中公新書、1991年
足立啓二「清代華北農業経営と社会構造」『史林』（京都大学）64－4（1981年）
――――『専制国家史論』柏書房、1998年
阿部謹也『ドイツ中世後期の世界』未来社、1974年
網野善彦『日本の歴史をよみなおす（全）』ちくま学芸文庫、2005年
新井政美『トルコ近現代史』みすず書房、2001年
有澤隆『図説　時計の歴史』河出書房新社、2006年
飯島渉『マラリアと帝国――植民地医学と東アジアの広域秩序』東京大学出版会、2005年
飯沼二郎『農業革命論』未来社、1987年
家島彦一『海が創る文明』朝日新聞社、1993年
五十嵐大介『中世イスラーム国家の財政と寄進――後期マムルーク朝の研究』刀水書房、2011年
池内了『科学の限界』ちくま新書、2012年
石弘之、安田喜憲、湯浅赳男『環境と文明の世界史』洋泉社、2001年
泉茂『世界戦争史概説』甲陽書房、1964年
井田尚「『百科全書』項目「脈拍」および「瀉血」の歴史的叙述と啓蒙期の医学論争」『青山学院大学文学部紀要』52、2010年
伊藤栄『ヨーロッパの荘園制』近藤出版社、1972年
伊藤貞夫・本村凌二編『西洋古代史研究入門』東京大学出版会、1997年
伊藤定良『ドイツの長い一九世紀――ドイツ人・ポーランド人・ユダヤ人』青木書店、2002年
――――・平田雅博編著『近代ヨーロッパを読み解く――帝国・国民国家・地域』ミネルヴァ書房、2008年
伊東俊太郎『十二世紀ルネサンス』講談社学術文庫、2006年
――――『近代科学の源流』中公文庫、2007年
井上浩一「11世紀ビザンツにおけるイエ・地域社会・皇帝」『史林』69-4（1986年）
――――『ビザンツ帝国』岩波書店、1982年
――――『生き残った帝国ビザンティン』講談社現代新書、1990年
――――『ビザンツ　文明の継承と変容』京都大学出版会、2009年
――――／栗生沢猛夫『ビザンツとスラヴ』世界の歴史11、中央公論社、1998年
『岩波講座世界歴史25　戦争と平和　未来へのメッセージ』岩波書店、1997年
井上幸治編『フランス史』（新版）山川出版社、1968年
井上周平「近世ドイツ都市におけるペスト流行と医療家：ケルンの理髪師組合を例にして」日本西洋史学会第62回大会報告、明治大学、2012年
石橋悠人『経度の発見と大英帝国』三重大学出版会、2010年
今西錦司『生物社会の論理』（今西錦司全集第4巻）講談社、1974年
――――『主体性の進化論』中公新書、1980年

下田　淳　しもだ・じゅん

一九六〇年生まれ。東京都立大学助手を経て、現在、宇都宮大学教授。歴史家。著書に『ドイツ近世の聖性と権力』『歴史学「外」論』（以上、青木書店）、『ドイツの民衆文化』（昭和堂）、『居酒屋の世界史』（講談社現代新書）などがある。

筑摩選書 0067

ヨーロッパ文明《ぶんめい》の正体《しょうたい》　何《なに》が資本主義《しほんしゅぎ》を駆動《くどう》させたか

二〇一三年五月一五日　初版第一刷発行

著　者　下田《しもだ》　淳《じゅん》

発行者　熊沢敏之

発行所　株式会社筑摩書房
東京都台東区蔵前二-五-三　郵便番号　一一一-八七五五
振替　〇〇一六〇-八-四一二三

装幀者　神田昇和

印刷 製本　中央精版印刷株式会社

乱丁・落丁本の場合は左記宛にご送付ください。

送料小社負担でお取り替えいたします。

ご注文、お問い合わせも左記へお願いいたします。

筑摩書房サービスセンター
さいたま市北区櫛引町二-六〇四　〒三三一-八五〇七　電話　〇四八-六五一-〇〇五三

ISBN978-4-480-01573-0 C0320